João Nunes
Um rabi escatológico na Nova Lusitânia
Sociedade colonial e inquisição no nordeste quinhentista

João Nunes
Um rabi escatológico na Nova Lusitânia
Sociedade colonial e inquisição no nordeste quinhentista

Angelo Adriano Faria de Assis

Fundação de Amparo à Pesquisa do
Estado de Minas Gerais

Copyright © 2011 Angelo Adriano Faria de Assis

Publishers: Joana Monteleone/ Haroldo Ceravolo Sereza/ Roberto Cosso
Edição: Joana Monteleone
Editor assistente: Vitor Rodrigo Donofrio Arruda
Revisão: Ana Paula Marchi Martini
Projeto gráfico, diagramação e capa: Sami Reininger
Imagem da capa: "Aquellos polvos" in Fayga Ostrower, Carlos R. F. Nogueira, Dorothea V. Passetti *Os Caprichos de Goya*

CIP-BRASIL. CATALOGAÇÃO-NA-FONTE
SINDICATO NACIONAL DOS EDITORES DE LIVROS, RJ

A726

Assis, Angelo Adriano Faria de
JOÃO NUNES, UM RABI ESCATOLÓGICO NA NOVA LUSITANIA: SOCIEDADE COLONIAL E INQUISIÇÃO NO NORDESTE QUINHENTISTA
Angelo Adriano Faria de Assis
São Paulo : Alameda, 2011.
304 p.

Inclui bibliografia
ISBN 978-85-7939-096-8

1. História do Brasil. 2. Nordeste Inquisição. 3. Cultura e Religião. I. Título.

09-3025.   CDD: 302.23
                                CDU: 316.77

013412

Alameda Casa Editorial
Rua Conselheiro Ramalho, 694, Bela Vista
cep 01325-000 São Paulo, SP
Tel. (11) 3012-2400
www.alamedaeditorial.com.br

SUMÁRIO

Prefácio   11

Introdução   15

Capítulo 1: João Nunes, cristão-novo: *petra scandali* do Nordeste açucareiro   21

A Inquisição na colônia: o problema dos cristãos-novos

João Nunes devassado

Capítulo 2: Um mercador cristão-novo no seio da "nobreza da terra"   87

A presença cristã-nova na economia colonial

João Nunes Correia, expoente da açucarocracia colonial

Capítulo 3: O 'rabi' laico e a profanação escatológica   133

Catolicismo "em colônias"

'Mulheres rabi': a esnoga doméstica

O *homo religiosus* e o judaísmo possível

O Cristo conspurcado: a laicidade da heresia

Capítulo 4: A incúria inquisitorial
a serviço do colonialismo   213

Sociologia das denúncias

João Nunes na teia da intriga

Interesses abrangentes, culpas partilhadas

Poderes coniventes e eloquências empalidecidas

Conclusão   275

Fontes e Bibliografia   283

Agradecimentos   301

Ao meu avô e ao meu pai

"A Inquisição escancarou sobre nossa vida íntima da era colonial (...) seu olho enorme, indagador. As confissões e denúncias reunidas pela visitação do Santo Ofício às partes do Brasil (...) indicam-nos a idade das moças casarem doze, quatorze anos; o principal regalo e passatempo dos colonos o jogo de gamão; a pompa dramática das procissões homens vestidos de Cristo e de figuras da Paixão e devotos com caixas de doce dando de comer aos penitentes. Deixam-nos surpreender, entre as heresias dos cristãos-novos e das santidades, entre os bruxedos e as festas gaiatas dentro das igrejas, com gente alegre sentada pelos altares, entoando trovas e tocando viola, irregularidades na vida doméstica e moral cristã da família homens casados casando-se outra vez com mulatas, outros pecando contra a natureza com efebos da terra ou da Guiné, ainda outros cometendo com mulheres a torpeza que em moderna linguagem científica se chama, como nos livros clássicos, de felação, e que nas denúncias vem descrita com todos os ff e rr; desbocados jurando pelo 'pentelho da Virgem'; sogras planejando envenenar os genros; cristãos-novos metendo crucifixos por baixo do corpo das mulheres no momento da cópula ou deitando-os nos urinóis; senhores mandando queimar vivas, em fornalhas de engenho, escravas prenhes, as crianças estourando ao calor das chamas".

Gilberto FREYRE, Casa-Grande & Senzala
Prefácio à 1ª edição, p. LXVI-LXVII.

Prefácio

O GÊNERO BIOGRÁFICO ESTÁ de volta à historiografia - e não é de hoje. Biografias de personagens célebres, como São Luiz, realizada por Le Goff, ou de *Guillaume, le Marechal*, outro dos grandes livros de Georges Duby. Biografias de personagens obscuros, como o Domenico Scandella, o hoje conhecido Mennochio, biografado por Carlo Ginzburg, ou a também italiana Benedetta Carlini, abadessa das ursulinas, visionária e lésbica quinhentista de cuja vida sabemos pelo livro de Judith Brown. Seriam inúmeros os exemplos deste autêntico *revival* da biografia que, no entanto, difere da biografia convencional. Difere das biografias laudatórias, quase "hagiográficas", ou das biografias sérias de grandes personagens, livros massudos, sejam ou não importantes. O retorno da biografia se insere muito nitidamente nisso que se convencionou chamar de história cultural, de modo que, tratando de personagens grandes ou miúdos, tão importante quanto descortinar vidas individuais é reconstruir seu tempo no cotidiano, códigos de comportamento, tipos de sociabilidade, crenças, linguagens, memórias. O gênero micro-histórico tem prosperado através de muitas investigações biográficas, apesar do limite documental que a vida de personagens menores, só alcançados em regra através de processos judiciais, coloca para o historiador.

O livro de Angelo Assis sobre João Nunes se insere, assim, de certo modo, neste gênero de biografia microanalítica, debruçada sobre um personagem que não integra o panteão da história luso-brasileira. Não era governador, nem ocupou cargo relevante de poder. Também não protagonizou nenhuma rebelião contra o poder português como, no caso pernambucano, fizeram André Vidal de Negreiros e outros líderes da guerra de *Restauração* ou *Insurreição de 1645*. Não aparece e dificilmente apareceria citado em livros didáticos ou histórias gerais.

Era um mercador dentre outros, no Pernambuco quinhentista - embora fosse dos grandes. Comerciante de açúcar, traficante de escravos, proprietário de engenhos em consórcio com familiares seus, membro, enfim, da nascente "açucarocracia pernambucana", para usar a expressão de Evaldo Cabral de Mello. Nascente em termos, pois João Nunes pertencia já a uma segunda geração de colonos ou colonizadores - tendo migrado para o nordeste açucareiro por volta de 1580. Era cristão-novo, suspeito aos olhos da Inquisição, portanto - como a totalidade dos descendentes dos judeus - de *judaizar* em segredo. Cristão novo, marrano, possível *criptojudeu* - assim era o João Nunes.

Encontramos no livro de Angelo Assis, sem dúvida, o estudo mais completo e documentado sobre a vida deste homem, um dos mais denunciados na Visitação que o Santo Ofício de Lisboa enviou ao nordeste, entre 1591 e 1595. João Nunes conseguiu a proeza de ser delatado na Bahia, onde não vivia, e Pernambuco - fato raro nessa visitação inquisitorial. E nosso autor percorre, com grande perícia, toda a documentação relacionada ao caso: as confissões e denúncias ligadas aos atos de João Nunes; o alentado processo inquisitorial que se lhe moveu; outros processos correlatos, inclusive contra seu irmão Diogo Nunes e pessoas a ele ligadas. Domina, também, toda a bibliografia ligada à história do Pernambuco colonial e boa parte dedicada ao Santo Ofício português no primeiro século de sua história.

Trata-se, portanto, de uma biografia que, partindo da micro-análise de um caso, vai fazendo, pouco a pouco, desabrochar a sociedade da época, desde o mundo dos engenhos pernambucanos ou a Rua Nova do Recife, até o mundo atlântico do tráfico negreiro, a metrópole portuguesa e suas conexões europeias, sobretudo com a banca e o comércio de Amsterdam. Sendo João Nunes quem era, o alargamento dos espaços na pesquisa seria inevitável, e Angelo Assis não recua diante da tarefa. O mesmo quanto à história da Inquisição: quando e porque foi estabelecida em Portugal entre 1536 e 1540; o problema judaico em Portugal e seus reflexos na colonização do Brasil; o mundo dos cristãos novos, quer o secreto, quer o devassado. Se o livro de Angelo de Assis é uma micro-biografia - e penso que é - fica-se, por meio dele, conhecendo muito mais sobre o geral e o particular do mundo luso-brasileiro e particularmente pernambucano nos quinhentos, o que por si só recomenda o livro.

Mas a obra em questão se aventura pelos recantos escuros da sociedade pernambucana quinhentista e os torna inteligíveis à luz das regras do Antigo Regime português - e católico, muito católico. Por isso dá a devida importância ao fato de João Nunes, embora fosse mercador e cristão novo, andar engalanado com porte de espada pelas ruas do Recife - apanágio de nobres cristãos velhos. Custar-lhe-ia caro esta ostentação transgressora. Por isso Angelo valoriza o fato de Nunes ser membro de irmandade, com posição grada na instituição - embora dele tenham dito, na época, que também "guardava a bolsa dos judeus" imigrantes ou mesmo insinuado que era uma espécie de rabi secreto - *cripto-rabi*, com perdão pelo neologismo. Católico de irmandade ou rabi de *esnoga* colonial?

Esta é uma questão que persegue nosso autor, como dilema dramático, e ao mesmo tempo é por ele perseguida com perícia de historiador e talento detetivesco. O livro de Angelo Assis põe em cena um caso, uma história particular e também os dilemas que afligem todos os historiadores que fazem pesquisa documental. A saber: onde está a verdade possível? Até onde as fontes esclarecem ou escondem as provas? Que possibilidades de interpretação oferecem? Entre a busca de verdades possíveis e a busca de verossimilhanças confiáveis, assim se conduz a narrativa do livro. Um livro que dosa e mistura, com o devido cuidado, mas sem nenhum preconceito quanto à escala dos fatos analisados, as conexões comerciais de João Nunes em Amsterdam, com seus xamegos com a Barreta, sua querida amante; as relações do protagonista com os jesuítas e com o próprio vigário da vara eclesiástica - fato maior - com a minudência de onde João Nunes colocava exatamente o "servidor" próprio ao depósito de suas fezes e urina - o urinol, antepassado da privada.

Disse minudência? Talvez seja, pois diz respeito à fisiologia humana, fato corriqueiro, natural e a-histórico. Mas nesse caso, é minudência que se amplifica em nível de estrondo, a espoucar como os canhões da Nova Lusitânia, verdadeiro grito da multidão. Isto porque nosso João Nunes, mostra-nos o autor, praticamente não foi acusado de *judaizar* - embora, cá entre nós, talvez fosse *judaizante* - mas sobretudo pelo fato de manter o tal proto-urinol ao pé de um crucifixo em dado aposento de sua casa. Por causa disso foi denunciadíssimo. Por causa disso acabaria assassinado um pedreiro que, trabalhando na casa de Nunes, conhecia muito bem a disposição dos objetos da casa e a distância que separava o objeto profano e escatológico - o tal "servidor" - do objeto sagrado - a imagem da crucificação.

João Nunes foi muito acusado desse ato de profanação, formidável sacrilégio. Mas foi esta a motivação dos delatores, indignados com a desfassatez religiosa do mercador cristão novo? Ou, por meio de tal acusação, queriam destroçar a vida de um rabi dos judeus no Recife? Ou simplesmente odiavam o senhor prepotente e usurário, que se julgava superior a todos e a muitos de fato humilhou de mil modos?

O certo é que Angelo Assis nos conta toda essa história, de como e porque João Nunes foi acusado, preso, enviado a Lisboa, julgado pelo Santo Ofício. Qual a sua sentença? É claro que deixarei para o autor contar e o leitor do livro descobrir. E quem era João Nunes? Também não me arrisco a dizer o que acho de João Nunes, deixando aos leitores que julguem por si mesmos o personagem. Esta é uma questão em aberto, que nosso autor enfrenta e esquadrinha até onde lhe foi possível fazê-lo.

E fez muito. Contou-nos uma história exemplar. Mostrou-nos como o historiador deve desconfiar das fontes e, ao mesmo tempo, aliar-se com elas, sob o risco de, não o fazendo, deixar morrer a história. E, por meio de uma narrativa de *thriller*, faz o que deve ser a ambição de todo historiador: conjugar micro-análise com interpretações totalizantes, articular escalas de observação. Não se poderia esperar mais desse livro, que dá valiosa contribuição à historiografia sobre o nordeste antigo e a sociedade colonial quinhentista.

Ronaldo Vainfas
Professor Titular do Departamento de História
da Universidade Federal Fluminense

Introdução

> "Estão todos completamente enganados se não me vêem como eu me vejo".
>
> Laudisi, personagem de *Assim é (se lhe parece)*, de Luigi Pirandello

O LIVRO QUE AGORA o leitor tem em mãos é resultado de uma pesquisa que durou cerca de quatro anos. Foi defendida, com poucas modificações em relação à versão que aqui se apresenta, como dissertação de Mestrado em História na Universidade Federal Fluminense, orientada, com maestria, pelo Professor Ronaldo Vainfas. A amizade com Ronaldo que ajudou a produzir é, sem sombra de dúvidas, um de seus maiores frutos. A ele, devo minha formação como historiador e o interesse pelo mergulhar nos arquivos da Torre do Tombo atrás de personagens que sofreram durante os séculos de intolerância em nome da fé.

Desde que João Nunes fez-se, para mim, personagem tão próximo, sempre tive interesse em divulgar seus sucessos e desventuras através de livro. Nisso, uma vez mais, o incentivo do Professor Vainfas, a desejar que Nunes fosse conhecido de muitos, e não morresse, novamente, agora, ganhando as estantes da Academia. O processo contra João Nunes Correia já havia sido estudado pro outros historiadores antes e depois de mim, mas continuava desconhecido do grande público, situação que espero colaborar para que seja revertida. Afinal, as fontes inquisitoriais, como se pretende demonstrar com esta obra, apresentam gama inesgotável de informações sobre o cotidiano colonial, para muito além da temática da Inquisição e da religiosidade brasílica, como vários historiadores têm demonstrado com maestria neste revisitar da documentação do Santo Ofício nas últimas décadas.

Cheguei a João Nunes quase que por acaso, preocupado, antes, em encontrar nos papéis produzidos pelo Tribunal da Inquisição comportamentos supostamente heréticos envolvendo alguns dos símbolos mais importantes do Cristianismo: o Deus feito homem, o crucifixo e Maria, mãe do Verbo. Em Nunes, contudo, descobri muito mais: homem dos mais poderosos e odiados da colônia, achava-se acima do bem e do mal, e também da Igreja, proferindo impropérios e afrontando os dogmas e representações cristãs. Mas era muito mais do que isso: mostrava-se homem de seu tempo, mais preocupado com as questões do comércio do que com o respeito à fé. Exemplo dos mais gritantes destes portugueses que atravessavam o oceano e chegavam ao Novo Mundo disposto a tudo para ganharem destaque no trópico em formação. O desvelar da história de Nunes mostra os contatos que manteve, as negociatas que fortaleciam seu poder e permitiram seu enriquecimento, os conflitos sociais e familiares, as ligações com o poder e com a Igreja, o respeito que tinha de uns e o ódio da maioria. Uma vasta rede de contatos e de negócios que se ramificava por Brasil, Portugal, África, Europa e Ásia, num ensaio quinhentista do processo de globalização que o mundo vive hoje. Homem da sua época, está também à frente dela, tecendo relações de poder e de interesse de acordo com as suas necessidades. Por isso tudo – e por muito mais – João Nunes tem sua voz ainda viva e querendo se mostrar na História. Vamos, então, a ela.

Quando, por volta do ano de 1580, João Nunes Correia deixou o reino e a vida em família se transferindo para o Brasil, decidira-se por Pernambuco e, certamente, confiava em que as pressões contra os cristãos-novos – indivíduos que, como ele, eram descendentes dos judeus convertidos à força na Península Ibérica em fins do século XV, nascidos com o sangue considerado herético – não se fizessem sentir tão fortemente como acontecia no Portugal continental, principalmente após o início dos trabalhos da Inquisição portuguesa, cerca de quarenta anos antes. Afastando-se do reino, Nunes almejaria, da mesma forma, ficar longe da ameaça inquisitorial, visto que no Brasil a organização eclesiástica era ainda bastante fluida em relação à situação vivida na metrópole e o Santo Ofício não havia até aquele momento estendido os seus braços punitivos sobre o trópico. Provavelmente,

João não contava com a possibilidade de ser importunado pela presença da Inquisição, construindo suas relações de poder através de contatos com os principais da sociedade brasílica, chegando mesmo a se portar como se fora um deles – e, de certa forma, o era.

Astuto homem de negócios, enriqueceria como poucos, alcançando grande destaque. Viraria também notícia por seu comportamento sem limites, admirado por uns, odiado por muitos, invejado por todos. Por maiores que fossem as críticas e adversidades que viesse a enfrentar no local que escolhera para viver, longe estava de supor que deixaria a colônia da forma como ocorreu em 1592, humilhado e preso pelo visitador do Santo Ofício para ser enviado aos cárceres de Lisboa, onde seria processado.

A economia da colônia situada nos trópicos, naquele último quartel do século XVI, apresentava-se próspera, gerando riquezas através da produção de açúcar, principalmente. E João se fizera mola mestra desta estrutura, auxiliando com capitais a defesa do território, comprando e revendendo produtos, traficando escravos, emprestando dinheiro, arrecadando a fazenda real, administrando engenhos, atuando como cabeça no Brasil de uma rede de comércio que interligava as capitanias açucareiras com Portugal, Angola e o norte da Europa. Verdadeiro agente da colonização, pensava tudo poder – e assim era visto por todos. Porém, se mostraria ameaçador para uma considerável parcela da sociedade – os cristãos velhos, em sua maioria, temerosos de verem suas posições conquistadas pelos cristãos-novos –, que se defenderia da maneira possível.

Este trabalho tem como objetivo traçar os passos de João Nunes Correia e, por seu intermédio, compreender as transformações sociais ocorridas nas capitanias brasílicas visitadas pelo Santo Ofício da Inquisição de Lisboa – mormente Pernambuco – entre 1591 e 1595. Homem de negócios variados, figura indispensável ao bom andamento da estrutura montada nos trópicos, Nunes tornou-se fundamental para a sobrevivência dos interesses da Coroa no Nordeste açucareiro. Através da análise da documentação produzida durante a visita inquisitorial e o andamento do processo que lhe foi movido em Portugal, poderemos reconstruir – ciente das limitações que para tal enfrenta o trabalho do historiador – alguns aspectos do funcionamento da sociedade colonial. Identificando os envolvidos na documentação do Santo Ofício, coletando informações sobre a vida nestas regiões, mapeando as heresias e sua repercussão, procuraremos entender o impacto ocorrido nas relações sociais e na malha de poder com a chegada do visitador Heitor Furtado de Mendonça e de seu pequeno séquito. Vítima de um número elevado de acusações contra suas atitudes consideradas impróprias, centro das atenções devido à sua prepotência, homem multifacetado e, por isso mesmo, único, João Nunes Correia destaca-se na papelada produzida pela visitação do Santo Ofício como fonte das mais ricas para compreendermos estas transformações.

É basicamente sobre a documentação inquisitorial que tomou forma esta pesquisa, consultada durante dois períodos em que me encontrei no Arquivo Nacional da Torre do Tombo, em Portugal, entre dezembro de 1996 e janeiro de 1997 e o verão de 1998. Lá tive a oportunidade de manusear não apenas os códices do processo movido contra João Nunes, mas também os processos contra outros indivíduos a ele ligados de alguma forma, e que contribuíram para uma melhor aproximação da realidade colonial e da proporção de seu caso. Além dos processos, obras sobre a Inquisição e cristãos-novos se tornaram indispensáveis para o entendimento desta instituição, sua atuação e sobre a situação dos neoconversos no mundo português, assim como estudos clássicos da historiografia brasileira envolvendo esta documentação. Os cronistas de época permitiram o detalhe, a poesia nas entrelinhas do texto, o quadro pintado com palavras, possibilitando ver o que a imaginação não alcançava.

O resultado da pesquisa divide-se em quatro partes, cada qual específica de um determinado corte sobre o tema. O primeiro capítulo, *João Nunes, cristão-novo: 'petra scandali' do Nordeste açucareiro*, é sobretudo descritivo. Nele, procurei retratar o desequilíbrio gerado pela chegada do inquisidor e a confusão ocorrida com Nunes, recuperando o ambiente das denúncias que pesaram sobre o nosso personagem, detalhadas perante o licenciado encarregado da visitação com minúcia excessiva. Da mesma forma, busquei traçar um quadro da problemática acerca dos cristãos-novos ao longo da história para melhor compreender os motivos da presença inquisitorial no Brasil, seus objetivos e consequências.

O capítulo segundo, *Um mercador cristão-novo no seio da nobreza da terra*, baseou-se na necessidade de discutir a presença maciça e a ascendência dos neoconversos na sociedade colonial, cada vez mais fortalecidos pela atuação em diversos ramos da economia colonial. Busca, da mesma forma, mapear a destacada atuação de Nunes como *homo oeconomicus* – emblematizando o processo de mudança social que ocorria – em seus mais diferentes negócios. Algumas das acusações que contra ele pesavam – aquelas que, a princípio, diziam respeito à justiça secular, mas que acabaram por rechear seu sumário de culpas relatadas ao visitador – foram esquadrinhadas, apontando para a confusão de poderes existente na colônia. Para tornar isto possível, contei com o texto das Ordenações Manuelinas, vigente àquela época, além da preciosa ajuda da historiografia sobre Pernambuco colonial, documentação preponderante para dirimir a precariedade das fontes sobre o funcionamento e organização daquela capitania.

O terceiro capítulo, intitulado *O 'rabi' laico e a profanação escatológica*, procura dissecar a vivência íntima da religião na colônia e a religiosidade presente em Nunes, examinando o território conjectural em que vivia, dividido entre as acusações de mau comportamento cristão e as suspeitas de uma possível crença no judaísmo, em que sua origem cristão-nova teria servido como motivo, pretexto ou agravante para o fervilhar de denúncias sobre suas possíveis culpas. Com este objetivo, baseei-me em obras específicas sobre as leis e dogmas das religiões católica e judaica, tentando decifrar a tênue linha em que se movia João Nunes.

Já o quarto capítulo, *A incúria inquisitorial a serviço do colonialismo*, descritivo e analítico, busca mapear a sociologia dos denunciantes, na procura dos motivos reais que impulsionaram o desejo de livrar-se do poderoso mercador. Trata também dos depoimentos prestados por Nunes a Heitor Furtado e da sua transferência para o reino, onde teria início a parte lisboeta do processo, a seguir rumo bastante diverso daquele apontado no trópico, e fazendo com que a eloquência dos acontecimentos se diluísse ao deparar-se com um misto de incúria ou conivência dos inquisidores reinóis com falta de provas mais contundentes. Terminando o capítulo, as licenças e considerações dos representantes da Inquisição sobre o réu, culminando com a análise e julgamento do caso.

O grupo de denúncias que se formou contra João Nunes e o desconforto que causava em boa parte da população colonial se mostra presente nestas páginas, permitindo juízos por vezes equivocados, mas que não interferem no todo: João Nunes Correia, cristão-novo, bem sucedido nos negócios, conhecido por todos e odiado por muitos, conseguiria ser o centro das atenções enquanto permaneceu na colônia. Embora temporariamente silenciado ao ser remetido ao cárcere em Salvador e depois, às prisões do Santo Ofício no reino, ganharia destaque eterno imortalizado na documentação reunida por Heitor Furtado. Quatro séculos depois, continua sendo o centro das atenções. Agora, através da História.

Capítulo 1
João Nunes, cristão-novo:
petra scandali do Nordeste açucareiro

"O que eu quero contar é tão delicado quanto a própria vida. (...) Porque o mais surpreendente é que, mesmo depois de saber de tudo, o mistério continuou intacto".

Clarisse Lispector, *A Descoberta do Mundo*

A Inquisição na colônia: o problema dos cristãos-novos

24 DE AGOSTO DE 1591. Belchior Mendes de Azevedo, cristão velho, estante na Bahia a negócios procura, perante a Mesa Inquisitorial, o Licenciado Heitor Furtado de Mendonça, "capelão fidalgo del Rey Nosso Senhor e do seu Desembargo, deputado do Santo Ofício"[1] da Inquisição de Évora,[2] que ali se encontrava havia alguns meses, vindo do Reino, encarregado desde 26 de março do mesmo ano da Visitação ao Brasil, e "dos bispados de São Tomé e Cabo Verde na costa da África".[3] O visitador era homem de foro nobre. Antes de ser nomeado para a função, passara por variadas investigações sobre sua limpeza de sangue, dezesseis ao todo, para detectar qualquer tipo de mácula sanguínea que impedisse sua entrada no seio inquisitorial. Fora constatada sua pureza sanguínea e competência nas letras e sã consciência pelo próprio inquisidor-geral, o Cardeal Arquiduque Alberto, que o nomeou para chefiar a visita. Suas atribuições eram de "julgar os casos de bigamia, blasfêmias e culpas menores, e apenas instruir os processos contra os demais acusados, remetendo-os presos para Lisboa".[4] A maior das preocupações do Tribunal dizia respeito, sobretudo, aos crimes de judaísmo – que recaíam, fundamentalmente, sobre os cristãos-novos –, mais forte das causas para o acontecimento da visitação naquele final de século. As denúncias feitas por Belchior

---

1   COSTA PÔRTO, José da. *Nos tempos do visitador; subsídio ao estudo da vida colonial pernambucana, nos fins do século XVI*. Recife: Universidade Federal de Pernambuco, 1968.

2   DIAS FARINHA, Maria do Carmo J. "O Atentado ao Primeiro Visitador do Santo Ofício no Brasil 1592". *In*: NOVINSKY, Anita W. & KUPERMAN, Diane (orgs.). *Ibéria-Judaica: Roteiros da Memória*. Rio de Janeiro: Expressão e Cultura; São Paulo: EDUSP, 1996.

3   VAINFAS, Ronaldo. *A heresia dos índios: catolicismo e rebeldia no Brasil colonial*. São Paulo: Companhia das Letras, 1995.

4   VAINFAS, Ronaldo. *Trópico dos pecados: moral, sexualidade e Inquisição no Brasil*. 2ª ed. Rio de Janeiro: Nova Fronteira, 1997.

Mendes atingiram, entre outros, a Branca Dias; "a um homem que vive no varadouro de alcunha o Maniquete"; a Diogo de Meireles, "procurador do número da dita vila de Olinda"; ao "florentino de nação" Felipe Cavalcante; a Fernão de Magalhães e a João Nunes.

O visitador chegara na mesma nau que transportava o governador-geral D. Francisco de Souza,[5] em 09 de junho do mesmo ano, domingo da Santíssima Trindade, "mui enfermo", de acordo com Frei Vicente do Salvador, indo se "curar no colégio dos padres da Companhia", local escolhido para o andamento dos trabalhos do Tribunal da Inquisição na cidade do Salvador.[6]

Em 15 de julho, Heitor Furtado já sentia suas forças e saúde recuperadas: apresentou a comitiva que o acompanhava ao bispo da cidade, dando-lhe conhecimento dos motivos de sua vinda e da missão para a qual fora escolhido. Uma semana depois, dia 22, conheceu e fez-se conhecer aos juízes, vereadores e nobres senhores da Bahia. Mantinha, a partir de então – patentes apresentadas –, contato com as autoridades e os principais da então mais importante cidade da América portuguesa.

Teria início a Primeira Visitação do Santo Ofício da Inquisição ao Brasil em 28 de julho de 1591, pouco mais de meio século depois da sua criação em Portugal. Após realizados os juramentos e fixados o Edital da Fé e Monitório da Inquisição nas portas das igrejas para que se tornassem públicos, concedeu o visitador, à cidade e uma légua ao seu redor, prazo de trinta dias para as confissões espontâneas – o período da graça,[7] em que o confitente recebia salvaguardas por confessar de vontade própria (desde que uma confissão considerada plena e verdadeira de suas faltas), a exemplo do não-sequestro de seus bens, da isenção de castigos físicos *etc*.

---

5 RAMINELLI, Ronald. "Tempo de Visitações. Cultura e sociedade em Pernambuco e Bahia (1591-1620)". Dissertação de Mestrado apresentada à USP. São Paulo: 1990.

6 FREI VICENTE DO SALVADOR. *História do Brasil: 1500-1627*. Belo Horizonte: Itatiaia; São Paulo: EDUSP, 1982. *Apud* VAINFAS, Ronaldo. *Op. cit.*, 1995.

7 Heitor Furtado viria a conceder outro período da graça durante o tempo em que a visitação permaneceu na Bahia: em 11 de janeiro de 1592, concedeu 30 dias para a gente do Recôncavo.

Tinham assim início as histórias contadas através das denúncias e confissões ouvidas pelo visitador: os que não se dispusessem a colaborar para o sucesso dos trabalhos, seriam excomungados pela desobediência ao bom funcionamento do Tribunal e às ordens de Heitor Furtado.

Chamara a atenção a pompa do cortejo inquisitorial pelas ruas da capital tropical portuguesa – uma multidão a admirar o luxo e a riqueza da cerimônia. A procissão que partira da Igreja de Nossa Senhora da Ajuda almejava a Catedral da Sé e mostrava, pelo caminho, as hierarquias que deviam dominar a sociedade cristã, as quais a Inquisição se propusera a defender: todos a respeitar os seus lugares dentro do palco armado para o Santo Ofício, criando uma cumplicidade da população com os ensejos do visitador. A apresentação de Furtado de Mendonça à sociedade não deveria deixar dúvidas sobre a força e a legitimidade do poder que representava, nem do apoio que recebia da classe dirigente, induzindo todos a confessar ou denunciar o que sabiam. Para tal, vinha vestido de gala, acomodado em ricos ornamentos, cercado por adornos vários: panos bordados em ouro, imagens sacras talhadas com perfeição, símbolos da Igreja a reluzir o vigor da instituição que esticava seus braços controladores sobre a região. Participante do cortejo, testemunha de todos os passos do inquisidor, Manoel Francisco, notário da visitação, narra o acontecimento:

> Levaram debaixo de um pálio de tela de ouro ao Senhor licenciado Heitor Furtado de Mendonça (...).
>
> E na dita Sé, estando o dito Senhor Visitador em uma cadeira de veludo carmesim guarnecida de ouro, debaixo de um dossel de damasco carmesim na capela maior, acima dos degraus, junto do altar à parte do Evangelho, se disse a missa com muita solenidade (...).
>
> E acabada a missa, pregou o reverendo Padre Marçal Beliarte, provincial da Companhia de Jesus, a pregação da fé com muita satisfação, tomando por

> tema *Tu Es Petrus et Super Hanc Petram Edificabo Ecclesiam Meam*.
>
> (...)
>
> Isto acabado, desceu o dito Senhor Visitador entre duas dignidades ao meio da capela maior, onde estava posto um altar portátil, ricamente ornamentado com uma cruz de prata arvorada e quatro castiçais grandes de prata com velas acesas, e com dois livros missais abertos em cima de almofadas de damasco, sobre os quais missais estavam deitadas duas cruzes de prata. E se assentou no topo do dito altar na parte do Evangelho na dita cadeira de veludo que lhe foi logo trazida por um capelão.[8]

A apresentação pública do representante do Santo Ofício marcava o ponto de partida para o sucesso da Visitação: era preciso impressionar. Raminelli aponta a importância da comoção que se buscava causar no povo:

> O sucesso da visita dependia do suporte popular expresso no comparecimento de confitentes e denunciadores diante dos representantes da Inquisição. Sem a contribuição do povo amedrontado, certamente haveria um número menor de heréticos e suspeitos. Por conseguinte, a simbologia promovida pelo Visitador é responsável pela difusão das heresias, perseguições aos difamados e consentimento ao

---

[8] "Acto da publicação dos Editos da fee e da graça e da provisão de S. Magde. Que se leerão no primeiro Acto da fee que se celebrou no Brasil, na See da cidade do Salvador Capitania da Baya de Todos os Sanctos a 28 de julho de 1591". In: *Primeira Visitação do Santo Ofício ás Partes do Brasil, pelo licenciado Heitor Furtado de Mendonça (Confissões da Bahia, 1591-92)*. Rio de Janeiro: F. Briguiet, 1935, p. 10-11.

Santo Ofício do poder de julgar e punir os indivíduos conhecidos na comunidade como transgressores.[9]

Funcionários do governo, religiosos, membros das confrarias e o povo, todos se impressionavam com a bem medida mistura entre a grandiosidade das vestimentas e dos objetos religiosos, a dar sentido às palavras proferidas durante os discursos e homenagens que marcavam o início dos trabalhos da Inquisição e exaltavam a figura de Heitor Furtado, contribuindo na formação do imaginário sobre o Santo Ofício: o magnífico, na frente, a anunciar a chegada da ordem divina; os enviados de Deus mostrando suas armas e a disposição para o combate. Este, era travado contra as heresias. A missão inquisitorial era buscar os hereges, aqueles que ameaçavam o bom andamento da Fé Católica e a pureza religiosa. Unificavam-se assim, os anseios do visitador com os do povo.

Dessa forma, a visita do Santo Ofício ao Brasil enquadra-se na busca daqueles que punham em perigo a pureza da religião católica, num extenso rol de heresias possíveis: ofensas aos objetos sagrados, desrespeito aos dias santos, ausência das missas, críticas feitas aos ideais e conceitos balizadores da fé, feitiçarias, fornicações, bigamias, sodomias, tentativas de introdução de outras crenças que não a católica nos domínios portugueses, mormente o judaísmo – ameaça presente devido ao elevado número de cristãos-novos que começavam vida nova na colônia –, além de outras tantas. A estada do Tribunal da Inquisição nas prósperas capitanias do Nordeste açucareiro refletia uma situação de intransigências e desconforto social há muito vivida no Reino, onde os indivíduos herdeiros do sangue judeu, considerado impuro pelos cristãos velhos, eram apontados como principal ameaça à harmonia do catolicismo no mundo luso, estando sujeitos a todo tipo de discriminações e perseguições, situação esta que fora agravada pela criação do Tribunal português, em 1536.

---

9   RAMINELLI, Ronald. *Op. cit.*, 1990, p. 38. Sobre o impacto visual e a função didática das representações públicas levadas a cabo pelo Santo Ofício, ver o trabalho de Luiz Nazário, *Autos-de-fé como Espetáculos de massa* (São Paulo: Humanitas, 2005).

Apesar de existirem diferenças entre Portugal e Espanha na percepção que tinham (e no tratamento que davam) ao problema da existência de judeus em seu território, a Península Ibérica conviveu por séculos com o povo de Israel, até os incidentes que levaram à sua expulsão – primeiramente da Espanha; depois, de Portugal –, em fins do século XV.

Amaldiçoados e geograficamente dispersos durante os séculos desde a Antiguidade, devido a imposições políticas do Império Romano e às suas próprias tradições e costumes, os judeus enfrentaram mais fortemente problemas quando das Cruzadas Medievais pelo domínio sobre a Terra Santa: momento em que uma parcela do Mundo Ocidental conhecido acabou por destruir o que pudesse existir de tolerância no relacionamento entre estes povos, num processo de radicalização da religiosidade cristã, que passava a enxergar nos seguidores do judaísmo componentes do "povo maldito"[10] – vilões responsáveis pelos sofrimentos de Cristo e males dos homens, causadores de uma era de ódios e, em consequência, merecedores dos castigos pelos quais passavam.

Se, por um lado, emergiam novas relações socioeconômicas a moldar as diferenças, o convívio entre estes grupos passava a ser uma ameaça frequente, sinônimo de massacres cometidos pelo fanatismo popular, interessado em fazer julgamentos e impor castigos por conta própria, posto ter a Igreja outras prioridades a combater, visando sua integridade, espalhadas nos mais diversos modelos de heresias. Enormes distâncias são criadas e alimentadas entre os grupos de judeus e cristãos, embora fisicamente elas não existissem.

Os ódios, todavia, não deveriam ser entendidos somente pelo lado religioso. A mentalidade e a face econômica da sociedade – onde os afazeres de cristãos e judeus eram diferenciados há tempos – também serviam para justificar as pressões e preconceitos sofridos por estes. Situação que apresenta sensível mudança quando vista sob a ótica ibérica, mais em Portugal do que na Espanha, onde, diferentemente de outros países europeus, existia uma certa tolerância e tranquilidade, apesar dos bairros exclusivos

---

10   DELUMEAU, Jean. *História do medo no Ocidente: 1300-1800, uma cidade sitiada*. São Paulo: Companhia das Letras, 1989.

destinados aos descendentes de Israel, garantindo-se a manutenção das sinagogas e de propriedades,[11] na medida em que os judeus contribuíam para o desenvolvimento e fortalecimento do Estado.[12]

Contudo, o massacre ocorrido em 1391[13] e que, a partir de Sevilha acabou se alastrando por boa parte do território espanhol, causando a morte de milhares de judeus e a conversão de outros tantos sob o estigma do terror, inaugurava uma rotina de massacres, leis discriminatórias, violências e conversões em massa que teriam vez durante o século seguinte. Mesmo perseguido, vítima de toda a sorte de ameaças e horrores, o judaísmo hispânico ainda resistiria longo tempo.

A Guerra de Reconquista, intensificada a partir da união entre os reinados de Aragão e Castela, e terminada no apagar do século XV espanhol, traduziria um crescimento das perseguições aos judeus, então uma importante e rica comunidade, envolvida num vasto leque de ofícios, desde a produção e o comércio, até a alta burguesia financeira, passando por

---

11   MAIA, Angela Maria Vieira. *À Sombra do Medo. Relações Sociais Entre Cristãos Velhos e Cristãos-Novos nas Capitanias do Açúcar (Século XVI)*. Rio de Janeiro: Oficina Cadernos de Poesia, 1995.

12   De acordo com Bernard Vincent, a presença judaica em Espanha não era desprezível: "No fim do século XV, os judeus estavam presentes quase que em todas as regiões da Espanha. Suas comunidades eram contadas às centenas. Havia 216 delas em Castela em 1474, 22 em Aragão, mais de doze no reduto dos bispados de Córdoba e Sevilha, etc. A maioria contava com algumas centenas de pessoas – pelo menos 500 em Cáceres, na Estremadura, 700 em Talavera de la Reina, cerca de 800 em Gerona, na Catalunha, e mais de mil em Valladolid. No total, mais de 200.000 ou, talvez, 300.000 pessoas, equivalentes a 4-5% da população". VINCENT, Bernard. *1492: Descoberta ou Invasão?* Rio de Janeiro: Jorge Zahar Editor, 1992, p. 27.

13   "En junio de 1391, en un calcinante verano que empeoró el malestar económico, las turbas de las ciudades se amotinaron, dirigiendo su furia contra las clases privilegiadas y contra los judíos. En Sevilla cientos de judíos fueron asesinados y la aljama fue destruida totalmente. Pocos días después, en julio y agosto de ese mismo año, la furia se extendió por la península. Los que no fueron asesinados se vieron obligados a aceptar el bautismo". KAMEN, Henry. *La Inquisición Española*. 4ª ed. Barcelona: Editorial Crítica, 1992, p. 19.

balizadora influência intelectual, científica e cultural na península, protegida pela monarquia graças aos interesses econômicos que despertava, acabando, todavia, por exercer funções odiosas – como a de coletores de impostos ou prestamistas –, colaborando para acirrar os ânimos e aumentar discórdias. Eram os judeus vistos como obstáculo à homogeneidade da fé, necessária ao aparecimento de um poder real absoluto, base para a unidade nacional. A criação do Santo Ofício, primeiramente em Castela, no ano de 1474, e posteriormente em todo o reino, se vincula desta maneira às necessidades de formação do Estado espanhol, oficializando o fortalecimento da identidade cristã e as perseguições populares, causadoras de massacres, pânico e fracasso no convívio secular entre os filhos de Israel e os seguidores de Cristo. Para Saraiva, o surgimento do Tribunal espanhol liga-se, sobretudo, ao problema dos neoconversos e de sua inserção nesta sociedade: os tradicionais detentores da terra e do poder político sentiam-se ameaçados pelo crescimento do poder e importância dos "mercadores, homens de negócio, letrados laicos, (...) cuja mentalidade punha em causa os valores tradicionais". O autor aponta para a transformação da situação interna e o conflito entre os grupos de origem judaica:

> Em princípio, o estabelecimento da Inquisição em Espanha pode explicar-se pela confusão resultante da existência dos dois grupos, o dos judeus convertidos e o dos não-convertidos, que originava e sustentava um terceiro grupo, o dos falsamente convertidos. Por outro lado, a conversão de milhares de Judeus criara uma nova camada burguesa cristã (de origem judaica), inimiga natural da velha burguesia judaica.

Mais à frente, explicita:

> Mas não parece menos evidente que a expulsão é a conclusão inevitável da situação que anteriormente se criara. Uma vez que uma grande parte dos Judeus se tinha convertido, tornava-se difícil a existência

dos não-convertidos. Um dos grupos tendia a eliminar o outro.[14]

Joseph Pérez apresenta-nos o quadro: os problemas causados pela existência de uma minoria seguidora do judaísmo exigia a criação d'"un tribunal spécial chargé de veiller à la pureté de la foi chez les nouveaux convertifs, puis à expulser radicalement ceux qui étaient décidés à rester juifs".[15]

Em 31 de março de 1492, passados menos de três meses da triunfal chegada dos Reis Católicos em Granada – ocorrida naquele segundo dia de janeiro –, quando se completava a Reconquista, era ordenada em decreto – dando-se um prazo de quatro meses – a expulsão daqueles que não aceitassem a conversão ao cristianismo, os quais partiriam aos milhares, causando enormes prejuízos à economia espanhola[16] e pondo fim a um convívio de larga duração. Assim foi narrada a sua saída de Castela pelo padre Andres Bernaldez:

> Eles seguiram pelas estradas e campos com muito sofrimento, caindo, tornando a se levantar, morrendo

---

14   SARAIVA, António José. *Inquisição e Cristãos-Novos*. 6ª ed. Lisboa: Editorial Estampa, 1994, p. 23.

15   PÉREZ, Joseph. *L'Espagne des Rois Catholiques*. Paris: Bordas, 1971, p. 35.

16   "Após numerosas consultas, os Reis Católicos decidiram expulsar de seus territórios – a coroa de Castela e a coroa de Aragão – todos os súditos de religião judaica, sem exceção. Enumeraram-se então as normas que deveriam ser aplicadas. Fez-se a concessão de um prazo até 31 de julho. Os transgressores, fosse por permanecerem no local ou por voltarem a ele clandestinamente, ficariam sujeitos à pena de morte e ao confisco de seus bens. Os próprios cristãos que os ajudassem nessa iniciativa seriam punidos com a perda de seu patrimônio. Os judeus poderiam circular e dispor livremente de seus bens até 31 de julho, bem como levar tudo o que desejassem, com exceção de ouro e prata, armas e cavalos. De 31 de março a 31 de julho, estariam colocados sob a proteção real". Mais à frente, o autor afirma: "o edito de 31 de março de 1492 não fez *nenhuma* alusão à possibilidade de conversão. Sem dúvida, todos compreendiam que essa alternativa existia implicitamente, mas, nesse aspecto, o silêncio do texto é eloqüente". VINCENT, Bernard. *Op. cit.*, 1992, *p.* 26 e 38.

ou nascendo no caminho e contraindo todas as doenças. Não havia um só cristão que não se compadecesse. Por toda parte, eram incitados a receber o batismo, e alguns, por cansaço, se convertiam e ficavam por ali, mas eram muito poucos dentre eles. Seus rabinos os encorajavam, faziam as mulheres e os jovens cantarem, e mandavam tocar os tambores para trazer alegria. Foi assim que saíram de Castela.[17]

Cabe, por conseguinte, ressaltar que não seria coincidência ter a expulsão dos judeus do território espanhol ocorrido justamente no ano em que se completara a Reconquista: a expulsão não só era parte integrante como primordial desta. A unificação territorial só seria possível e ganharia sentido acompanhada da unidade da fé, fundamento da unidade nacional: ganharia a Guerra de Reconquista espanhola um certo ar de cruzada contra o infiel, convocando os súditos cristãos a combaterem o inimigo – ponto de partida para a propagação da fé católica.[18]

O caso português tomou, assim, rumos diferentes. Não fechou o Reino as fronteiras para os fugitivos de Espanha, expulsos em 1492, recebendo-os, interessado nas melhorias que disso pudessem advir para Portugal. Mas pouco tempo duraria a tranquilidade em solo lusitano: a sucessão dinástica e os recentes contratos com a Coroa espanhola[19] levariam à promulgação de novas leis. Após estipular, em lei de 5 de dezembro de 1496, a data de

---

17 BERNALDEZ, Andres. *Memorias del reinado de los Reyes Católicos*. Madri, 1962, p. 253. *Apud* VINCENT, Bernard. *Op. cit.*, 1992, p. 39.

18 "Pour soutenir l'effort de guerre, les souverains mettaient l'accent sur le devoir qui s'imposait à tout chrétien de collaborer à l'oeuvre de la propagation de la foi. (...) D'une manière permanente, quotidienne, la Reconquête se présente aussi et sans doute surtout comme une guerre de libération nationale". PÉREZ, Joseph. *Op. cit.*, 1971, p. 49.

19 "Em 1495, ao subir ao trono, o novo Rei D. Manoel (...) para casar com a filha dos Reis Católicos, casamento que lhe dava a posição de herdeiro do trono de Castela e Aragão, comprometeu-se a expulsar os Judeus que viviam no seu Reino". SARAIVA, António José. *Op. cit.*, 1994, p. 33.

outubro de 1497 para a saída de mouros e judeus do território português – e tentando evitar maiores problemas para o Reino com a saída em massa desta população –, D. Manoel rebatizou os judeus, transformando-os em cristãos-novos pela conversão forçada de 1497. Buscava o rei, em suma, atalhar a perda deste contingente humano de grande valia, pois constituíam os judeus significativa parte da burguesia lusa, além de especialistas em diversos tipos de tarefas necessárias à vida no Reino que teria, com sua perda, a economia severamente abalada.

As normas adotadas pela Coroa não surtiram o efeito esperado e as intempéries continuaram a existir. Medidas impeditivas da discriminação oficial não foram suficientes para resistir às pressões da Igreja e dos setores tradicionais pela instituição do Tribunal do Santo Ofício em Portugal. Após longo período de idas e vindas nas negociações, e de tentativas frustradas – as Bulas Papais de 1531 e 1535 são exemplo disso – que envolviam interesses em desarmonia entre as classes acordantes, sua instauração no ano de 1536, estando em vigor o reinado de D. João III, marcaria a intensificação dos problemas no relacionamento entre cristãos velhos e novos. O aumento das pressões no Reino, onde o sangue impuro, manchado pela descendência judaica, causava insegurança e amedrontamento, tornava as áreas coloniais mais atrativas e seguras, locais em que a pressão religiosa não se deixava tão fortemente sentir, o que fazia com que a principal ameaça à integridade da fé lusa se transportasse para o outro lado do Atlântico, tornando necessária a intensificação de seu controle. O início das ações do Tribunal português coincide, por outro lado, com o princípio da exploração colonial da terra brasílica, que se transformava rapidamente numa área de expansão promissora e de marcada importância econômica, alimentada pelo *ouro* colonial de então: a cana-de-açúcar, que temperava os sonhos de riqueza de uma sociedade em formação, a sofrer mutações constantes conforme a chegada dos reinóis e negros a se misturarem ao gentio da terra.[20] Mais latente justificativa econômica a possibilitar a realização da empreitada colonizadora, a cana, que povoava os solos, criava

---

20 FREYRE, Gilberto. *Casa-grande & Senzala: formação da família brasileira sob o regime da economia patriarcal.* 29ª ed. Rio de Janeiro: Record, 1994.

dependentes, gerando fortunas nas mãos de poucos e moldando relações as mais diversas na necessidade maior da adaptação às dificuldades que a distância da metrópole causava.

Se, por um lado, o abandono da vida metropolitana – proporcionadora de maiores facilidades – pesava na decisão de emigrar, a possibilidade de reiniciar a vida em um local desconhecido e sem a constante presença – ameaçadora e inquietante – do Tribunal da Inquisição, exercia um certo fascínio, o que fazia a balança pender em favor da emigração: as regiões de maior poderio econômico, por sua vez, eram as que apresentavam um mais significativo número de interessados na nova oportunidade, recebendo habitantes ávidos e ressabiados, a trazer à tona uma sociedade variada, cheia de invejas e ódios – sentimentos esses muitas vezes ocultos, que serão revelados ao visitador através do grande número de depoimentos feitos à Mesa Inquisitorial. Vários são os casos de neoconversos que optaram pela transferência para a nova terra.

No trópico, o convívio entre cristãos-novos e velhos não conhecera – pelo menos num primeiro momento – as mesmas agruras que apresentava no Reino, havendo uma certa cumplicidade, uma relativa harmonia entre os grupos. Os problemas de sobrevivência e de dificuldade de adaptação numa terra inóspita, próspera para poucos, em que se vivia inseguro no litoral, espremidos todos entre os perigos das invasões por mar e do ataque do gentio indômito, preocupados com questões mais práticas e imediatas, acabavam por amortecer os conflitos religiosos. A pureza de sangue não encontrava a mesma importância que possuía em Portugal: muitas das práticas consideradas heréticas no além-mar eram, na terra nova, vivenciadas por todos, sem noção exata de sua origem – os livros de denúncias e confissões estão cheios de exemplos. Tanto cristãos velhos como os de sangue considerado herético afirmavam ao inquisidor não ter conhecimento de serem judaicos os atos que praticavam, só o sabendo através da fixação dos Editais. Angela Vieira Maia, em *À Sombra do Medo*, cita algumas das práticas relacionadas no Monitório: vazar a água dos potes dentro da casa quando do falecimento de alguém; cortar e guardar as unhas do morto; não comer determinados tipos de carne, como porco, lebre, coelho, toucinho, aves afogadas, enguia, arraia, polvo ou peixes sem escamas; limpar a casa na sexta-feira; vestir roupas limpas aos sábados; evitar trabalho nestes dias, diferentes usos de jejum e luto: eram todas heranças da tradição judaica, por vezes, praticadas indistintamente e por todos.[21]

As atitudes que indicavam o judaísmo tornavam-se parte do cotidiano de uma sociedade que não vislumbrava o sentido da heresia em práticas do dia-a-dia. Eram passados quase cem anos da conversão forçada: as lembranças se faziam cada vez menos claras, e a distância que separava os neoconversos do convívio aberto com o judaísmo já se podia contar por gerações. A isto, somava-se o Oceano, tornando abstratos os embates sociais entre os de "sangue diferente". Logicamente, o afastamento dos tempos de tolerância religiosa fazia com que algumas práticas perdessem o seu significado tradicional, tornando-se inerciais, fragmentadas e mesmo desconhecidas, não sendo coerente encará-las obrigatoriamente como adesão à religião judaica. Mais verdadeiro seria entendê-las, em grande parte, como incorporadas ao sincretismo religioso da colônia, conforme explica Laura de Mello e Souza.[22] Assim, as diferenças religiosas pareciam ao menos amortecidas, pois a pressão da Igreja – principalmente através do Tribunal do Santo Ofício – não se fazia, ainda, fortemente sentir. Criava-se, enfim, um ambiente propício para o aparecimento de um catolicismo mais brando, adaptado às necessidades de sobrevivência, sem o peso das instituições reinóis, onde a falta de uma atuação mais presente e rigorosa do clero acabava por tolerar as transgressões ocorridas. De acordo com Anita Novinsky,

> O cristão-novo no Brasil apresenta características extremamente interessantes e que o distinguem nitidamente dos cristãos-novos que emigraram para os países do norte da Europa ou para o Levante. Miscigenou-se com a população nativa, criou raízes profundas na nova terra, integrando-se plenamente

---

21 MAIA, Angela Maria Vieira. *Op. cit.*, 1995.

22 SOUZA, Laura de Mello e. *O diabo e a Terra de Santa Cruz: feitiçaria e religiosidade popular no Brasil colonial*. São Paulo: Companhia das Letras, 1986.

na organização social e política local. Esta organização, ao mesmo tempo que permitiu a integração e acomodação do cristão-novo, sofreu reciprocamente, deste, profunda influência.[23]

São inúmeros os exemplos existentes quanto ao bom convívio e à sociabilidade entre os puros de sangue e os descendentes de judeus nas fronteiras brasílicas de Portugal. Os "batizados de pé"[24] penetravam em diversos âmbitos da sociedade, chegando muitos deles a ocupar cargos de importância: o Ouvidor da Vara Eclesiástica, Diogo do Couto, por exemplo, fora o licenciado responsável pela Visitação do Ordinário que teve lugar na vila de Olinda, em 1591, onde ocorreram as primeiras denúncias que envolviam o mercador cristão-novo afamado como senhor de engenho João Nunes Correia. Sérgio Buarque de Holanda, em *Raízes do Brasil*, diz que "o título de senhor de engenho podia ser considerado tão alto como os títulos de nobreza dos grandes do Reino de Portugal".[25] A participação na camada dominante –, a nobreza da terra, da qual fazia parte bom número de cristãos-novos, denominada "açucarocracia" por Evaldo Cabral de Mello[26] – já conferia a este cristão-novo "uma posição de relevo, semelhante à do fidalgo". Manoel Temudo, Vigário da Sé da Bahia, em relatório de 1632, dizia que "ser senhor de engenho é como em Portugal ser senhor de vilas".[27] O autor de *Cultura e opulência do Brasil*

---

23 Novinsky, Anita. *Cristãos Novos na Bahia: 1624-1654*. São Paulo: Perspectiva/ Ed. da Universidade de São Paulo, 1972, p. 58.

24 Lipiner, Elias. *Os judaizantes nas capitanias de cima (estudos sobre os cristãos-novos do Brasil nos séculos XVI e XVII)*. São Paulo: Brasiliense, 1969.

25 Holanda, Sérgio Buarque de. *Raízes do Brasil*. 26ª ed. São Paulo: Companhia das Letras, 1996, p. 89.

26 A expressão, largamente utilizada e difundida por Evaldo Cabral de Mello em seus trabalhos a partir de *Olinda Restaurada*, fora moldada, segundo o mesmo, por Tobias Barreto, no 'Discurso em mangas de camisa'. Mello, Evaldo Cabral de. *Olinda Restaurada: guerra e açúcar no Nordeste, 1630-1654*. Rio de Janeiro: Topbooks, 1998, p. 93.

27 Novinsky, Anita. *Op. cit.*, 1972.

ilumina-nos a imaginação a respeito: "O ser senhor de engenho é título a que muitos aspiram, porque traz consigo o ser servido, obedecido e respeitado de muitos. E se for, qual deve ser, homem de cabedal e governo, bem se pode estimar no Brasil o ser senhor de engenho, quanto proporcionadamente se estimam os títulos entre os fidalgos do Reino".[28] Os casamentos mistos eram frequentes – corroborando para tal a carência de mulheres brancas na sociedade colonial em gestação –, e atendiam a todo um leque de interesses das famílias envolvidas: Ana Rodrigues, que figura entre aqueles que mais denúncias sofreram durante a primeira visita do Tribunal do Santo Ofício ao Brasil, e que foi processada em Lisboa por manter práticas judaizantes, conseguira casar suas filhas com respeitados cristãos velhos. Bento Teixeira, "mestre de ensinar moços o latim, ler e escrever e a aritmética",[29] autor da *Prosopopéia*, casar-se-ia com uma cristã-velha.[30] Outra vez Novinsky dá o tom correto da penetração cristã-nova na sociedade:

> Alguns chegaram a alcançar situação extremamente privilegiada do ponto de vista econômico: eram senhores de engenho e negociavam o açúcar que

---

28 ANTONIL, André João. *Cultura e opulência do Brasil por suas drogas e minas.* 3ª ed. Belo Horizonte: Itatiaia, São Paulo: EDUSP, 1982, liv. 1 cap. 1, p. 75.

29 "Bento Teixeira contra Pero Henriques, Lianor da Rosa, Gonçalo Nunes, Pero Lopes Camello e Maria de Peralta", em 22/01/1594. *Primeira Visitação do Santo Ofício às Partes do Brasil; Denunciações e Confissões de Pernambuco 1593-1995.* Recife: FUNDARPE. Diretoria de Assuntos Culturais, 1984, Coleção Pernambucana, 2ª fase, vol. XIV, *p.* 161-165.

30 Sobre a história de Bento Teixeira, ver: Arquivo Nacional da Torre do Tombo, Inquisição de Lisboa, processo 5206; LIPINER, Elias. "Bento Teixeira, Precursor de Uriel da Costa". *In: Op. cit.*, 1969; SIQUEIRA, Sonia A. "O Cristão-Nôvo Bento Teixeira: Cripto-Judaismo no Brasil Colônia". Separata da *Revista de História* nº 90. São Paulo: 1972; GONSALVES DE MELLO, José Antônio. "Um intelectual cristão-novo: Bento Teixeira". *In: Gente da Nação: Cristãos-novos e judeus em Pernambuco, 1542-1654.* 2ª edição. Recife: Fundaj, Editora Massangana, 1996; VILAR, Gilberto: *O Primeiro Brasileiro: Onde se conta a história de Bento Teixeira, cristão-novo, instruído, desbocado e livre, primeiro poeta do Brasil, perseguido e preso pela Inquisição.* São Paulo: Marco Zero, 1995.

produziam. Galgaram posições representativas na vida social e política, eram solicitados para importantes decisões da Câmara, procurados como conselheiros e financistas. Tiveram postos na governança e na administração, tais como procurador da Câmara, vereador, solicitador, oficial, escrivão, juiz ordinário, meirinho, tesoureiro, síndico, almoxarife. Os profissionais letrados, médicos, advogados, apesar de não serem muito numerosos, possuíam igualmente uma posição respeitada, sendo quase sempre proprietários de terras e casas.[31]

Entre os cristãos-novos que para cá vieram, recebeu a colônia, presumidamente, algumas famílias de criptojudeus. Se, por um lado, boa parte dos cristãos-novos moldava-se ao catolicismo, houve os que, dentre eles, perseveraram nas crenças, tradições e práticas de seus antepassados, embora evitando externar seus pensamentos, por conhecerem os limites de aceitação ao judaísmo na sociedade em que viviam. Sonia Siqueira assim os diferencia:

> Cristão-novo e criptojudeu não são sinônimos. O nascimento gera o primeiro, a vontade o segundo. O cristão-novo esforçava-se por ser igual aos demais: tentava vencer as barreiras do meio e do seu íntimo e ajustar-se. O criptojudeu contentava-se em parecer igual aos demais. Reservava-se o direito de continuar sendo judeu, de permanecer, às vezes, heroicamente fiel a si mesmo, à religião herdada. Por isso tinha duas religiões: uma externa, social, outra a religião da sua consciência, interior, feita de práticas secretas. Odiava a sociedade que o compelia a uma vida de simulações que lhe tolhia a liberdade de crença,

---

31 Novinsky, Anita. *Op. cit.*, 1972, p. 60.

mas guardava certa atitude precavida, cônscio de ser o lado mais débil.[32]

Os atos, palavras e pensamentos tidos como criptojudaicos acabavam, não raras vezes, por recair como suspeita generalizada sobre toda a comunidade recém-conversa, vista de forma homogênea e pejorativa pelos cristãos-velhos. Estes, podiam perfeitamente confundir os indivíduos judaizantes com os que expressavam efetivo anseio de integrar a nova fé, gerando, com isso, o aumento das desconfianças e da má vontade dos colonos de "sangue puro" com o grupo de cristãos-novos, combustível para o aparecimento de intrigas de toda a espécie.

Os próprios cristãos-novos acabavam por criar separações dentro de seu grupo, posto que todos poderiam passar a responder socialmente pelas crenças e ideias judaizantes de sua parcela de criptojudeus ao serem diretamente confundidos com estes, embora a maior parte dos neoconversos se esforçasse em assimilar a sua nova condição, procurando adaptação às crenças e tradições católicas. O contato entre cristãos-novos e velhos, porém, foi ganhando diferentes contornos com a visitação inquisitorial, que rompeu o quadro de relativa tranquilidade existente até então no convívio entre os grupos.

A presença da Inquisição no Brasil relaciona-se à atitude de expansão dos órgãos de controle do próprio Estado. Porém, a chegada dos visitadores e de seus séquitos encontram justificativas diferentes. Anita Novinsky vincula as visitas do Santo Ofício à necessidade de uma vigilância mais ativa sobre as áreas de maior prosperidade colonial, onde se encontrava uma grande parcela dos cristãos-novos saídos do Reino. Já Sonia Siqueira, chama a atenção para a defesa dos interesses dos colonizadores, comprometida que estava a Inquisição com certas diretrizes do trono, aumentando a vigilância em relação às crenças e evitando o enraizamento dos ideais judaicos na colônia, investigando "sobre que estruturas calcava-se a fé", e buscando "integrar o Brasil no mundo cristão", "cônscia de sua responsabilidade de reprimir e prevenir a difusão de heresias" acreditando, seus

---

32   Siqueira, Sonia A. *Inquisição Portuguesa e a Sociedade Colonial*. São Paulo: Ática, 1978, p. 71.

agentes, "que estavam cuidando, principalmente, de promover a felicidade transcendente dos indivíduos, certos de estarem assim servindo a Deus".[33] Ronaldo Vainfas, por sua vez, ao estudar a santidade dos gentios que ganhou corpo em Jaguaripe nas terras de Fernão Cabral de Taíde, assim define os motivos da presença do Tribunal da Inquisição nas capitanias açucareiras em fins do primeiro século de domínio português:

> Estou em parte de acordo com Anita Novinsky, para quem o Santo Ofício veio à cata de cristãos-novos, pois foram eles, afinal, os réus preferenciais da Inquisição portuguesa nos quase trezentos anos de sua existência. Sonia Siqueira parece também correta ao vincular o envio da Visitação ao interesse em 'integrar o Brasil no mundo cristão', embora diga o óbvio ao destacar que o Santo Ofício veio 'investigar sobre que estruturas calcava-se a fé' de nossos moradores. O Santo Ofício fazia isso em toda a parte. Na verdade, a Visitação ao Brasil não possui qualquer razão especial, incluindo-se, antes, no vasto programa expansionista executado pelo Santo Ofício na última década dos quinhentos. Após consolidar-se no Reino, pois fora criada em 1536, a Inquisição estenderia seu braço ao ultramar, visitando não só o Brasil, mas também Angola e as ilhas da costa africana, os Açores e a Madeira...[34]

---

33   Idem, pp. 183-187. No mesmo estudo, p. 75, a autora ratifica e aprofunda seu pensamento: "Os criptojudeus eram veículos ideais para penetração de heresias. E heresias, no tempo, era também na Colônia sinônimo de desagregação política. A preocupação em desmascará-los gerou denúncias e processos na justiça eclesiástica e civil. (...) Fruto de uma necessidade absoluta de vigiar os criptojudeus são as Visitações do Santo Ofício às capitanias do Nordeste em 1591 e em 1618. Ação intimidatória principalmente".

34   VAINFAS, Ronaldo. Op. cit., 1995, p. 166. Já em Trópico dos Pecados, esclarece: "Consolidada no Reino, e acrescentando a seus propósitos originalmente

Enquanto esteve na Bahia, a Inquisição fez vítimas. Vários foram os que compareceram à mesa do Santo Ofício para acusarem desvios morais e de religião, recheando o tempo e aguçando o espanto e a curiosidade do inquisidor e de Manoel Francisco, notário da Visitação, que certamente teceram assustados comentários sobre os relatos que ouviam no desenrolar das atividades para as quais haviam sido escolhidos e, pelo menos no caso do visitador, dava traços de não estar suficientemente preparado, pelos excessos que cometia, "leviano e precipitado",[35] "subjetivo em sua atuação, abandonando por completo as instruções do Conselho Geral, que só lhe faltaram mesmo a ereção de cadafalsos e a execução de penas capitais no trópico".[36] O mesmo autor da citação acima ratifica suas ideias em estudo posterior:

> Assoberbado com julgamentos de criptojudeus, sodomitas, bruxas, bígamos, fornicários e tantos outros, Heitor Furtado foi obrigado, pelo estilo da colonização, a julgar também o que ignorava. Atordoado, e deixando-se impregnar pelo clima de prepotência senhorial que grassava na Colônia, o visitador acabaria por extrapolar as instruções que recebera de Lisboa. Mandou prender suspeitos sem licença do Conselho Geral; processou em última instância réus cujos crimes deveriam ser julgados na metrópole; absolveu indivíduos que, no entender do inquisidor

anti-semitas o espírito da Contra-Reforma, a Inquisição ordenaria diversas inspeções nos domínios lusitanos do além-mar. (...) Ao mesmo tempo em que Heitor Furtado de Mendonça visitava a Bahia, Pernambuco, Tamaracá e Paraíba, Jerônimo Teixeira percorria os Açores e a Madeira, e pouco depois (1596-1598) seria a vez do padre Jorge Pereira visitar o reino de Angola por comissão do inquisidor-geral". *Op. cit.*, 1997, p. 223-224.

35 GONSALVES DE MELLO, José Antônio. "Uma reedição há muito esperada". *In*: *Primeira Visitação do Santo Ofício às partes do Brasil; Denunciações e Confissões de Pernambuco 1593-1595. Op. cit.*, 1984.

36 VAINFAS, Ronaldo. *Op. cit.*, 1997, p. 224.

geral, mereceriam penas rigorosas; sentenciou outros que o conselho julgava inocentes; realizou, enfim, verdadeiros autos de fé públicos sem qualquer autorização de Lisboa, embora não tenha relaxado ninguém à Justiça secular.[37]

Diversos tipos de denúncias foram levadas a Heitor Furtado durante os dois anos em que na Bahia a Visitação permaneceu. Muitas, inclusive, não faziam parte da alçada do Tribunal, e lá chegavam devido à incompreensão e desconhecimento generalizados das atribuições e crimes pertencentes ao domínio do Santo Ofício e, por consequência, do que se poderia denunciar. Julgou também o que lhe era estranho, como no caso da santidade gentílica acobertada por Fernão Cabral, fazendo com que o nosso encarregado da visitação perdesse a noção do tempo em Salvador, lá ficando mais do que consideravam necessário os membros do Conselho Geral, inviabilizando o deslocamento da visita para outras áreas.[38]

As modificações ocorridas devido à chegada da Inquisição não foram poucas. As sociabilidades e as malhas de poder entraram em um processo constante de esfacelamento e rearrumação, rompendo-se as engrenagens que as mantinham lúcidas. Funcionaria o Santo Ofício como *locus* ideal para a resolução de afrontas e desentendimentos públicos ou ocultos, de modo que o seu significado original – a pureza religiosa – nem sempre ordenava os interesses que estavam em jogo nas acusações feitas. Estas revelavam uma sociedade desigual, cheia de controvérsias, desejos de vingança e de eliminação dos desagravos. Buscaram a Mesa os que desejavam uma religião verdadeira – de acordo com os preceitos da Inquisição –, mas

---

37   Vainfas, Ronaldo. *Op. cit.*, 1995, p. 168-169.

38   Inicialmente, Heitor Furtado de Mendonça havia sido designado para visitar as capitanias do sul do Brasil, além de São Tomé e Cabo Verde. Porém o tempo desordenadamente gasto pelo inquisidor e os autos custos para a permanência e funcionamento dos trabalhos no trópico fez com que recebesse em abril de 1593, ainda estante na Bahia, ordens do Santo Ofício para que apressasse sua volta para Lisboa, tendo sido cancelado o restante da visitação, exceção feita a Pernambuco, Itamaracá e Paraíba. *Idem*, p. 181.

também aqueles que percebiam nas perseguições do Santo Ofício a chance de se livrarem de desafetos com o respaldo popular e institucional. Elias Lipiner traça o quadro:

> Protegidos pelo segredo, sob o traiçoeiro manto de forjado anonimato, vários denunciantes se excediam na sua narrativa, já que encontraram um tribunal predisposto a tomar por devoção religiosa aquilo que em muitos casos não passava de mesquinha desforra pessoal contra um velho inimigo.[39]

Sem contar com os livros desaparecidos[40] desta presença inicial do Santo Ofício no Brasil, o visitador ouviu 212 denúncias na Bahia – grande parte contra cristãos-novos –, número significativamente maior que o de confissões – 121 ao todo –, fato que se explica na desenfreada tentativa de acusar o outro antes de ser acusado; no temor das penas que se poderia sofrer pelas culpas; na vontade de ser visto como colaborador da Inquisição e da pureza religiosa. Angela Maia enumerou as práticas identificadas entre os cristãos-novos que foram sendo reveladas ao representante do Santo Ofício. Entre as mais presentes nesta primeira área atendida pela Visitação, encontramos: ter sinagoga (fazer esnoga); reunir-se para cerimônias judaicas; festejar ou honrar os

---

39 LIPINER, Elias. *Op. cit.*, 1969, p. 37.

40 "Heitor Furtado de Mendonça visitou a Bahia, cidade e recôncavo, entre julho de 1591 e setembro de 1593, e Pernambuco, Itamaracá e Paraíba, entre setembro de 1593 e fevereiro de 1595, do que resultaram quatro livros de denunciações, três de confissões e dois de ratificações, todos eles depositados, em manuscrito, no Arquivo Nacional da Torre do Tombo, em Lisboa. Pois bem, dos nove livros produzidos pela visitação, sem falar nos processos, somente quatro foram encontrados e publicados no passado: um livro das denunciações da Bahia, outro das confissões da Bahia, um livro muito curto das confissões de Pernambuco e adjacências, e outro mais alentado das denunciações nesta última região. O conjunto do material, portanto, até hoje não veio à luz na íntegra". VAINFAS, Ronaldo. "Introdução". *In*: *Santo Ofício da Inquisição de Lisboa: Confissões da Bahia* (organização Ronaldo VAINFAS). São Paulo: Companhia das Letras, 1997, Série *Retratos do Brasil*, p. 11-12.

judeus ou cristãos-novos; ter parentes penitenciados pela Inquisição; ameaçar ou injuriar um crucifixo; enterrar um crucifixo ou um retábulo; esbofetear, chicotear ou cuspir em uma imagem; zombar das coisas sagradas; ter pouca reverência na Igreja; importunar quem está rezando; praguejar; usar magia (também pedir feitiços); nunca ir à igreja; recusar esmolas; não trabalhar aos sábados; colocar roupa limpa e bonita aos sábados; trabalhar em domingos ou dias santos; jejuar como os judeus (nas festas); só comer peixes de escamas; comer carne aos sábados e dias de peixe; comer carneiro ou porco na Páscoa; tirar uma parte do quarto traseiro da rês; ser amortalhado como judeu; guardar jejum de luto de oito dias; jogar fora a água dos potes em caso de morte na casa; jurar "pelo mundo que tem a alma do morto".[41]

Os denunciantes pertenciam às mais diversas classes sociais, na maioria das vezes, cristãos velhos. Entre os denunciados, considerável parcela de cristãos-novos, o que mostra o temor que representava o crescimento do poder desta classe na sociedade em transformação. Senhores de engenho e possuidores de posição privilegiada na economia e na administração coloniais estavam entre os mais presentes e que colaboravam com um maior afinco para o estado de perplexidade do visitante, dados que não

---

41 Utilizei como critério para seleção das práticas mais citadas na documentação inquisitorial o número mínimo de cinco denúncias relacionadas para cada prática. No texto original, a autora citou todas as práticas encontradas em sua busca, apontando o número exato de citações de cada caso. O mais citado é o que diz respeito ao uso de roupa limpa e bonita no dia sagrado dos judeus, que recebeu onze denúncias. Quanto a Pernambuco, utilizando os mesmos critérios, temos: ter sinagogas; reunir-se para cerimônias judaicas; fazer cerimônias judaicas; adorar ou reverenciar a "toura"; ser judeu; ter parentes penitenciados pela Inquisição; vir fugindo da Inquisição; hospedar fugitivos ou suspeitos da Inquisição; ter pena dos penitenciados; preparar-se para fugir da Inquisição; açoitar (esbofetear) um crucifixo (ou imagem); praguejar; dar escândalo (escandalizar); fazer juramentos feios; blasfemar; não ter contas de rezar; não ir à missa; ficar na igreja com pouca atenção; não ter livro de rezas; não fazer cortesia ao Santíssimo Sacramento; não trabalhar aos sábados; divertir-se, enfeitar-se ou pintar-se no sábado; usar roupa limpa e bonita aos sábados; trabalhar os domingos ou dias santos; não comer peixe de pele; comer porco numa sexta-feira; ser amortalhado à moda judaica (morrer como judeu). MAIA, Angela Maria Vieira. *Op. cit.*, 1995, p. 268-271.

se diferenciam em relação às outras regiões futuramente atendidas por Furtado de Mendonça.

O Santo Ofício esteve presente na Bahia por mais de dois anos, do início da Visitação, em 28 de julho de 1591, até a partida do visitador para Pernambuco, em 2 de setembro de 1593. Neste período, Heitor Furtado teve um trabalho árduo na coleta de confissões e denúncias das heresias que habitavam o trópico. As primeiras a serem ouvidas pelo licenciado e capelão fidalgo del Rey ocorreram no dia seguinte em que fora inaugurada oficialmente a Inquisição.

Os trabalhos tiveram início com as confissões do vigário de Matoim, Frutuoso Álvares, e do cristão velho Nicolau Faleiro de Vasconcelos. O vigário confessou práticas somíticas durante o tempo em que se encontrava na Bahia: "De quinze anos a esta parte que há que está nesta capitania da Bahia da Todos os Santos, cometeu a torpeza dos tocamentos desonestos com algumas quarenta pessoas pouco mais ou menos, abraçando, beijando". Mais à frente, sem mesmo poder dar conta dos nomes dos que com ele haviam cometido as relações nefandas, desfilava com pormenores suas fraquezas ao visitador:

> E assim com outros muitos moços e mancebos que não conhece nem sabe os nomes, nem onde ora estejam, teve tocamentos desonestos e torpes em suas naturas, e abraços, e beijando, e tendo ajuntamento por diante, e dormindo com alguns algumas vezes na cama, e tendo cometimentos alguns pelo vaso traseiro, com alguns deles sendo ele o agente, e consentindo que eles o cometessem a ele no seu vaso traseiro, sendo ele o paciente, lançando-se de barriga para baixo e pondo em cima de si os moços e lançando também os moços com a barriga para baixo, pondo-se ele confessante em cima deles, cometendo com seu membro os vasos traseiros deles e fazendo da sua parte por efetuar, posto que nunca efetuou o pecado de sodomia penetrando.

Por fim, em pena demasiadamente branda para a época e pelo crime que cometeu, considerando-se, porém, que o padre confessou na "graça", foi admoestado pelo inquisidor "que se afaste da conversação destas pessoas e de qualquer outra que lhe possa causar dano em sua alma, sendo certo que fazendo o contrário será gravemente castigado".[42]

Nicolau Faleiro de Vasconcelos põe em xeque as relações de parentesco, que não escaparam imunes à presença do Santo Ofício: denunciava sua mulher, a cristã-nova Ana Alcoforado, que "lhe disse que era bom vazar fora a água dos cântaros". Fez, todavia, questão de afirmar quase ao término de seu interrogatório,

> que a dita sua mulher dona Ana nunca lhe disse, nem fez cousa em que entendesse dela má tenção contra nossa santa fé católica, mas antes, sempre lhe viu fazer obras de boa cristã, rezando a Nossa Senhora e fazendo romarias, e devoção, e jejuando às vésperas de Nossa Senhora e fazendo esmolas e obras de quem teme a Deus. E a tem por muito boa cristã e virtuosa.[43]

Já as denúncias, tiveram início com um reinol de Bragança, João Serrão. Apresentou-se à Mesa dizendo-se cristão velho, para acusar um homem que aconselhava à sua esposa, "que não rezasse tanto a Nossa Senhora porque lhe faltavam muitas partes a Nossa Senhora".[44] Mais tarde,

---

42 "Confissão de Frutuoso Álvares, vigário de Matoim, no tempo da graça", em 29/07/1591. *Confissões da Bahia, 1591-92. Op. cit.*, 1935, p. 20-21.

43 "Confissão de Niculau Falleiro de Vascogoncellos christão velho na qual diz contra sua mulher dona Ana [Alcoforado] cristã nova no tempo da graça", em 29/07/1591. *Confissões da Bahia, 1591-92. Op. cit.*, 1935, p. 23-24.

44 "[João Serrão] contra um homem do Passé [Manoel de Paredes]", em 29/07/1591. *Primeira Visitação do Santo Officio ás partes do Brasil pelo licenciado Heitor Furtado de Mendonça capellão fidalgo del Rey nosso senhor e do seu desembargo, deputado do Santo Officio. Denunciações da Bahia 1591-593*. São Paulo: Paulo Prado, 1922-1929, 3 vols.

arrependido (possivelmente por temer as consequências das informações equivocadas que prestara sobre sua descendência), compareceria novamente ao Santo Ofício para confessar-se cristão-novo.

O vigário da igreja de Nossa Senhora do Socorro, padre João Fernandes, natural de Salvador, referiu-se ao mesmo caso que denunciara João Serrão. Acusou também a

> um mercador por nome João Batista, cristão-novo mancebo solteiro, que em seu aspecto parece mancebo de vinte e cinco, vinte e seis anos. E estando ele pesando uma pouca de especiaria a um homem, o dito homem se queixou que o peso não era justo, ao qual o dito João Batista respondeu: só Deus é o justo. E que disto se escandalizara ele denunciante.[45]

Catharina Nunez, "natural de Várzea, por baixo de Covilhã", vila localizada ao pé da Serra da Estrela, disse a Heitor Furtado que ouvira de seu vizinho francês Pero de Vila Nova, "que ele sabia uma casa nesta cidade de Salvador onde morava um que cuspia e escarrava em uma imagem de Nosso Senhor crucificado". O próprio francês, quando consultado sobre o ocorrido pelo licenciado do Santo Ofício, "contou como fora fama que nesta cidade se achava enterrado um retábulo de um crucifixo em umas casas onde tinha morado Antonio Serrão cristão novo".[46]

Prática comum enquanto a Inquisição por aqui permaneceu: denúncias sobre fatos ocorridos há tempos distantes, décadas anteriores à chegada do visitador. A viúva Isabel de Oliveira compareceu à mesa para denunciar que, dezoito anos antes, Branca de Leão

---

45 "[Padre João Fernandez clerigo de missa vigario da igreja de Nosa Senhora do Socoro de Tasuapina] contra Bernardo Ribeiro, e contra João Baptista e contra outro", em 29/07/1591. *Denunciações da Bahia. Op. cit.*, 1922-1929, p. 239-241.

46 "[Catérina Nunez, que não sabia assinar] contra um que cuspia e escarrava em uma imagem de Nosso Senhor Christo", em 29/07/1591. *Denunciações da Bahia. Op. cit.*, 1922-1929, p. 241-242.

> entrara em casa de Diogo Sorilha, castelhano, que foi meirinho do mar nesta cidade. E que por que achou as filhas dele disciplinando-se, e rezando diante de uma imagem de Nosso Senhor crucificado, ela zombara e rira delas dizendo-lhe que eram tolas, que Nosso Senhor estava no céu.

Em seguida, denunciou

> que ouviu dizer, muito tempo há, não lhe lembra a quem, que em umas casas onde morara Catarina Mendes, casada nesta cidade, tia da dita defunta Branca de Leão, irmã de sua mãe Maria Lopes, se achara enterrado debaixo do chão um crucifixo.
> E que depois disto, ouviu dizer que rompendo-se isto e vindo a notícia da dita Catarina Mendes, ela respondeu que lhe caíra a parede em que tinha um oratório onde as imagens estavam, e que por isso ficaram enterradas.[47]

A última das denúncias do primeiro dia de visitação foi a que fez o lavrador Gaspar Dias de Figueiroa, cristão velho natural do Porto, contra o mercador cristão-novo Manoel de Paredes. Segundo Figueiroa, Paredes teria se negado, durante a quaresma, a ajudar na preparação do sepulcro para as Endoenças, respondendo: "não temos lá nada que ver senão a figura *de Ecce Homo*, o qual meteremos entre dois mecos que lhe façam o seu ofício. E estas palavras disse muito risonho e alegre e contente".[48]

---

47 "[Isabel de Oliveira viuva, que não sabia assinar] contra Branca de Lião cristã nova defunta, Catérina Mendez e Maria Lopes christans novas", em 29/07/1591. *Denunciações da Bahia. Op. cit.*, 1922-1929, p. 242-243.

48 "[Gaspar Dias de Figueiroa] contra Manoel de Paredes cristão novo e Alvaro Pacheco cristão novo", em 29/07/1591. *Denunciações da Bahia. Op. cit.*, 1922-1929.

Entre os que mais denúncias receberam nesta fase inicial da Inquisição na Colônia, estão Ana Rodrigues, octogenária que acabou por morrer nos cárceres da Inquisição em Lisboa, acusada de judaísmo, e Fernão Cabral de Taíde, senhor de engenho do Recôncavo – a próspera região que concentrava a maior parte da produção e da população baiana, distante poucas léguas da capital colonial, Salvador, que "funcionava como um órgão oficial, meio caminho entre os engenhos e a metrópole e local de comercialização da safra"[49] –, acusado de manter e proteger um grupo de gentios que, por sua ordem, tinha sido levado para suas terras, onde se ergueu igreja, na qual os principais atendiam por nomes sagrados da Fé Católica.[50] Segundo o depoimento do próprio,

> haverá seis anos pouco mais ou menos que se levantou um gentio no sertão com uma nova seita que chamavam Santidade, havendo um que se chamava Papa e uma gentia que se chamava mãe de Deus, e o sacristão. E tinham um ídolo a que chamavam Maria, que era uma figura de pedra que nem demonstrava ser figura de homem, nem de mulher, nem de outro

---

49 RAMINELLI, Ronald. *Op. cit.*, 1990, p. 60. Schwartz comenta a importância desta região: "Embora a cidade de Salvador servisse como ponto central da capitania e como solução urbana para uma sociedade rural, dependia economicamente da circunvizinhança. As terras ao redor da Baía de Todos os Santos tinham solo rico e apropriado para o cultivo de cana de açúcar. Esta área, chamada o Recôncavo, estendia-se em forma de crescente de Salvador para a Tinharé e provia a subsistência econômica da maior parte da população da capitania.". SCHWARTZ, Stuart B. *Burocracia e Sociedade no Brasil Colonial. A Suprema Corte da Bahia e seus Juízes: 1609-1751*. São Paulo: Perspectiva, 1979, p. 90.

50 Sobre a santidade dos gentios em Jaguaripe, ver: Livros de confissões e denúncias da Primeira Visitação do Santo Ofício às partes do Brasil; VAINFAS, Ronaldo. *A heresia dos índios. Op. cit.*, 1995; METCALF, Alida C. *Os limites da troca cultural: o culto da Santidade no Brasil colonial. In*: NIZZA DA SILVA, Maria Beatriz. *Cultura Portuguesa na Terra de Santa Cruz*. Lisboa: Editorial Estampa, 1995.

animal, ao qual ídolo adoravam e rezavam certas cousas por contas, e penduravam na casa que chamavam igreja umas tábuas com uns riscos que diziam que eram contas bentas. E assim, ao seu modo, contrafaziam o culto divino dos cristãos.[51]

O alto número de denúncias – trinta e oito vezes fora ele denunciado ao inquisidor – e o tamanho avolumado de seu processo não corresponderam em rigorismo à pena que recebeu, considerada leve pelo próprio Fernão Cabral, "dando graças ao inquisidor e a todos os adjuntos da mesa pela mercê que lhe faziam, merecendo muito mais por suas culpas, e isto de joelhos, com muita humildade".[52]

Os dias que se seguiram ao início da visitação, trouxeram um sem-número de novas heresias postas ao alcance dos olhos curiosos do inquisidor. Os denunciantes vinham de todas as camadas sociais para colaborar com o avanço dos trabalhos de purificação da fé nos trópicos. O visitador colhia – a cada nova página de ações heréticas preenchida pela caligrafia segura e limpa do notário Manoel Francisco – os primeiros frutos do espetáculo que armara para anunciar sua chegada, e do qual a população – sem que tivesse controle ou a noção exata da gravidade disto –, se tornava a atração principal. A sociedade colonial sofria com o remexer de seu passado, onde acontecimentos há muito esquecidos poderiam ganhar novo alento, tornando-se armas poderosas contra aqueles que não esperavam a cobrança de suas faltas pelo Santo Ofício. O medo de ser acusado por um fato qualquer levava a um avivar de lembranças que desembocava em confissões diversas, os confitentes sempre a tentar – espelhando a insegurança que pressentiam em face da Inquisição – diluir a responsabilidade de seus atos e construir narrativas amedrontadas, inexatas e até estéreis; outros, denunciavam

---

51 "Confissão de Fernão Cabral de Tayde christão velho no tempo da graça", em 02/08/1591. *Confissões da Bahia, 1591-92. Op. cit.*, 1935, p. 28.

52 "Carta ao capitão Miguel de Azevedo, na Bahia, a 1º de dezembro de 1592". In: *Cartas, informações, fragmentos históricos e sermões*. Rio de Janeiro: Civilização Brasileira, 1933, p. 283.

fatos ou pessoas que desconheciam ou com as quais não tinham convívio, heresias não presenciadas, mas que diziam ser de "fama pública", multiplicadas nos "ouvir dizer", "ouvir falar"; procurando mostrar cooperação com o bastião da Fé Católica, incriminavam ainda mais aos que por todos eram denunciados – os "bodes expiatórios oficiais", como os classifica Evaldo Cabral de Mello[53] –, principalmente dentre o grupo de cristãos-novos, repetindo fatos sem novidades, alguns sem um mínimo de clareza, dificultando a averiguação dos acontecimentos por parte do visitador encarregado dos trabalhos.

As denúncias atingiam também aos já falecidos: se condenados, podiam ser queimados em efígie nas cerimônias de auto de fé, mortos uma vez mais pelo didatismo controlador da Inquisição. Os que viviam distantes do palco da Visitação não ficavam, da mesma forma, livres das acusações: moradores do Reino, de outras partes do Brasil ou do além-mar português tinham suas atitudes desvendadas ao visitador. Este, tomaria as medidas cabíveis para a investigação do caso ou prisão do acusado, quando possível, para apurar responsabilidades. Foi o caso do mercador e afamado senhor de engenho João Nunes, dos mais influentes em Olinda que, azar supremo, se encontrava na Bahia naqueles tempos de visitação a tratar de seus assuntos e negócios.

João Nunes devassado

Se Nóbrega vira no célebre João Ramalho a *petra scandali* da colonização vicentina, havia quase meio século, João Nunes bem que poderia receber o mesmo epíteto no que toca à colonização pernambucana, a julgar pela enxurrada de denúncias de que foi alvo na visitação inquisitorial.

João Nunes Correia tinha motivos reais para temer a Visitação do Santo Ofício. Reinol de Castro Daire, bispado de Lamego, era homem le-

---

53 MELLO, Evaldo Cabral de. *O nome e o sangue: uma fraude genealógica no Pernambuco colonial*. São Paulo: Companhia das Letras, 1989.

trado, por volta de quarenta e cinco anos. Era "largo em seu negociar":[54] mercador, fazia também parte da açucarocracia – o seleto grupo que explorava o plantio da cana e produção de açúcar –, responsável por dois engenhos na Paraíba, que o pertenciam em sociedade com seus irmãos Diogo, que vivia na colônia, e Henrique, morador em Lisboa, a quem João Nunes devia satisfação dos negócios. Morador na Rua Nova, em Olinda, era figura muito comentada nas capitanias açucareiras neste momento, assim como das mais odiadas, o que se devia em grande parte ao rancor daqueles a quem fazia empréstimos, sendo "inventor de ardis e sutilezas de onzenas". Homem sagaz e de muito saber, tinha grande poder e influência, não apenas pelos conhecimentos e amizades que mantinha na administração colonial, onde se mostrava bem relacionado: sua grande riqueza – uma fortuna que atingia a espantosa cifra de 200.000 cruzados – lhe abria portas e fazia com que visse a todos como passíveis de suborno, firmando-se como um dos homens mais ricos, poderosos e visados da economia portuguesa nos trópicos.

Sua fama enfrentava altos e baixos. Por seu passado era respeitado, tendo contribuído nas guerras contra os franceses para a conquista da Paraíba em 1585, não só como combatente, mas através de empréstimos que envolviam considerável soma em dinheiro: cerca de seis mil cruzados. Frei Vicente do Salvador, narrando os acontecimentos do embate, comenta sobre Nunes:

> E se concluíra pior se o ouvidor-geral não tratara este negócio por via de empréstimo, com que logo mandou ao capitão Pero Lopes fizesse rol do que havia mister para provimento de cem homens em seis meses e, feito e somado em três mil cruzados, os mandou logo tomar e repartir pelos mercadores que tinham as coisas

---

54 "Cosme de Araújo contra João Nunes", em 06/11/1593. *Denunciações e Confissões de Pernambuco. Op. cit.*, p. 43-44.

necessárias, aos quais se satisfazia com créditos de João Nunes mercador.[55]

Elias Lipiner complementa:

> Nesta guerra contra os franceses e índios esteve, juntamente com o cristão-novo Ambrósio Fernandes Brandão – suposto autor dos *Diálogos das Grandezas do Brasil* – ao lado do ouvidor Martim Leitão. Este, segundo conta Frei Vicente do Salvador, numa certa emergência que exigiu sua intervenção imediata para acudir à vanguarda que recuava com feridos, 'em calças e em gibão como ia, tomou um remessão a João Nunes e uma rodela a um índio' e correu em socorro dos companheiros.[56]

João Nunes era também mordomo da respeitada "confraria do Santíssimo Sacramento, uma das principais da terra".[57] A comunidade de cristãos-novos, por sua vez, talvez o visse com bons olhos, posto que atendia às necessidades iniciais dos mais pobres que chegavam à colônia, dando-lhes um suporte econômico imediato por possuir, segundo diziam, a bolsa dos judeus, sendo voz geral que desempenhava a função de tesoureiro da comunidade secreta de Camaragibe, havendo mesmo quem o chamasse de "rabi".

Se João ajudava os cristãos-novos, não era muito preocupado, por outro lado, com os afazeres religiosos de bom católico. Pelo menos isso sugeriam seus atos, embora tivesse uma Bíblia em latim com a qual presenteara a um certo Frei Melchior, e houvesse notícias de que conhecia o Concílio Tridentino. Apesar do estigma de judeu que lhe pesava, não

---

55 FREI VICENTE DO SALVADOR. *Op. cit.*, 1982, p. 234.
56 LIPINER, Elias. *Op. cit.*, 1969, p. 198.
57 SIQUEIRA, Sonia A. "O comerciante João Nunes". In: *Anais do V Simpósio Nacional dos Professores de História – Campinas*. São Paulo: USP, 1971, p. 232.

demonstrava preocupações maiores que visassem reverter esta má fama: ia raramente à Igreja, não se importando com as obrigações que a religião impunha nos dias sagrados.

No tocante aos amores, várias mulheres parecem ter frequentado os aposentos de João Nunes, que certamente pensava como seu irmão Diogo, para quem não era pecado dormir com mulher solteira ou negra.[58] Seu envolvimento com uma certa Francisca Ferreira chocava a todos que conheciam esta história em particular. Sem nunca ter se casado, João acabou por manter um relacionamento com a tal mulher, esposa do oleiro Manoel Ribeiro, então mantenedor dos laços de contato entre João e seu irmão Henrique Nunes, morador no Reino, no comércio de negros vindos de Angola.

Para iniciar uma vida comum com Francisca, a filha da Barreta,[59] traçara um plano. Tendo negócios a tratar no Reino e em Angola acompanhado de Henrique Nunes, segundo os interesses de João, Manoel Ribeiro partiu deixando sua mulher, esposa de longo tempo – "sendo havidos geralmente por casados de umas portas a dentro por muitos anos", unidos em matrimônio na Igreja de São Frei Pedro Gonçalves do Recife –, em casa de sua mãe. Quando retorna o oleiro a Pernambuco, a esposa se recusa a recebê-lo, encontrando-a Manoel amancebada com o rico comerciante. "João Nunes fez com a dita sua mulher, sua manceba, que o não recolhesse em casa":[60] o novo casal decidira viver junto. Além da esposa, o comerciante tomara também a Manoel seus bens. Este iniciou, então, um processo judicial contra João, que prometeu devolver-lhe o dinheiro e a esposa caso fosse sustada a acusação de adultério que impetrara contra ele. O Ouvidor da Vara

---

58 "Lopo Soares contra João Nunes e Diogo Nunes", em 23/11/1593. *Denunciações e Confissões de Pernambuco*. Op. cit., 1984, p. 117-119.

59 Tanto Francisca como sua mãe, Antonia Luís, eram conhecidas pela alcunha de *Barreta*. Segundo Gonsalves de Mello, o termo designava o fato de terem elas morado "nesse lugar, pouco ao sul do Recife". GONSALVES DE MELLO, José Antônio. "Um 'capitalista' cristão-novo: João Nunes Correia". *In*: Op. cit., 1996, p. 70.

60 "[Cristovão Pais d'Altero] contra João Nunes e outros", em 20/12/1591. *Denunciações da Bahia*. Op. cit., 1922-1929, p. 555-560.

Eclesiástica, Diogo do Couto, buscando apurar o fato, prendeu ao acusado na cadeia da vila, recebendo então rogos dos padres da Companhia de Jesus para que Nunes fosse solto. E logo o foi.

Ao mesmo tempo, Nunes ordenou a um seu criado, Fabião Rodrigues,[61] que fosse às autoridades do bispado da Bahia, procurando anular o casamento de Francisca e Manoel, no que teve êxito devido ao auxílio dado pelo ouvidor, Jorge Camelo, que, não só era amigo de João, acostumados a comerem e beberem juntos, como também lhe devia uma certa quantia em dinheiro. O ouvidor Camelo não aceitou, assim, a querela na qual o marido traído acusava ao comerciante de haver se amancebado com a sua esposa, mandando-o, pelo contrário, à prisão, para que pudesse negociar o seu perdão com a antiga mulher, após o que seria solto, esperando, por sua vez, que João cumprisse sua promessa.

Não era este, todavia, o intento de Nunes. Por intermédio de Luis Gomes, na casa de quem estava recolhido Manoel Ribeiro e que pedira a João "que fizesse aquilo como tinha prometido, pois era cousa tão justa e de serviço de Deus", afirmou não querer devolver ao marido abandonado o dinheiro nem tampouco a mulher, e que nem Jesus Cristo haveria de valer ao oleiro para que ele a devolvesse.[62] João tinha noção de sua força e importância: seus conhecimentos o fizeram alcançar o seu desejo, anulando-se a antiga união de Francisca, para escândalo de toda a região, chocada ao ver "que o dito João Nunes fazia desfazer o casamento do matrimônio",[63] inconformada com os abusos praticados pelo rico

---

61   Fabião Rodrigues acabaria sendo processado pelo Santo Ofício, acusado de sonegar informações sobre o patrão e de enviar recados e pedidos de ajuda de Nunes para fora do cárcere enquanto este esteve preso na Bahia. Esta questão será aprofundada posteriormente, no capítulo 4.

62   Ainda afirmaria Luis Gomes em seu depoimento: "João Nunes é tido por um onzeneiro público, e que nesta terra ele fazia e desfazia quanto queria à sua vontade. E que assim, a Justiça Eclesiástica, como Secular, fazia tudo a seu mando". "Luis Gomes contra João Nunes", em 01/04/1594. *Denunciações e Confissões de Pernambuco. Op. cit.*, 1984, p. 247-250.

63   "[Cristovão Pais d'Altero] contra João Nunes e outros", em 20/12/1591. *Denunciações da Bahia. Op. cit.*, 1922-1929, p. 555-560.

mercador, que desafiava as leis cristãs e contrariava a sua lógica. Por fim, uma quantia em ouro acompanhada do embarque de Manoel para Angola sem que retornasse mais ao Brasil, deixando aqui o casal traidor, daria fim à situação de constrangimento. Esta ocorrência traria novos momentos de apreensão ao habitante da Rua Nova: o olhar curioso de Heitor Furtado iria buscar mais detalhes sobre o caso – embora não fosse o adultério matéria de sua alçada –, reavivando o assunto e aumentando as preocupações do mercador amancebado.

Entre os denunciados na Primeira Visitação, João Nunes é, sem dúvida, dos mais citados. São dezessete[64] as acusações conhecidas durante o período em que o Santo Ofício esteve na Bahia, embora nela João não habitasse, e vinte e uma já na fase pernambucana, de 1593 a 1595.[65] Em Pernambuco foi o mais delatado, acusado de várias culpas, embora a imensa maioria das denúncias contra ele envolvesse acusações relacionadas ao caso de um crucifixo, supostamente colocado em local impróprio, que teria sido visto por um pedreiro que trabalhava na reforma de sua morada. Não raro, as denúncias repetiam-se. Havia diferença, apenas, quanto à riqueza de detalhes ao relatar o acontecido. Seus acusadores vinham das mais variadas colocações na sociedade e envolviam amigos ou desafetos públicos, devedores nas onzenas, vizinhos e até desconhecidos, que ouviam suas histórias pelas ruas de Olinda, Recife e arredores, ou até na capital da colônia, e se apressavam para fazê-las chegar ao conhecimento do visitador.

---

64 Some-se ainda os depoimentos dados ao Santo Ofício por seus dois criados enquanto estiveram presos a mando de Heitor Furtado para apurar se sabiam de algo sobre o caso. *Traslado do proprio processo de Joam Nunes Cristão novo mercador morador em Pernãobuco estante nesta cidade do Salvador preso no carçere do Sancto Offi. della.* Arquivo Nacional da Torre do Tombo, Inquisição de Lisboa, processo 885.

65 As denúncias contra João Nunes estão reunidas no Arquivo Nacional da Torre do Tombo, nos códices de número 885, 12464 (Denunciações da Bahia), 87, 88 e 1491 (Denunciações de Pernambuco).

O maior dos escândalos[66] envolvendo João Nunes, teria acontecido nas proximidades da chegada de Heitor Furtado de Mendonça ao Brasil. Comentava-se que, ao fazer obras no sobrado do comerciante situado na Rua Nova, o pedreiro Pero da Silva,[67] homem de quarenta e quatro anos, teve uma surpresa enquanto o retelhava: vira estar dependurado na parede, por detrás da cama, um crucifixo coberto com panos sujos e teias de aranha, perto do qual se encontrava um servidor para as necessidades corporais de João Nunes. Espantado, advertiu ao dono da casa por estranhar a situação em que se achava o crucifixo, perguntando-lhe o porquê de estar a figura de Cristo próxima ao imundo objeto. O mercador afirmou ter sido ali colocado o crucifixo por suas negras escravas, mas que ele o guardaria, mandando um carpinteiro construir um oratório para abrigá-lo, enquanto pedia a volta do pedreiro ao trabalho. Os boatos correram a vila, e nas ruas, ganharam vida, chegando aos ouvidos do poder eclesiástico, quando da Visitação do Ordinário comandada por Diogo do Couto, em 1591. As denúncias começam com Manoel Soares e Antonio do Souto. Manoel reproduz ao licenciado encarregado da visita

> o que lhe dissera um pedreiro que, consertando-lhe as casas, achara um crucifixo posto no lugar onde ia urinar e fazia suas necessidades. E que o dito João

---

66 "Por toda esta terra de Pernambuco foi fama pública, freqüente e escandalosa, e assim corria, e se dizia geralmente por altos e baixos, bons e melhores, e mais gente e povo da terra". "Francisco Ferraz contra João Nunes", em 07/02/1594. *Denunciações e Confissões de Pernambuco. Op. cit.*, 1984, p. 214.

67 Várias denúncias citam o nome do pedreiro incorretamente – João ou Pedro da Silva. Optei por retificar estas passagens, utilizando o nome com o qual se apresenta o próprio em seu depoimento perante o licenciado Diogo do Couto – Pero da Silva –, a partir de agora, subentendido. No mesmo caso enquadra-se o oleiro Manoel Ribeiro, tendo sido feitas as correções devidas ao longo do texto.

Nunes, havia fama pública, vivia amancebado com Francisca Ferreira, filha da velha Barreta.[68]

O depoimento de Antonio apenas repetia o que havia dito Manoel Soares, mas nos permite visualizar o homem que tirava o sono a João Nunes:

> Pedreiro ruivo, que aqui anda cheio de boubas, que se chama Pero da Silva. Dissera que, andando consertando umas casas de João Nunes, desfazendo uma parede, achara um crucifixo afim a uma parte onde ele tinha um servidor.[69]

Diogo do Couto, responsável pela Visitação do Ordinário naquela vila, ouvindo os rumores contra o rico "senhor de engenho" – por ele preso enquanto era apurado o seu envolvimento com Francisca –, chamou Pero da Silva para depor no caso do crucifixo. O pedreiro acabara preso, tomando-lhe o Licenciado por duas vezes o testemunho.[70] Em seu segundo depoimento, o principal acusador da história narra o que

---

68 "Manoel Soares, morador nesta vila [contra João Nunes]", em 23/05/1591. "Traslado de certos testemunhos das Visitações do Ordinário feitas em Pernambuco pelo Licenciado Diogo do Couto, ouvidor da vara eclesiástica, pertencentes ao Santo Ofício contra João Nunes, cristão-novo, os quais testemunhos o dito ouvidor mandou ora de Pernambuco a esta mesa do Santo Ofício em um traslado autêntico do qual se trasladou que é o seguinte". Arquivo Nacional da Torre do Tombo, Inquisição de Lisboa, processo 885.

69 "Antonio do Souto, morador nesta vila [contra João Nunes]", em 23/05/1591. "Traslado de certos testemunhos das Visitações do Ordinário feitas em Pernambuco pelo Licenciado Diogo do Couto, ouvidor da vara eclesiástica". *Idem*.

70 Apesar de citado nos autos do processo de João Nunes – o depoimento de 23/05/1591 deixa claro a existência de um outro, ocorrido no dia anterior –, o primeiro depoimento do pedreiro não consta da documentação enviada ao Conselho Geral de Lisboa. Ao que parece, por não ter sido registrado em papel. *Idem*.

teria ocorrido, após ser aconselhado por Diogo do Couto e ter passado uma noite na prisão:

> Andando consertando umas casas ao dito João Nunes, achara um servidor cheio de imundície, coberto com uma capa de baeta velha, e que pela casa estavam uns papéis, digo, painéis de Flandres. E que vindo ter o dito João Nunes, ele testemunha estranhara muito, dizendo-lhe que, estando ali um oratório, não estava ali bem aquilo. Ele lhe dissera que eram descuidos dos negros, mas que o crucifixo não estava naquela casa, que em outra de fora, em uma cantareira tinha posto um crucifixo.[71]

O pedreiro sabia contra quem lutava. Preso por Diogo do Couto, temeroso de ficar confinado à cela, se desdisse, ciente de que na prisão não poderia ganhar seu sustento – era pobre –, além de temer as represálias de Nunes, homem rico e poderoso, que gozava de importantes ligações e conhecimentos no lugar. Surgiria então outro boato: o pedreiro teria ganho de João Nunes uma quantia em dinheiro, cerca de quarenta mil réis,[72] para manter-se calado,

---

71 Pero da Silva [contra João Nunes]", em 23/05/1591. "Traslado de certos testemunhos das Visitações do Ordinário feitas em Pernambuco pelo Licenciado Diogo do Couto, ouvidor da vara eclesiástica". *Idem*. Segundo Gonsalves de Mello, "painéis de Flandres, entende-se por telas pintadas, originárias de Flandres ou a modo dessas pinturas flamengas, que eram vulgares na época. Apresentavam temas religiosos ou da vida civil. Cantareira era móvel de apoio, geralmente de madeira, onde eram depositados os cântaros contendo água de beber e outros líquidos". *Op. cit.*, 1996, p. 70.

72 Em *Trópico dos Pecados*, citando o estudo feito por Kátia Mattoso – *Ser Escravo no Brasil* –, Vainfas afirma que, em 1750, o preço de um escravo era em média de 120 mil réis na Bahia, "seis vezes mais que o preço médio de 1572". Logo, o valor de 40 mil réis correspondia aproximadamente ao preço de dois escravos na segunda metade do século XVI. VAINFAS, Ronaldo. *Op. cit.*, 1997, p. 336. Em obra de 1981, falando das moedas em circulação no Brasil entre os séculos XVI e XVIII, Russell-Wood apresenta a situação vivida e faz as

ou desdizer-se do que vira, evitando o assunto.⁷³ Destilaria ainda seu rancor em conversas como a que teve com o cristão-velho Cristóvão Vaz de Bom Jesus, durante o tempo em que fazia obras na casa deste: "aquele cão do João Nunes merecia ser queimado".⁷⁴

Estando então o pedreiro na fazenda do cristão-novo Fernão Soares, adoeceu⁷⁵ e, de lá, o levaram para o hospital da vila,⁷⁶ onde teria falecido em meados de 1593, vítima, segundo comentários populares, de envenenamento por peçonha,⁷⁷ fazendo recair sobre João Nunes a suspeita de tê-lo mandado matar. Nada porém foi profundamente apurado ou provado e as influências de João Nunes se mostraram de grande valia.⁷⁸

---

devidas comparações de valores circulantes: "Antes da restauração da monarquia portuguesa em 1640, circulavam abertamente no Brasil moedas de diversas outras nações, embora seu uso fosse oficialmente proibido. Durante o período inicial de colonização era frequente o pagamento de salários em mercadorias devido à falta de uma moeda oficial. Uma *provisão* real de 1568 autorizou a circulação das seguintes moedas:

PRATA
1 Real que circulava com o valor reduzido de 1,5 Real
3 Réis que circulava com o valor reduzido de 3 Réis
5 Réis que circulava com o valor reduzido de 0,5 Real
10 Réis que circulava com o valor reduzido de 1 Real". RUSSEL-WOOD, A. J. R. *Fidalgos e filantropos: a Santa Casa de Misericórdia da Bahia, 1550-1755.* Brasília: Editora Universidade de Brasília, 1981, p. 299.

73 "Antonio Correia contra João Nunes", em 02/04/1594. *Denunciações e Confissões de Pernambuco. Op. cit.*, 1984, p. 250-251.

74 "Christovão Vaz de Bom Jesus contra João Nunes", em 05/02/1594. *Idem*, p. 199-200.

75 "Alvaro Velho Barreto contra João Nunes", em 19/11/1593. *Idem*, p. 91-92.

76 "Lopo Soares contra João Nunes e Diogo Nunes", em 23/11/1593. *Idem*, p. 117-119.

77 "Alvaro Velho Barreto contra João Nunes", em 19/11/1593. *Idem*, p. 91-92.

78 Ao lado do depoimento de Pero da Silva, encontram-se anotações feitas por Heitor Furtado de Mendonça: "parece que estava já esta testemunha subornada e peitada que se desdissesse". Infelizmente, para o historiador,

As denúncias prosseguiam, no entanto, ainda no âmbito da justiça eclesiástica: O calafate Antonio afirmaria – depois dos juramentos devidos – que

> ouvira dizer que João Nunes tinha um crucifixo em casa. E andando um pedreiro telhando a casa, dissera que o tirasse, [e] ele não no quisera mandar tirar. E que o capitão e piloto da nau, francês, indo à casa do dito João Nunes uma segunda-feira, dissera: como não viera ontem? E ele lhe respondera: porque era domingo. E o dito João Nunes disse que, para ele, não havia domingo.

Convocado a esclarecer o assunto, o francês Pero Clemente, capitão da nau São Luiz, "que veio com o bacalhau" e se encontrava ancorada no porto, confirmaria a história, dando detalhes: "o dito João Nunes lhe dissera que tornasse uma quarta-feira ou quinta. Dizendo ele testemunha que era [dia] santo, respondera o dito João Nunes, *para mim, não há santo nem domingo*".[79] Ao que parece, para alguns de seus acusadores, nosso comerciante andava mais preocupado com os seus lucros do que com a celebração dos dias santos, desrespeitando o sagrado dia de descanso dos cristãos. Mas não seria esta, como veremos, a única vez que Nunes seria acusado de passar por cima ou desrespeitar as datas festivas da Igreja.

Com a presença do inquisidor na Bahia, moradores de Pernambuco de passagem pela cidade do Salvador dirigiam-se ao Tribunal, adiantando o

---

> não conseguiria Heitor Furtado consultar o pedreiro: este morrera antes da chegada do visitador a Pernambuco. Uma nova acusação passará então a se multiplicar nas folhas que formarão o seu processo: teria João Nunes envenenado o pedreiro para impedir que a história se multiplicasse?

79 "Pero Clemente, capitão da nau francesa São Luiz [contra João Nunes]", em 26/04/92. "Traslado de certos testemunhos das Visitações do Ordinário feitas em Pernambuco pelo Licenciado Diogo do Couto, ouvidor da vara eclesiástica (...)". O grifo é meu, indicando a possível fala de João Nunes. Arquivo Nacional da Torre do Tombo, Inquisição de Lisboa, processo 885.

clima geral de acusações sobre João que ocorreria em Pernambuco, a darem sinais do que encontraria Heitor Furtado no próximo destino da Visita.

Belchior Mendes de Azevedo aproveitara o tempo que passava na capital colonial a resolver seus negócios para denunciar coisas que julgava de interesse do Santo Ofício. Era 24 de agosto de 1591, e o responsável pela Inquisição recebia a primeira denúncia contra João Nunes Correia, data que marca também o início de sua epopeia. Perante Heitor Furtado de Mendonça, Belchior Mendes identificou-se:

> cristão velho inteiro, natural de Avis, filho de Gaspar Mendes d'Azevedo, e de sua mulher Isabel Rodrigues Velha, defuntos, de idade de cinqüenta anos, casado com Luisa Bella, morador em Pernambuco, na vila de Olinda, ora estante nesta cidade.

Após desfilar suas origens de sangue puro a credenciarem seu testemunho,[80] denunciou: "João Nunes, cristão-novo mercador, morador na mesma vila, tinha um crucifixo em um quarto de uma sua casa onde ele fazia suas necessidades corporais". Dizia ainda ter encontrado Nunes, em um dia de Endoenças,

> todo vestido de novo, de festa e galante, com roupeta de gorgorão e o jubão de seda e todo de festa, cousa nele muito desacostumada, porque é costumado a andar sempre safado e mal vestido, de maneira que se lhe estranha muito o andar maltratado sempre do vestido

---

80 Elias Lipiner faz cair por terra o crédito que Belchior Mendes almejava ter: "É deveras suspeito, senão simplesmente depreciativo ou sarcástico, o título 'Rabi da lei dos Judeus na capitania de Pernambuco' atribuído ao cristão-novo João Nunes, por Belchior Mendes de Azevedo, na denúncia por este feita perante a mesa do Santo Ofício na Bahia, em 24 de agosto de 1591. A começar pelo denunciante, conhecido trapaceiro que, fingindo-se primo do Inquisidor, extorquia mediante ameaças dinheiro aos cristãos-novos apavorados com a vinda da Inquisição do Reino, sendo por isso processado e condenado". LIPINER, Elias. "João Nunes, o Rabi da lei dos Judeus em Pernambuco". *In*: *Op. cit.*, 1969, p. 194.

> sendo tão rico, que é senhor de dois engenhos na Paraíba, e que dizem ter de seu mais de duzentos mil cruzados. E logo, quando ele testemunha o viu sair tão galante e com espada, desacostumadamente em tal dia de endoenças, tomou grande escândalo disso.

Mendes de Azevedo demonstrava ter mal conceito do mercador tido como senhor de engenho, "homem sagaz, astuto e de muito saber", e que ouvira em Pernambuco "que ele é o Rabi da lei dos judeus que nela há". Termina seu depoimento afirmando de Nunes que, "nas obras que faz, mostra não ser bom cristão", pondo em dúvida – em uma frase aparentemente descompromissada – a religiosidade do acusado: "presume-se que ele sente mal da fé".[81]

A segunda denúncia contra João foi feita em 5 de outubro, quando o cristão velho Manoel Chorro Dinis, trinta anos, nascido em Sardoal, no Reino, e que morava em Pernambuco, cumprindo degredo de morte, comparece para depor. Primeiro acusou a Bento Teixeira, sobre quem "ouviu dizer pública e geralmente" que este "jura pelo pentelho da Virgem Nossa Senhora". Acerca do comerciante afamado como senhor de engenhos, citou o caso do crucifixo: teria ouvido, "em fama pública e murmuração" na cidade de Olinda,

> que João Nunes, mercador cristão-novo lá morador e ora estante nesta cidade, tinha um crucifixo em cima de um servidor e que um pedreiro lho vira, indo fazer à sua casa uma obra, e que, indo-se denunciar isto ao ouvidor da vara da dita vila, fizera pouco caso disso.

Denunciou ainda um homem não identificado, num exemplo da imprecisão demasiada que caracterizava algumas delações levadas ao Santo

---

81 "[Belchior Mendes de Azevedo] contra João Nunes, Branca Dias, Diogo de Meireles, Phelipe Cavalgante, Fernam de Magalhães", em 24/08/1591. *Denunciações da Bahia. Op. cit.*, 1922-1929, p. 448-453.

Ofício: "Um cristão-novo da freguesia do Cabo, chamando-lhe um homem judeu, respondeu estas palavras: *judica-me Deus, ponde-me no altar e adorai a mim como a Jesus*, ou outra palavra semelhante".[82]

Três dias depois, foi a vez do padre Francisco Pinto Doutel, natural de Bragança, cinquenta e dois anos, vigário de São Lourenço, que estava na cidade "a um negócio". Depois de fazer acusações contra os cristãos-novos Pero Cardoso – de quem dizia que tinha em casa uma tábua empoeirada com a figura do Senhor Crucificado virada para baixo – e Simão Franco – que teria dito a um seu escravo amarrado no tronco que clamava por Nosso Senhor: "a ver se vos vale" –, se referiu a Nunes:

> Haverá quatro ou cinco meses que, na vila de Pernambuco, o vigário da Vara Diogo do Couto prendeu a João Nunes, mercador cristão-novo. Foi fama pública na dita vila de Olinda que a sua prisão foi por um pedreiro lhe achar um crucifixo em um servidor, e que o dito pedreiro o dissera a Francisco Alvares Viegas e a outra pessoa, que o denunciaram ao dito vigário. E é fama pública que com peitas fez o dito João Nunes, de maneira que já é solto e fez apagar o dito negócio.

Acusou também sua vizinha, Branca Dias – uma das que mais denúncias recebeu nesta Visitação – de nunca, durante todo o tempo em que com ela manteve contato, ter nomeado o nome de Jesus, nem as palavras "o meu Deus e meu senhor".[83]

Mulher de trinta e três anos, original de Valladolid, a cristã velha Catarina Vasques, moradora em Pernambuco, vivia de "vender cousas

---

82 "[Manoel Chorro Dinis] contra Bento Teixeira, João Nunes e outros", em 05/10/1591. *Idem*, p. 511-514. O grifo é meu.

83 "[Padre Francisco Pinto Doutel, vigario de São Lourenço no limite de Camaragibi] contra Pero Cardoso, João Nunes e outro", em 08/10/1591. *Idem*, p. 516-525.

de comer e doutras mercadorias". Contou ao visitador o que ouvira falar pelas ruas:

> Haverá dois meses e meio que era fama pública em Pernambuco que, indo um pedreiro a consertar uma câmara à casa de João Nunes, cristão-novo mercador, lhe achou um crucifixo no chão, detrás de uma porta, junto de um servidor.
> E que por este caso foi preso o dito João Nunes pelo ouvidor da vara Diogo do Couto, e foi também preso o dito pedreiro para jurar e, enfim, ela os viu soltos não sabe como depois.
> E o dito pedreiro foi contar como achou o dito crucifixo em casa da marquesa vendedeira, viúva, perante a dita marquesa e outras pessoas.[84]

Em 18 de outubro, duas denúncias feitas a Heitor Furtado envolveriam o nome de João. O viúvo Jorge de Almeida, "natural da vila de Baldija, comarca de Lamego", cristão velho de cinquenta anos, "morador na vila de Olinda, em Pernambuco, no bairro de São Pedro", dizia ter "em muito ruim conta ao dito João Nunes, de muito mau cristão nos seus modos, e que é tido por onzeneiro público e por ladrão dos direitos del rei – e isto é público e notório em Pernambuco". Afirmava – e foi registrado pelo notário da Visitação –, que um pedreiro, trabalhando na casa do rico mercador,

> viu na sua câmara, dentro em um servidor, ou entre ele e a parede, no chão, um crucifixo.
> E que por este caso foi, no dito tempo, o dito João Nunes preso pelo ouvidor da vara eclesiástica Diogo do Couto, perante o qual o dito pedreiro denunciou do dito caso que viu e achou. (...) E é fama pública,

---

84 "[Caterina Vasques que não sabia assinar] contra João Nunes e outros", em 12/10/1591. *Idem, p.* 525-528.

tida e havida por certa e verdadeira, que o dito João Nunes, com seu muito poder, fez por seus meios com o dito pedreiro, que se tornou a desdizer, e fez apagar tudo, e saiu como quis.

Jorge de Almeida ainda nos dá pistas sobre os costumes e hábitos de João Nunes, bastante estranhos pela riqueza e poder que possuía: apesar de rico, vestia-se no mais das vezes com roupas simples, dando mostras de saber com exatidão o esforço que fazia para acumular capitais, cônscio de que nem sempre era prudente chamar a atenção por sua riqueza, e que não era o desperdício um de seus defeitos:

> sendo costumado a andar sempre vestido com roupa velha e safada, e muito desprezível, entanto que por ele ser tão rico como é, se lhe estranhava andar sempre tão safado e maltratado. E que tanto que o viram na dita quinta-feira de endoenças sair tão galante, vestido de novo, todos murmuravam muito e se escandalizaram e tiveram dele muito ruim suspeita.

Parecia, pela impressão deixada com seu depoimento, ter o denunciante bastante certeza da "ruim suspeita" que sentia contra Nunes:

> Haverá quinze anos que ele conhece ao dito João Nunes, e todas as vezes que o vê na igreja, sempre o vê com pouca reverência e sem ter atenção nem tento à missa, estando sempre praticando e tratando e tirando práticas com os circunstantes, sem ter o acatamento e tenção que se deve à missa quando levantam a Deus e o cálice, e assim o vê estar na igreja como se estivera na praça.[85]

---

[85] "[Jorge de Almeida] contra João Nunes e outros", em 18/10/1591. *Idem*, p. 530-534.

A segunda denúncia do dia contra o rico onzeneiro de Pernambuco foi feita por Antonio André, nascido em Aveiro, cristão velho de quarenta e seis anos, vigário do engenho de São Amaro em Pernambuco onde, segundo afirma, "é fama pública que um pedreiro viu, retelhando um telhado de umas casas de João Nunes onde ele ora pousa, estar em baixo, na sua câmara, um servidor e dentro nele um crucifixo". Suas fontes não eram desprezíveis, conforme os nomes que cita das pessoas a quem conseguira a informação: "lhe contaram disso Antonia Luis, mãe de Francisca Ferreira, manceba do dito João Nunes e moradora em Olinda, e Cosme Rodrigues, senhor de engenho de Nossa Senhora da Guia". Dá ainda informações ao inquisidor sobre a voz geral a respeito das posses do denunciado, sem esquecer de ressaltar-lhe a descendência e o *status*: "Cristão-novo, mercador, senhor de dois engenhos da Paraíba, morador em Olinda, que tem fama ter de seu mais de duzentos mil cruzados".[86]

O caso de João Nunes continuaria a ocupar as páginas mandadas preencher por Heitor Furtado enquanto durou a visitação à Bahia. Passados dois meses das delações feitas pelo vigário Antonio André, compareceria à Mesa Baltazar Leitão, repetindo o que era "fama pública com grande admiração"[87] em Olinda sobre o caso do crucifixo. No mesmo dia, seria ouvido Cristovão Pais d'Altero, "meio cristão-velho", "senhor de engenho da Invocação de Santo Antonio na Várzea de Capibaribe, dos da Governança da vila de Olinda, em Pernambuco, e nela morador", que se dizia amigo de Nunes, e que com ele mantinha conversações: os convívios dissolviam-se mais uma vez nas malhas do poder da Inquisição. A descendência herética de ambos e a relação entre os dois senhores do açúcar não bastariam para impedir graves e detalhadas acusações:

> Haverá um ano pouco mais ou menos que, na vila de Olinda, foi fama pública, geralmente na boca de

---

[86] "[Antonio André] contra Diogo do Couto, João Nunes e outros", em 18/10/1591. *Idem, p.* 534-535.

[87] "Denunciação de Baltazar Leitão contra João Nunes", em 20/12/1591. Arquivo Nacional da Torre do Tombo, Inquisição de Lisboa, processo 885.

> todos, que um pedreiro, Pero da Silva, andando concertando umas casas onde morava João Nunes na Rua Nova da dita vila, cristão-novo solteiro, senhor de um engenho moente na Paraíba e de outro que ainda mói na mesma Paraíba, o dito pedreiro vira e achara um crucifixo metido em um servidor, onde o dito João Nunes fazia suas necessidades corporais.

Por não ver o seu acusado "freqüentar a igreja, as missas em dias de santos e domingos", além do agravante de que "raramente o viu em pregação", afirmava categoricamente "que ele tem ruim presunção do dito João Nunes". Contava ainda que, escandalizado com as atitudes do rico mercador,

> uma vez repreendeu ao dito João Nunes, dizendo-lhe que lhe parecia muito mal não ir ele às missas os dias da obrigação, nem às pregações, e o dito João Nunes lhe respondeu friamente. E esta repreensão lhe fez, haverá quatro anos pouco mais ou menos, indo ele para a missa, topando o dito João Nunes na rua à sua porta.

Das querelas de João também prestava contas, narrando as desavenças que o novo amor da Barreta Francisca Ferreira tinha com um outro mercador cristão-novo:

> Haverá três meses, pouco mais ou menos que, na dita vila onde chamam Igaraçu, em sua pousada onde ele testemunha pousava, indo à festa dos Santos Cosmos, perante Antonio Cavalgante e Manoel Pereira no dito lugar moradores, um Jerônimo Rodrigues, cristão-novo que foi mercador e ora está empobrecido, morador na vila de Itamaracá, cinco léguas de Pernambuco, queixando-se do dito João Nunes, seu primo dele dito Jerônimo Rodrigues,

disse que ainda havia de fazer queimar ao dito João Nunes, e isto disse sendo presente um seu filho do mesmo Jerônimo Rodrigues. Mas no dito tempo, o dito Jerônimo Rodrigues estava em ódio e inimizade com o dito João Nunes.[88]

As acusações continuavam conforme avançava a visitação de Heitor Furtado. Cativa do Ouvidor-Geral do Brasil Antonio Coelho de Aguiar, Beatriz Nunes ouvira, e repetia ao visitador, que Nunes "tinha um crucifixo de vulto na beira de um servidor em que fazia suas necessidades corporais". Atiçava ainda as preocupações do visitador com João, informando que o crucifixo ficava "com o rosto virado para baixo, para a sujidade".[89]

Também ele "morador em casa do Ouvidor Geral deste Estado", Domingos Carvalho dizia ter ouvido sobre o caso do crucifixo em Pernambuco, quando lá esteve na quaresma passada. Para Domingos, o comerciante onzeneiro acusado da heresia,

> publicando o dito pedreiro este caso, o dito João Nunes, por ser rico e poderoso – e que os da governança e grandes da terra fazem o que ele quer –, fulminou tais invenções, com que fez prender o dito pedreiro, (...) que se desdisse.[90]

As denúncias de Alvaro Rodrigues, Antonio Barbalho e Alvaro Barbalho[91] não traziam novidades: repetia-se monotonamente a ladainha que envolvia o pedreiro e o suposto senhor de engenho. Prática que se espa-

---

88 "[Cristovão Pais d'Altero] contra João Nunes e outros", em 20/12/1591. *Denunciações da Bahia. Op. cit.*, 1922-1929, pp. 555-560.

89 "Denunciação de Beatriz Nunes contra João Nunes e outros", em 27/01/1592. Arquivo Nacional da Torre do Tombo, Inquisição de Lisboa, processo 885.

90 "Denunciação de Domingos Carvalho contra João Nunes", em 10/02/1592. *Idem*.

91 Para maiores detalhes sobre as denúncias citadas, ver: *Idem*.

lhava durante as idas ao Tribunal era a reprodução de histórias largamente comentadas. A falta de convivência mais estreita com os que eram acusados não impedia o avolumar das acusações. Repetia-se geralmente os boatos que corriam as ruas, no afã de mostrar serviço ao visitador, ou ainda, pelo prazer pessoal de espalhar intrigas, aumentando as fogueiras alheias.

Impressionante naquele dia, fora a denúncia de autoria do padre Simão de Proença. Conhecia em Pernambuco uma mulher chamada Borges, seca, com um olho meio piscado que, diziam, teria vindo degredada do reino por acusações de feitiçaria. Em conversas com a dita Borges, o padre Proença ouvira dela própria a respeito de um certo anel dado a João Nunes, com poderes sobrenaturais para protegê-lo de perigos na vida e nos negócios. Pela joia mágica, o mercador "lhe dera três mil réis em dinheiro e outras coisas, agradecendo-lhe tudo o passado".[92]

As várias acusações contra o mercador onzeneiro fizeram com que o encarregado da Visitação dedicasse atenção redobrada à apuração dos fatos. João Nunes se encontrava em Salvador desde setembro de 1591. Fora a convite do Governador, trazendo criados e elegantemente trajado em veludo. O notário Manoel Francisco persuadia Heitor Furtado sobre as atitudes a serem tomadas para prender a Nunes antes de seu retorno a Pernambuco, onde a Inquisição ainda demoraria a chegar, tardança que poderia facilitar o acusado, dando-lhe chance de deixar a capitania, fugir ou comprar o silêncio de seus acusadores, atrapalhando os planos do inquisidor. Em documento de 18 de fevereiro de 1592, aconselhava em requerimento pela justiça o notário da Visitação:

> Aos dezoito dias do mês de fevereiro de mil e quinhentos e noventa e dois anos nesta cidade do Salvador, Bahia de Todos os Santos, nas casas da morada do senhor visitador do Santo Ofício Heitor Furtado de Mendonça, eu, notário, em falta de promotor da Justiça do Santo Ofício, requeri ao dito senhor mandasse fazer conclusos estes autos destas

---

92 "Denunciação do padre Simão de Proença", em 10/02/1592. *Idem*.

culpas de João Nunes, cristão-novo, e as despachasse como fosse justo, porquanto o dito João Nunes está para se partir para Pernambuco e é homem sagaz e poderá haver algum perigo na tardança de seu despacho, pelo que me mandou lhos fizesse conclusos. E logo fiz estes autos conclusos ao senhor visitador, para os despachar como lhe parecer justiça.[93]

Heitor Furtado tomou então – convencido da necessidade de apurar o caso e da oportunidade que não poderia deixar escapar – as medidas para a prisão de João Nunes na Bahia, evitando os inconvenientes da demora do despacho: "Vistos estes autos e a qualidade das culpas do réu João Nunes, cristão-novo, passe-se mandado para ser preso na Bahia, a vinte e um de fevereiro de mil e quinhentos e noventa e dois". Ordem imediatamente cumprida pelo notário: "Passou-se mandado para ser preso o réu João Nunes, cristão-novo, aos vinte e um de fevereiro de 1592".[94]

No dia seguinte, João Nunes Correia era preso pelo Santo Ofício, enquanto o licenciado aguardava novas denúncias que possibilitassem esclarecer os acontecimentos envolvendo o réu. Aprisionado nas "casinhas" do colégio jesuítico – onde teria dado conselhos a Fernão Cabral sobre como se comportar perante o Santo Ofício[95] –, as sessões de interrogatório feitas

---

93   Manoel Francisco, "Requerimento pela Justiça", em 18/02/1592. *Idem*.

94   Heitor Furtado de Mendonça, "Despacho do senhor visitador", em 21/02/1592. *Idem*.

95   VAINFAS, Ronaldo. "Senhor de engenho como Fernão, odiadíssimo como ele, pois era usurário e useiro em humilhar os outros, João Nunes dissera que, em matéria de Santo Ofício, o melhor era mentir e negar ('quem não se cala é parvo'). Dissera-o através das paredes que separavam as 'casinhas' onde estavam presos; dissera-o para levantar o ânimo de Fernão Cabral, naquela altura apavorado com a possibilidade de ser levado a tormento". *Op. cit.*, 1995, p. 194. É o que confirmava perante o visitador Pero de Carvalhais, "que esteve preso em um tronco entre o tronco de Fernão Cabral e o tronco de João Nunes, e que algumas vezes os ouviu falar e lhes ouviu dizer palavras

por Heitor Furtado de Mendonça com o mercador acusado de herege só começariam no mês seguinte.

A viagem de João Nunes à Bahia tinha motivos importantes. Tanto é assim, que vinha vestido com classe. Apesar de rico homem de negócios, Nunes era conhecido pelo pouco cuidado que tinha ao apresentar-se publicamente – o que muito se lhe estranhava –, portando roupas de má qualidade, velhas e com os cotovelos rotos. Viera a chamado do Governador Geral, e a importância do momento exigia, além de um guarda-roupa impecável, o auxílio de alguns criados em Salvador: com ele vieram Fabião Rodrigues e Mateus Lopes. O visitador, depois da ordem que o fez ter Nunes sob controle, mandou, em 24 de fevereiro, que fossem presos os criados para uma averiguação mais completa do caso, visto que poderiam ajudar a esclarecer detalhes do ocorrido:

> Porquanto ora estava preso João Nunes cristão-novo, e que poderá ser que dele saibam algumas culpas Fabião Rodrigues e Mateus Lopes, seus criados que com ele viviam de muito tempo a esta parte, os quais nunca até agora vieram a esta mesa denunciar dele cousa alguma, havendo fama pública, em todo o Pernambuco e nesta terra, que se lhe achou um crucifixo no servidor, donde se pode presumir que também os ditos criados devem saber a dita fama, pelo que convinha fazer-se exame e diligência com os ditos criados. E mandou que fossem detidos em um tronco desta casa para com eles se fazer diligência necessária como cumpre ao serviço de Deus Nosso Senhor. E logo, por seu mandado, o meirinho do Santo Ofício Francisco de Gouveia trouxe os di-

---

ao dito João Nunes e Fernão Cabral, um para o outro". Arquivo Nacional da Torre do Tombo, Inquisição de Lisboa, processo 885.

tos dois criados do dito João Nunes, os quais foram detidos no tronco desta casa.[96]

Presos o afamado senhor de engenho[97] e seus criados, começou o inquisidor a utilizar seus métodos, buscando conseguir mais informações. João Nunes passaria por duas sessões de interrogatório com Heitor Furtado em Salvador, nos dias 15 de março e 27 de maio, antes de ser remetido com as suas culpas para Lisboa, onde o Tribunal assumiria o seu caso. Em 25 de fevereiro, seus criados foram submetidos às perguntas do visitador, logo após serem arrestados. O primeiro a denunciar Nunes foi Fabião Rodrigues, nascido trinta e quatro anos antes, pouco mais ou menos, na mesma Castro Daire de onde viera João: "Haverá três anos que veio de Portugal e chegou à vila de Olinda de Pernambuco, deste Brasil, e se pôs com o dito João Nunes para o servir, como serviu até sua prisão".

O detalhado depoimento que apresenta Rodrigues, ajuda a clarear passagens da vida de Nunes, peça primordial que se mostrou o criado na anulação do casamento daquela que se amancebara do influente onzeneiro mercador. Enquanto percorria a cidade do Salvador procurando meios para "desfazer o casamento da dita Francisca Ferreira" com o oleiro,

> andando ele negociante no dito negócio nesta cidade, haverá um ano, veio aqui ter de Pernambuco um barco em que vinha um mancebo que ele punge a barba, criado de Baltazar Leitão, morador no dito

---

96 Manoel Francisco, "Traslado de culpas que mais acrecerão a Joam Nunes xn mercador de Pernãobuco despois de estar preso no carcere do Santo Offi nesta cidade do Salvador Bahia de Todos os Sanctos". *Idem*.

97 Gonsalves de Mello dá-nos mais detalhes: "Em poder de João Nunes foi encontrado tão somente 'um livrinho de um só volume, pequeno, do tamanho de umas Horas de Nossa Senhora', o qual continha *Proverbia Ecclesiastes e Cântica Canticorum Salomon's, Liber Sapientiae Ecclesiasticus Jesu Filii Siracha* e 'não lhe foi achado nenhum livro outro, nem Horas de Nossa Senhora, nem livro de rezar, senão somente o dito livrinho'". GONSALVES DE MELLO, José Antônio. *Op. cit.*, 1996, p. 58.

> Pernambuco, o qual disse a ele denunciante que o dito João Nunes ficava preso em Pernambuco, e que a dita sua manceba ficara ferida[98] e que acharam ao dito João Nunes, em casa, um crucifixo. E não lhe soube declarar mais nada, e ele denunciante se foi para Pernambuco com os ditos papéis aviados de como o julgavam por nulo o dito casamento, e achou já, lá, o dito João Nunes solto.

A presumível profanação ao crucifixo passou a ganhar um lugar de destaque em sua narrativa, mesmo quando se propunha a tratar o assunto como irrisório, afirmando ao inquisidor que, de volta a Pernambuco, "nem lá ouviu falar mais no dito caso do crucifixo".

Fabião fez um depoimento contrário ao de quase todos os que tinham corrido para acusar o mercador ao Santo Ofício, fato raro durante as vezes em que o nome de João foi pronunciado para o inquisidor. Defendeu Nunes com préstimo, dando, ao cabo, mostras de que o rico comerciante já se incomodava com os boatos que envolviam o seu nome:

> No mês de setembro do ano passado, se veio para esta cidade em companhia do dito João Nunes, que veio por mandado do Governador Geral deste Estado a esta cidade a parecer perante ele. E, nesta cidade, disse ele denunciante ao dito João Nunes que ele ouvira dizer que lhe fora achado um crucifixo, que olhasse lá o que lhe cumpria, e que o dito

---

[98] Nenhum outro documento anexo ao processo de João Nunes Correia no Santo Ofício nos dá informações sobre o estado de "ferida" em que se encontrava Francisca Ferreira. Seria um problema de saúde causado por alguma doença ou acidente que sofrera? Poderíamos pensar em um estado de espírito abalado pela situação vivida com o retorno do ex-marido e a querela entre ele e o mercador que escolhera como novo amor? Infelizmente as fontes não nos permitem ir mais a fundo neste episódio a que se refere o criado Fabião.

> João Nunes lhe respondeu: *isto foi velhacaria que me assacaram*. E que isto lhe disse ele, segundo sua lembrança, no mês de janeiro deste ano presente, vendo que corria muita gente nesta mesa.[99]

Ao término do depoimento, requisitou ao senhor visitador misericórdia por não ter denunciado o que sabia no período da graça, alegando ter cometido este descuido por não advertir da importância, nem ter se lembrado.

O depoimento de Mateus Lopes, embora de menor fôlego, trazia detalhes importantes ao visitador. Mulato, filho de um homem pardo e de uma gentia, forro, natural de Pernambuco, dizia ser criado de Nunes havia pouco mais de um ano, tendo ouvido na casa do alfaiate Bento Simões, nove ou dez meses antes daquele data,

> que o seu amo João Nunes tinha um crucifixo detrás de um servidor em que fazia suas necessidades corporais, (...) e a ele denunciante lhe pareceu que não podia ser aquilo verdade, e que o dito seu amo não fazia tal.

Do mesmo modo que Fabião, ressalta a pouca atenção com que João tratava as cerimônias religiosas, com juramentos que nunca invocavam a Cristo, "senão somente por Deus do céu, ou por Deus eterno". Ao fim da sessão pediu, como fizera Fabião Rodrigues, misericórdia ao licenciado pelo descuido de não ter se confessado antes ao Santo Ofício, deixando passar o período da graça por descuido, "e pedia que o mandasse soltar do tronco".[100]

Depois de inquirir os criados, Heitor Furtado passaria a se ater ao "senhor de engenho". Nunes se encontrava nos cárceres desde 22 de fevereiro.

---

99 "Denunciação de Fabião Rodrigues contra João Nunes", em 25/02/1592. O grifo é meu, indicando a possível fala de João Nunes. Arquivo Nacional da Torre do Tombo, Inquisição de Lisboa, processo 885.

100 "Denunciação de Matheus Lopes contra Joam Nunez", em 25/02/1592. *Idem.*

O inquisidor ansiava por fazer-lhe refletir e confessar seus atos. Por duas vezes o comerciante acusado de manter o crucifixo em local desonesto foi chamado do cárcere para dar explicações ao inquisidor. A sessão primeira realizou-se em 15 de março de 1592. Seria novamente levado à presença de Heitor Furtado mais de dois meses tendo se passado do primeiro depoimento, no dia 27 de maio. Arguido pelo representante do Santo Ofício, que julgava suas culpas relevantes o suficiente para que fosse mandado aos Estaus, João Nunes seria enviado à Lisboa, onde os membros daquela Inquisição analisariam melhor o seu caso.

Os trabalhos de Heitor Furtado na capital colonial não haviam, porém, terminado. A visitação permaneceria durante um certo período na Bahia. Neste período, Heitor Furtado de Mendonça receberia mais três denúncias feitas contra João Nunes, não inclusas entre as que com ele seguiram na nau para Lisboa. A primeira foi feita por Antônio de Almeida, criado de Ambrósio de Abreu, senhor de engenho, em 23 de setembro de 1592, quando este dizia que muitas vezes frequentou a casa do comerciante, levando "recados de seu amo sobre papéis e mercadorias. E notou nele que sempre lhe viu a porta fechada (...) e não deixava entrar nela ninguém". Em 4 de novembro, denunciava Bernardo Velho entre outras coisas de João Nunes que, "quando alguma vez o viam na igreja era quando ia buscar à igreja algumas pessoas para com elas, na mesma igreja, negociar e tratar seus negócios". Três dias depois, em 7 de novembro, Afonso Rodrigues Padreiro, mercador, afirmava ter ouvido de João Velho do Rego, homem honrado, dos principais de Olinda, em relação ao caso do crucifixo que o pedreiro, do alto de um telhado, "viu vir de fora ao dito João Nunes e o viu pôr-se a mijar pelo rosto do dito crucifixo".[101]

Findados os trabalhos em Salvador, o visitador seguiria então para Pernambuco, onde as notícias dos seus feitos durante a fase inicial da coleta das denúncias e confissões traziam sobressaltos: alguns, a perderem o sono pelo temor de serem acusados ou inseguros com as consequências das confissões que fariam; outros, esperançosos para resolverem problemas pessoais através da ajuda do Santo Ofício, interessados em saber

---

101 *Idem.*

quem seria denunciado ou preso pelo inquisidor; poucos, preocupados realmente com a pureza religiosa que balizava as ações do Tribunal da Inquisição: terror de uns, alegria de outros, inquietações para todos.

Após deixar a Bahia no segundo dia de setembro de 1593. Segundo as palavras do próprio Heitor Furtado de Mendonça,

> "acabada a visitação da Capitania da Bahia de Todos os Santos, me parti dela para a de Pernambuco, aos dois dias do mês de setembro de mil e quinhentos e noventa e três, na Nau São Miguel, de que é mestre e senhorio Baltazar Fernandes, vizinho do Porto, que Deus salve".[102]

Heitor Furtado aportou em Pernambuco dezenove dias depois. No dia 24, chegaria à Olinda, nova sede da Visitação, "bem recebido de todos, e trazido a esta vila, e nela foi aposentado nos mais convenientes aposentos".[103] Apresentado o visitador aos principais da vila, teria lugar em 24 de outubro a cerimônia religiosa que marcaria o princípio das tarefas. Exibia-se novamente a mesma pompa que parara Salvador durante o cortejo inicial. Manoel Francisco relata:

> Se fez uma soleníssima procissão da igreja da misericórdia até a igreja matriz do Salvador pelo Reverendo Licenciado Diogo do Couto, vigário da dita matriz e ouvidor da vara eclesiástica nesta dita Capitania com os da governança, e da justiça, e com os vigários, capelães, clérigos, e confrarias, e grande número de gente e povo, que concorreram de toda esta dita Capitania (...). Acabado isto, estando o dito senhor visitador diante de si, armado um altar com uma cruz arvorada no meio e com dois livros missais

---

102 *Denunciações da Bahia. Op. cit.*, 1922-1929.

103 "Em Pernambuco". In: *Denunciações e Confissões de Pernambuco. Op. cit.*, 1984.

> abertos sobre os quais estavam deitadas duas cruzes, fizeram perante ele o juramento da fé conforme o Regimento o capitão e governador loco tenente, ouvidor geral, Câmara, mais justiças e oficiais, postos de joelhos, com as mãos sobre os ditos livros e cruzes, e o povo e mais gente de joelhos com os olhos na cruz e nos ditos missais pela ordem dos seguintes em que assinaram.[104]

Depois dos juramentos e da fixação dos Éditos e Alvarás, concedeu o visitador, no mesmo 24 de outubro, os trinta dias da graça à vila de Olinda e às suas freguesias. As denúncias começariam no dia seguinte, quando o cristão velho Jorge Fernandes, clérigo de missa, acusou a Francisco Mendes Leão de ser, há mais de quinze anos, "desaparecido e fugido" de sua cidade natal por causa da Inquisição, "e ora dizem estar na Bahia".

As denunciações contra João Nunes não tardariam a começar. Sua fama depreciativa em Pernambuco era tão grande quanto o poder de que desfrutava, acostumado a conversações com a elite que povoava a capitania havia tempo. Devido à fortuna que possuía, julgava a todos como passíveis de suborno, e a multiplicava, além dos comércios e da administração dos engenhos que fazia, através de empréstimos a juros considerados por todos como abusivos. Seus desafetos animavam-se com a notícia de sua prisão na Bahia, e acabaram por incentivar acusações dos mais diversos crimes que dele conheciam.

Foi assim que em 3 de novembro, Belchior da Rosa, cristão-novo de cinquenta anos aproximados, disse ao inquisidor que João Nunes teria aconselhado ao seu filho, tabelião do público e judicial, disposto a largar o cargo por encontrar-se inconformado com as falcatruas e corrupção existentes entre os oficiais de justiça, "que ele não largasse, porque se desenganasse,

---

104 *Primeiro ato da Santa Inquisição que se celebrou em Pernambuco, na matriz de Olinda, a 24 de outubro de 1593. Idem.*

que neste mundo agora, dês o porteiro até o Papa, todos assim o faziam, e assim corria tudo".[105]

Dias depois, o filho de Belchior da Rosa, João, também esteve perante o visitador para confirmar a história: conversando com Nunes a respeito de abandonar o cargo de tabelião, "o dito João Nunes lhe respondeu, dando com a mão, as palavras seguintes: já hoje, do porteiro até o Papa, e do Papa até o porteiro, todos vivem já disso". Ao se referir ao tema do crucifixo, dizia que este se encontrava "entre dois servidores vasos imundos em que fazia suas necessidades corporais".[106]

Depois de narrar as ofensas de Nunes ao Papa nos conselhos que dera ao seu filho incorruptível, Belchior da Rosa, além de aumentar as denúncias sobre o crucifixo visto pelo pedreiro, lembrou que, na Rua Nova, durante o pregão da "renda dos dízimos del Rey", em disputa com um tal Paulo Bezerra, João Nunes ofereceu-lhe um preço alto pelo lanço. Quando Bezerra lhe determinou que assinasse os termos de sua oferta, "o dito João Nunes lhe respondeu que não o queria assinar, porque a sua palavra que era sagrada".[107]

No mesmo dia, comparecia ao Tribunal o padre Pedro Cabral. Reclamava da pouca constância com que o comerciante onzeneiro frequentava a igreja, apesar de não ter convívio estreito com ele. Também não mantinha contatos com o pedreiro que acusara inicialmente a Nunes de ofender ao crucifixo, mas contou que o encontrara um dia no caminho de Santo Antônio. Certamente curioso em saber se eram reais os boatos que toma-

---

105 "Belchior da Rosa contra João Nunes", em 30/10/1593. *Denunciações e Confissões de Pernambuco. Op. cit.*, 1984, p. 28-30.

106 "João da Rosa contra João Nunes, Bento Teixeira, Manoel Dias e Francisco de Faria", em 05/11/1593. *Idem*, p. 41-43. A história multiplicava-se e ganhava novos contornos. Felipe Luis dizia em seu depoimento, que João "um dia se pusera a urinar sobre o dito crucifixo, dizendo as palavras seguintes, *lavai-vos lá*". "Felippe Luis contra João Nunes", em 23/11/1593. *Idem*, p. 124.

107 "Belchior da Rosa contra João Nunes", em 30/10/1593. *Idem, p.* 28-30. Fato parecido era o que afirmava ter ouvido de Gaspar Carneiro o cristão velho Antonio Batalha, confirmando o pouco respeito e a vaidade de João, que dizia "que não tinha pecado mortal", apenas venial, pelo seu amancebamento com a Barreta. "Antonio Batalha contra João Nunes", em 05/02/1594. *Idem, p.* 203-205.

vam conta da vila, "lhe perguntou se era verdade o sobredito, e ele se calou e não lhe respondeu".[108] Maior decepção provavelmente invadiu Heitor Furtado quando o padre comunicou à Mesa que o pedreiro havia morrido no hospital da Misericórdia. Na denúncia de Velho Barreto, cristão-velho, encontram-se mais detalhes sobre o paradeiro do desafeto de Nunes: "o dito pedreiro se estava na fazenda de Fernão Soares, cristão-novo, e que dela o trouxeram doente para esta vila, onde morreu. E logo então se presumiu mal de sua morte, dizendo-se e presumindo-se geralmente que ao dito pedreiro deram peçonha por parte do dito João Nunes". [109]

Heitor Furtado chamaria à Mesa do Tribunal o médico responsável pelo pedreiro enquanto esteve este internado no hospital da vila. O cirurgião Gaspar Rodrigues de Covas disse que "o pedreiro esteve no dito hospital, doente de uma opilação da qual se lhe causou hidropisia, e que desta enfermidade de opilação e hidropisia o curou ele, e curando-o, assim morreu dela, e (...) até que morreu, não lhe viu sinais de se lhe haver dado peçonha". A morte do pedreiro se encontrava registrada no livro de receita e despesa da Casa de Misericórdia, "aos vinte e quatro dias do mês de julho do ano de mil quinhentos e noventa e três".[110]

Um contato maior e mais sorte do que tivera o Padre Cabral na comunicação com o pedreiro conseguiria Maria de Azevedo, para quem Pero da Silva trabalhara durante um certo tempo, consertando-lhe as fornalhas de engenho. Falando ao pedreiro na companhia do purgador que a acompanhava, ao referir o nome de Nunes para o seu desafeto, respondeu este, irritado,

> que o dito João Nunes era um grande judeu. E repreendendo-o ela porque dizia aquilo, ele lhe respondeu que, andando ele dito pedreiro retelhando uma casa do dito João Nunes, cristão-novo, mercador, lhe vira em uma parede um crucifixo e, ao pé do crucifixo,

---

108 "Padre Pedro Cabral contra João Nunes", em 03/11/1593. *Idem*, p. 34.

109 Álvaro Velho Barreto contra João Nunes, em 19/11/1593. *Idem*, p. 91-92.

110 Arquivo Nacional da Torre do Tombo, Inquisição de Lisboa, processo 87.

um servidor vaso sujo em que fazia seus feitos corporais. E o dito pedreiro lhe não disse mais."¹¹¹

O pedreiro trabalhara também no engenho do cristão velho Mateus de Freitas de Azevedo onde, entre o conserto das fornalhas que por lá haviam, explicou ao contratante de seu serviço o que o teria levado a negar a acusação contra João Nunes perante o Licenciado Diogo do Couto. Perguntado por Mateus de Freitas, "tornou a afirmar que a verdade era como lhe tinha dito, mas que como ele o prenderam, e era pobre, e preso, não ganhava de comer, nem tinha que gastar, lhe fora necessário desdizer-se por remir sua necessidade".

Mateus de Freitas dizia-se ainda amigo do acusado, sempre acrescentando que o via a resolver os seus negócios em domingos e dias santos, "e que o tem em conta que lhe parece que ele teria o dito crucifixo com a dita indecência e desonestidade como dizem, (...) e fazia e desfazia quanto queria e as injustiças. E todos na terra faziam tudo o que ele queria a torto e a través".¹¹²

Algumas denúncias serviam para mostrar o pavor que o pedreiro sentia de João Nunes, e as formas de que teria se utilizado o mercador para comprar o silêncio da testemunha. Demonstra-o Cristóvão Vaz. Inquirido por este, depois de contar o que vira em casa de João, sobre o porquê da demora em comparecer perante à Mesa do Tribunal, disse Pero da Silva que já havia contado o fato ao juiz eclesiástico, e que não ousara gritar "pela Santa Inquisição, pela honra de Deus", porque os ligados a João Nunes "o haveriam de matar", e "tivera medo de o matarem".¹¹³ Antonio do Souto afirmava que "João Nunes fizera e trabalhara muito

---

111 "Maria de Hesedo [Azevedo] contra João Nunes, Victória, Maria de Lucena, Margarida e Fernão Soares", em 04/11/1593. *Denunciações e Confissões de Pernambuco. Op. cit.*, 1984, p. 36-39.

112 "Mateus de Freitas [de Azevedo] contra João Nunes e Bento Teixeira", em 12/11/1593. *Idem, p.* 67-69.

113 "Christovão Vaz de Bom Jesus contra João Nunes", em 05/02/1594. *Idem, p.* 199-200.

com promessas com o dito pedreiro que se desdissesse".[114] Vizinho do comerciante em Olinda, Antonio Correia revelou ao inquisidor que o pedreiro o procurara um dia em sua casa, dizendo: "aquele cão do João Nunes chamou-me ali para consertar a sua câmara, e vi-lhe nela estar um crucifixo na parede com teias de aranha, e, debaixo do crucifixo, um servidor de fazer seus feitos". Em seguida, o pedreiro ainda confessaria a Antonio Correia "que o dito João Nunes lhe dava dinheiro para que ele se calasse ou desdissesse neste dito caso".[115]

Depois do grande número de denúncias contra o rico comerciante – bem superior à já significativa cifra relacionada à Bahia –, Heitor Furtado chamaria alguns dos indivíduos citados nos depoimentos para que contassem o que sabiam. Diogo do Couto, licenciado da Visitação do Ordinário em Pernambuco, convocado a depor, seria responsável por um dos maiores interrogatórios em que são citadas denúncias contra João. O inquisidor buscava detalhes que ajudassem a explicar as atitudes do negociante afamado como senhor de engenho. Queria saber a localização exata do crucifixo, além de informações sobre os painéis referidos pelo pedreiro durante o depoimento dado ao visitador do Eclesiástico. Amadurecia o jogo de suposições arquitetado pelo inquisidor e adensado pelos denunciantes.

Heitor Furtado de Mendonça parecia não se satisfazer com as informações de Diogo do Couto. A atitude deste último quando da prisão e interrogatório do pedreiro deixara a desejar. Salta aos olhos, nesta prestação de contas ao representante do Santo Ofício, o pouco cuidado que tivera o visitador do Eclesiástico no tratamento do assunto – caso mais grave por ser amigo de João Nunes: não anotara o primeiro depoimento dado por Pero da Silva, embora estivesse lá presente o escrivão da visitação, Antonio Lopes.[116] Prendera o pedreiro, e não ordenou que se fizessem

---

114 "Antonio do Souto contra João Nunes e Pero de Gallegos", em 25/04/1594. *Idem*, p. 261-263.

115 "Antonio Correia contra João Nunes", em 01/04/1594. *Idem*, p. 250-251.

116 O escrivão seria convocado para depor pelo visitador Heitor Furtado, confirmando sem maiores detalhes as palavras de Diogo do Couto. "Antonio Lopes

autos da prisão e soltura, permitindo que tudo transcorresse apenas verbalmente. Diogo do Couto deixaria mais dúvidas do que certezas ao visitador Furtado de Mendonça. Ao final do seu depoimento, retirando-se da sala, Heitor Furtado ainda faria anotar – atestando a impossibilidade de crédito irrestrito[117] ao que fora dito pelo visitador do Ordinário – "que o dito Licenciado dizem que é cristão-novo da parte de seu pai, e que os cristãos-novos desta terra se fintam para ele".[118]

O carpinteiro Pero Lucas também seria convocado a prestar informações. E seria uma exceção à regra. Trabalhara com Pero da Silva uns poucos dias, quando ouviu deste a história do crucifixo ao término do almoço, enquanto conversavam. Não atentara ao que dissera o pedreiro, que estaria "cheio de vinho". Tempos depois, tendo-lhe encontrado na rua, e perguntando se lembrava do que lhe havia dito, Pero da Silva pediu "que falassem em outra coisa". Foi o que bastou para que Lucas formasse juízo do pedreiro: "entendeu dele ser homem maldizente".[119]

O fato é que o "maldizente" aumentara a fama do mercador da Rua Nova. Em todo o tempo em que a Inquisição esteve no Brasil,

---

contra João Nunes", em 28/06/1594. *Idem, p.* 310-313.

117 Segundo Lipiner, "era suspeito de cristão-novo o próprio ouvidor da vara eclesiástica, e o visitador por isso tinha comissão do Bispo do Estado para afastá-lo do cargo, pelo menos, segundo parece, nos assuntos relativos à visitação". LIPINER, Elias. *Op. cit.*, 1969, p. 197.

118 "Licenciado Diogo do Couto contra João Nunes", em 23/06/1594. *Denunciações e Confissões de Pernambuco. Op. cit.*, 1984, *p.* 300-306. O padre Simão de Proença, em seu depoimento, disse ter sabido "que o dito ouvidor Diogo do Couto tem recebido empréstimos e amizade do dito João Nunes, de letras que ele lhe tem passadas de créditos de dinheiro, as quais não sabe se o dito ouvidor lhe torna a pagar". "Denunciação do padre Simão de Proença", em 10/02/1592. Arquivo Nacional da Torre do Tombo, Inquisição de Lisboa, processo 885.

119 "Pero Lucas contra João Nunes", em 27/06/1594. *Idem, p.* 306-308. Lourenço Teixeira seria chamado pelo mesmo assunto. Confirmava ter o pedreiro bebido do vinho, mas não atentara se ele estava ou não fora de seu siso quando relatara o caso. "Lourenço Teixeira contra João Nunes", em 27/06/1594. *Idem, p.* 308-310.

ouviu-se falar de João Nunes. O visitador afogava-se em denúncias referentes a seus vários crimes: o amancebamento; a falta de frequência e o desrespeito às missas; os negócios em dias de repouso; as onzenas; o crucifixo. Poucos foram os que sofreram tantas e tão diversas acusações, em que parte das quais sequer pertencia ao foro inquisitorial. Nem os casos mais citados nos livros produzidos pelo Santo Ofício durante a primeira Visitação, como os de Branca Dias, Ana Rodrigues, Fernão Cabral de Taíde ou Bento Teixeira apresentavam tantas culpas como as que eram referidas ao acusado de rabi dos judeus: Nunes era conhecido até mesmo pelos que não o conheciam.

O grande número de pessoas a narrar suas ações espelhava o poder que construíra. Era homem sagaz, tendo o tino mais apurado que o daqueles a quem intimidava. Estava à frente destes. Perspicaz e empreendedor, João Nunes se tornara abusado, espaçoso em seus desejos. A riqueza que possuía o levava a julgar a todos como passíveis de suborno. Sabia controlar seus negócios, não medindo palavras ou negociatas para tal: tinha experiência em coagir. Possuía ligações com o poder, mantendo conversas com os principais da terra. Conquistara o apoio dos padres do Colégio de Jesus quando ficara preso. Conseguira a mulher que não podia nem lhe cabia possuir. Não era, contudo, inconsequente. Muitos lhe deviam dinheiro e favores. Sua importância no andamento da colonização era inegável, controlador de tráficos, "senhor de engenho", colaborador nas lutas de conquista. Onde quer que fosse, se destacava. Não é de admirar que provocasse tanto medo, nem que fosse tão odiado. Se os contatos que possuía e o capital que acumulara podiam defendê-lo dos inimigos, o Santo Ofício desempenhava um novo peso na balança, a pender agora em favor dos que o desejavam ver sem defesa, vulnerável, acuado. Mas nem por isso, passaria de impávido a inerte.

Certo da responsabilidade de João, o visitador procedera como julgou lógico e protocolar, encaminhando o réu aos superiores do Santo Ofício, enquanto colhia novas denúncias no trópico lusitano.

João Nunes fora acusado de todos os lados. Seus desafetos aproveitaram, inicialmente, a distância do Tribunal, que se achava na Bahia, longe do *habitat* do mercador e de suas influências. Denunciaram acobertados pelo anonimato que o Santo Ofício proporcionava a seus colaboradores; buscaram os meios legais para tirar de circulação um homem de vasto poder e destaque, responsável por importante função na empreitada colonizatória; vingaram-se dos abusos que haviam sofrido; aliviaram a alma por vê-lo pagar pelas heresias contra a Igreja e suas instituições, contra o casamento e os dias santos; condenavam-no os cristãos velhos que duvidavam de sua conduta, e os cristãos-novos que ansiavam serem aceitos e vistos como fiéis católicos; reagiu-se contra o aumento da participação dos neoconversos na sociedade brasílica: João Nunes Correia pagava por suas culpas e pelo que não devia. A sua ida para Lisboa, preso pelo Licenciado Heitor Furtado de Mendonça, deputado do Santo Ofício da Inquisição, parecia ter agradado a muitos. Encarcerado em Lisboa, talvez manifestasse menos o seu poder. Talvez não...

Capítulo 2
Um mercador cristão-novo no seio da "nobreza da terra"

Você devia
Deveria acreditar
Que atrás de tudo havia o açúcar

                    Alceu Valença, *O ovo e a galinha*

A presença cristã-nova na economia colonial

O PORTUGAL COLONIZADOR demorou algumas décadas para aumentar seu interesse sobre o território magnificamente descrito pelo escrivão Caminha, cronista da viagem inicial. Os olhos portugueses voltavam-se para o Oriente das especiarias, e a falta dos metais preciosos – encontrados precocemente na parte espanhola da América – era dos fortes motivos a gerar um certo desânimo inicial em relação aos novos domínios da dinastia de Avis, inicialmente vistos como o paraíso do pau de tinta que veio a nos dar nome.

Ao contrário do metal precioso, matéria ainda oculta naquele instante, a presença dos neoconversos no trópico brasileiro fez-se realidade desde o primeiro momento. Gaspar da Gama, judeu convertido original de Alexandria, estava entre os que fizeram a viagem juntamente com Cabral em 1500: é ele o primeiro cristão-novo que se tem notícia a desembarcar nesta parte da América, não podemos afirmar se acompanhado ou não, embora a primeira hipótese seja provável.[1] Três anos mais tarde, seria a vez do grupo de cristãos-novos que acompanhavam Fernão de Noronha arrendarem o território brasílico,

---

[1] Gaspar da Gama fora obrigado a se converter ao cristianismo – momento em que recebeu este nome cristão – quando levado para Portugal por Vasco da Gama, lá chegando em 1499, depois de ter sido feito prisioneiro por este, em 1498, nas proximidades de Goa. Viria a se tornar homem de confiança do rei português, e de grande utilidade pelas línguas que falava, acabando por ser designado pelo monarca como "perito, conselheiro e intérprete do Almirante Pedro Álvares Cabral na expedição dêste às Índias, de que resultou o descobrimento do Brasil". WIZNITZER, Arnold. *Os Judeus no Brasil Colonial*. São Paulo: Pioneira/EDUSP, 1966, p. 3. Sobre a história de Gaspar da Gama, ver também LIPINER, Elias. *Gaspar da Gama; um converso na frota de Cabral*. Rio de Janeiro: Nova Fronteira, 1987.

sob a condição de os arrendatários se encarregarem de mandar anualmente seis barcos para o Brasil, de descobrirem 300 léguas de novas terras, bem como construírem e manterem fortificações nos territórios recém-descobertos. Em troca era-lhes concedido o monopólio do país, isto é, o corte e exportação de pau-brasil, o comércio de escravos e de tôdas as demais mercadorias lucrativas.[2]

O acordo, originariamente de dois anos – 1503 a 1505 –, renovou-se para uma jornada de mais dez anos até 1515, quando então chegou ao fim. A partir de 1516, D. Manuel passaria a adotar medidas possibilitadoras da implantação da economia açucareira. O rei decretava que fossem entregues aos que partiam com esta intenção em direção ao trópico os equipamentos necessários e peritos que colaborassem na tarefa, dando-lhes as condições propícias. No mesmo ano, o monarca "tomou a iniciativa de estabelecer no Brasil o seu primeiro engenho".[3] Fernão de Noronha e seus companheiros também seriam responsáveis, segundo Wiznitzer, pelos primórdios do açúcar no Brasil:

> não há dúvida de que o grupo de Noronha (...) trouxe cana-de-açúcar da Madeira e S. Tomé, onde seus barcos aportaram, bem como fêz tentativas de plantá-la no Brasil. (...) Há boas razões para crer que os primeiros peritos da nova indústria eram cristãos-novos.[4]

---

2 WIZNITZER, Arnold. *Op. cit.*, 1966, p. 5.

3 "Dez anos depois, em 1526, já havia registro de pagamento na Casa da Índia, em Lisboa, de açúcar vindo de Pernambuco e Itamaracá". RIBEMBOIM, José Alexandre. *Senhores de Engenho Judeus em Pernambuco Colonial (1542-1654)*. Recife: 20-20 Comunicação e Editora, 1995, p. 54.

4 WIZNITZER, Arnold. *Op. cit.*, 1966, *pp.* 5-8. Ver também, do mesmo autor, "Os judeus na indústria açucareira do Brasil colonial". *In: Aonde Vamos? Semanário judaico independente do Brasil.* Rio de Janeiro, 25/10/1956. De acordo com

A partir da década de 1530, mudou-se o foco do interesse português, então preocupado em garantir suas conquistas e expandir seus lucros no Novo Mundo: teve início a colonização, inaugurada pela expedição comandada por Martin Afonso de Souza. Buscava-se a conquista e manutenção das novas terras; alimentava-se a expectativa de um maior controle sobre a região; os laços entre a colônia e a metrópole tornavam-se mais estreitos e perceptíveis: o aumento da importância econômica do Brasil para o reino português justificava as medidas tomadas nesse sentido, seja através da criação do sistema de capitanias hereditárias em 1534 – concedidas por D. João III a membros da pequena nobreza, dali por diante incumbidos de "promover, à sua custa, o povoamento e a colonização do território" –, seja através da instituição do Governo Geral a partir de 1548, primeiramente exercido por Tomé de Souza. Tornar economicamente viável a empreitada colonizatória significava não só a participação de capitais privados nesta tarefa – cristãos-novos, em boa parte –, mas também a introdução de novos produtos, que viessem a desempenhar importância maior internacionalmente que aquela exercida pelo pau de tinta, em pleno processo de erradicação e devastação do litoral: o açúcar ocuparia este papel. Os progressos obtidos na colonização e na economia avançavam em conformidade com a chegada de reinóis para a ocupação do território. Homens que enfrentavam os perigos de uma viagem arrastada e intranquila, deixando para trás família e as parcas conquistas patrimoniais, misturando-se com os que antes deles aqui haviam chegado na busca do éden pessoal, convivendo com os naturais da terra e com os filhos de África, miscigenando-se índios e negros com o sangue europeu.

Os primórdios da colonização portuguesa na América ocorre à mesma época em que D. João III faz implantar o Tribunal do Santo Ofício da Inquisição em Portugal, fato que acabaria por estimular, em boa parte, a saída dos cristãos-novos, posto que temiam um agravamento da perseguição religiosa, incentivada pela busca do sangue imaculado para

---

Ribemboim, "a primazia da indústria cabe à capitania de São Vicente, com o primeiro engenho de açúcar em 1532, que tomaria inicialmente o nome de Engenho do Senhor Governador, depois 'dos Armadores' e, por fim, de 'São Jorge dos Erasmos'". RIBEMBOIM, José Alexandre. Op. cit., 1995, p. 54.

a ratificação do povo português como aquele escolhido por Deus para espalhar a Fé Católica,[5] e de uma Igreja sedimentada e forte: muitos cristãos-novos olhavam então para o Brasil – área em crescimento e ainda com certa ausência de opressão religiosa quando comparada à metrópole –, onde passaram a depositar seus sonhos de liberdade e de vida próspera. A complicação da situação dos neoconversos em Portugal, graças ao aumento dos conflitos destes com os considerados de sangue puro, terminou por incentivar sua transferência para outras áreas, entre elas o trópico português do Atlântico Sul. Os cristãos-novos chegavam à nova terra e aqui moldavam seu espaço, infiltrando-se em uma sociedade que colaboravam para formar.

A vida econômica em território colonial passava a se caracterizar pelos lucros da indústria do açúcar. Em praticamente toda a região costeira – do atual Rio Grande do Norte até o litoral de São Paulo –, vários fatores contribuíam para o alargamento deste tipo de produção: o clima favorável, uma apropriada situação pluviométrica, o solo abundante e de qualidade – especialmente os terrenos de massapê –, permitindo o rápido crescimento desta prática. As áreas preferidas eram aquelas localizadas proximamente a cursos de águas navegáveis, facilitando sobremaneira a tarefa de transporte da produção e dos elementos a ela necessários. À soma de todos estes ingredientes, lucravam ainda as capitanias do Nordeste com a proximidade em relação ao reino, fazendo com que se transformassem rapidamente em áreas de concentração de engenhos, mormente Bahia e Pernambuco. Já na década de 1570 havia cerca de 60 engenhos no Brasil, sendo que 41 destes se concentravam nestas duas

---

5   A preferência divina pelo povo lusitano teria sido revelada – e tornar-se-ia clara para os portugueses – através do mito do surgimento do próprio Estado, quando, em 1139, o futuro rei Afonso Henriques tivera antecipadamente a certeza da vitória contra os mouros, numericamente muito superiores, graças à aparição de Cristo a garantir-lhe sucesso, o que de fato ocorreu, no episódio conhecido como o milagre da Batalha de Ourique, que teria ganhado novo alento no decorrer do século XV, quando passa a ter uma forte interpretação milagrosa, visto que até então era "observado apenas em sua dimensão militar". HERMANN, Jacqueline. *No reino do Desejado: a construção do sebastianismo em Portugal (séculos XVI e XVII)*. São Paulo: Companhia das Letras, 1998.

capitanias. Em meados da década seguinte, Pernambuco e Bahia contavam com 102 dos 121 engenhos existentes,[6] sinal do sucesso do investimento açucareiro naquelas regiões, assim como do crescimento da sua importância para os anseios do reino.

O açúcar estava em expansão, sendo causa explícita de enriquecimentos e ganho de poder para alguns dos que se envolviam em seus negócios. As bem sucedidas experiências nas ilhas do Atlântico e o sedento mercado europeu garantiam o sucesso do investimento. Era ao seu redor que se organizava a vida nas capitanias, visando à exportação do produto, raiz da economia brasílica, e fator de aumento nas rendas da metrópole. Pelos interesses do açúcar, organizavam-se leis e modos de ocupação do solo; construíam-se portos e cresciam cidades; traficavam-se negros e mantinha-se a constância do comércio com o reino. Pouco tempo levou para que se tornasse o carro-chefe da economia colonial e a mola-mestra de seu funcionamento. Em última instância, funcionava como justificativa da colonização. Brandão, escrevendo no início do século XVII, cita este tipo de lavoura como o meio de enriquecimento mais importante na colônia, seguido da mercancia, da exploração do pau-brasil, dos algodões e madeiras, da lavoura de mantimentos e da criação de gado.[7] Ao redor do açúcar, sob os olhos dos senhores de engenho, a vida colonial ganhava novos contornos, dependentes sempre dos lucros advindos deste ouro branco e doce, e dos interesses perseguidos pelos responsáveis por sua produção. Em sua *Narrativa epistolar de uma viagem e missão jesuítica*, o padre Fernão Cardim descreve o grau de importância que tomava a produção açucareira em Pernambuco. Escrevendo em fins do primeiro século de convivência dos portugueses com a nova terra, apresenta-nos um bom quadro da época:

---

6   Johnson, Harold. & Nizza da Silva, Maria Beatriz (org.). *O Império Luso-Brasileiro (1500-1620)*. In: Serrão, Joel & Oliveira Marques, A. H. (dir.) *Nova História da Expansão Portuguesa*. Volume vi. Lisboa: Editorial Estampa, 1992, *p.* 240-242.

7   Brandão, Ambrósio Fernandes. *Diálogo das grandezas do Brasil*. 3ª ed. Recife: Fundaj, Editora Massangana, 1997.

> A terra é toda muito chã; o serviço das fazendas é por terra e em carros; a fertilidade dos canaviais não pode contar; tem 66 engenhos, que cada um é uma boa povoação; lavram-se alguns anos 200 mil arrobas de açúcar, e os engenhos não podem esgotar a cana, porque em um ano se faz de vez para moer, e por esta causa a não podem vencer, pelo que mói cana de três, quatro anos; e com virem cada ano quarenta navios ou mais a Pernambuco, não podem levar todo o açúcar.[8]

Fator atrativo para os reinóis que aqui desembarcavam, os lucros da cana eram almejados por todos. Tudo na colônia, diretamente ou não, tinha ligação com o principal produto dos engenhos. Os cristãos-novos encontram-se entre aqueles que demonstraram maior interesse nesta nova face produtiva. Passariam mesmo, com o tempo, a concentrar em suas mãos boa parte desta crescente economia, conquistando espaço entre os de sangue dito puro, visando não só os altos lucros envolvidos, mas também as vantagens sociais que daí se originavam. Cabe ressaltar, porém, que os cristãos-novos que aqui desembarcavam não tinham olhos somente para o mercado gerado pelo açúcar: envolviam-se em praticamente todos os ramos da sociedade em constante formação: artesãos, lavradores, advogados, cirurgiões, membros do clero, numa situação impensada para o Portugal continental naquele instante de aumento às perseguições contra os neoconversos. Anita Novinsky aponta para a adaptação do cristão-novo à sociedade colonial:

---

8 CARDIM, Fernão. *Tratados da Terra e Gente do Brasil*. Rio de Janeiro: J. Leite & Cia., 1925, p. 334. Wiznitzer fornece mais detalhes: "Ao término do século XVI, era Pernambuco a mais próspera e adiantada Capitania do Brasil, sendo a sua população nessa época constituída por uns oito mil brancos, dois mil índios pacíficos e dez mil escravos negros africanos. O governador era Jorge de Albuquerque. A base da economia da região eram o açúcar, o algodão e o pau-brasil, sua importação e exportação. Havia em Pernambuco muitas famílias abastadas, cujo padrão de vida admitia um certo luxo". WIZNITZER, Arnold. *Op. cit.*, 1966, p. 20.

> No Brasil em construção, o cristão novo experimentou de tudo: foi o desbravador do sertão, lavrador, mecânico, mestre de açúcar, soldado, 'peruleiro' e até fidalgo, senhor de engenho e capitão-mor. O ambiente estranho, a solidão do vasto continente, a distância da pátria e dos círculos familiares, e principalmente o imperativo da necessidade de cooperação para a própria sobrevivência, tanto material como social, aproximou cristãos velhos e cristãos novos e amorteceu as barreiras discriminatórias.[9]

Boa parte dos cristãos velhos que para cá se dirigiram sonhavam com o tempo e a oportunidade de regresso ao reino, consequência da insegurança e precariedade da vida colonial se comparada à metropolitana. Os que adquiriam terras, fixavam-se; a riqueza acumulada, porém, fazia com que alguns dentre eles procurassem começar nova vida na metrópole ou ainda em outras áreas do Mundo Português. Funcionários reais e fidalgos também ansiavam pelo retorno. Já os batizados de pé e seus descendentes viam o caminho de volta com menor entusiasmo. Apesar das carências, preferiam muitas vezes a vida na colônia, onde, devido às dificuldades generalizadas para os europeus que se arriscavam no calor dos trópicos – independente de sua origem imaculada ou herética –, gozavam de mais prestígio e respeito, além de menor cobrança sobre seus atos, graças a uma pressão religiosa mais branda que aqui encontravam, culpa da estrutura eclesiástica de escala reduzida montada na parte lusa da América neste primeiro instante: longe da Inquisição e das intrigas e pressões sociais.

As rendas oriundas da cana também permitiam melhorias na escala social. Impedidos para cargos de nobreza, o enriquecimento trazia a conquista de prestígio comparável aos títulos distribuídos no reino. A pompa com que desfilava a maior parte dos senhores de engenho pelas ruas e vielas do Brasil colonial bem mostra a consciência do papel que representavam e da admiração desfrutada: promoviam-se socialmente vestindo-se

---

9   NOVINSKY, Anita. *Op. cit.*, 1972, p. 65.

bem, à maneira dos nobres. Sobre o período final do século XVI, Evaldo Cabral de Mello aponta para a transferência constante da posse de engenhos, encolhendo-se a participação das famílias tradicionais na produção, substituídas, em grande número – e de maneira considerada preocupante e inaceitável pelos cristãos-velhos, como ficará claro em muitas das vezes em que estes ocupam o tempo do Licenciado Furtado de Mendonça – pelo grupo cristão-novo, nesta fase de domínio filipino:

> É relevante, aliás, a extrema instabilidade da composição da 'açucarocracia' do período 1594-1630. Quando se comparam as listas de proprietários de que se dispõe para estes anos, salta à vista a intensa transferência da propriedade açucareira, fenômeno também observado na Bahia. Essa comparação está longe de endossar a imagem tradicional de uma sociedade estável do ponto-de-vista da composição da sua classe privilegiada, pretensamente recrutada entre pequenos fidalgos de província e, por conseguinte, motivada por valores rotineiramente agrários, como se acreditava haver sido o grupo restrito de colonizadores estabelecidos ao tempo do primeiro donatário, Duarte Coelho, ou do governo da sua viúva ou dos seus filhos, grupo que se supunha haver monopolizado as oportunidades econômicas e sociais criadas pelo açúcar. Nada disto: dessas listas, estão quase ausentes os nomes de família convencionalmente associados à colonização da capitania, como a indicar que os duartinos não chegaram a obter, ou, se obtiveram, não conseguiram deter o controle da propriedade açucareira. Em 1594, em 61 nomes de senhores de engenho, acham-se apenas 8 que sugiram esse primeiro *Who is Who* da história brasileira, que foram os *hobereaux* emigrados para a Nova Lusitânia: um Pais Barreto, um Lins, dois Bezerras,

dois Albuquerques. Os restantes são todos patronímicos obscuramente plebeus.[10]

Produto base da colonização brasileira, a vida colonial nas capitanias do Nordeste girava em torno dos senhores de engenho – muitos dos quais cristãos-novos –, que acabavam por formar uma elite econômica, a açucarocracia, de grande importância social e política no regime, visto manter vínculos diretos com a administração, preocupada com o andamento dos negócios e toda a estrutura que envolvia o açúcar. Stuart Schwartz, referindo-se ao caso baiano, explica a situação:

> Na verdade, era comum haver cristãos-novos entre os primeiros senhores de engenho baianos. De 41 engenhos cujos proprietários puderam ter suas origens identificadas no período 1587-92, doze eram de cristãos-novos. Os autos de 1618 da Inquisição mencionam 34 engenhos, dos quais vinte tinham cristãos-novos como proprietários.[11]

Deste modo, assiste-se paralelamente ao deslocamento da posse de propriedades, a uma transferência de funções na economia e sociedade coloniais. Os comerciantes – atividade esta exercida em boa parte pelos indivíduos marcados pelo sangue judeu –, ao aumentarem suas posses,

---

10   MELLO, Evaldo Cabral de. *Olinda Restaurada: guerra e açúcar no Nordeste, 1630-1654*. 2ª ed. Rio de Janeiro, Topbooks, 1998, *p.* 93-94.

11   O autor salienta o cuidado necessário com este tipo de documentação: "Os autos da Inquisição com certeza são uma fonte tendenciosa, pois os inquisidores lidavam mais freqüentemente com engenhos de proprietários cuja ortodoxia era questionável; ainda assim deve restar pouca dúvida de que muitos dos primeiros senhores de engenho eram imigrantes cristãos-novos, que vieram para o Brasil em busca de fortuna e para viver suas vidas longe dos olhos vigilantes do Santo Ofício". SCHWARTZ, Stuart B. *Segredos internos: engenhos e escravos na sociedade colonial, 1550-1835*. São Paulo: Companhia das Letras, 1988, p. 225.

adquirindo maior estabilidade financeira, transitavam da mercancia para outras formas de negócio; acabavam multiplicando sua atuação na economia, procurando outros ramos de atividades – não raramente preocupando-se em conservar os postos anteriores –, muitos optando por se fixarem à terra: a compra de engenhos era para tal o passo decisivo.[12] Gonsalves de Mello demonstra o avanço cristão-novo e a transformação de papéis na sociedade açucareira:

> A participação dos cristãos-novos teria sido predominantemente a de detentores de capitais: mercadores que se fazem senhores de engenho, vários deles conservando-se simultaneamente nas duas atividades; uns poucos que se fazem rendeiros da cobrança de dízimos e fazem empréstimos às vezes onzeneiros a donos de engenho.[13]

Já Eduardo D'Oliveira França explica o processo em uma de suas frequentes formas:

> Mercadores faziam-se donos de engenhos: obtinham águas ou as compravam em lugares propícios e podiam fundar engenhos e promover o plantio de canaviais nas terras correspondentes. Alguns se faziam primeiro lavradores, grandes lavradores, e ao depois, graças aos ganhos do açúcar e ao crédito obtido com outros mercadores de suas relações, ousavam fabricar o próprio engenho.

---

12 Referindo-se ao Recôncavo baiano, Schwartz afirma que possivelmente um terço dos engenhos na década de 1580 pertenciam a antigos comerciantes que adotavam a nova função ligada ao açúcar, alguns sem abandonar a mercancia. *Ibidem*.

13 GONSALVES DE MELLO, José Antônio. *Op. cit.*, 1996, p. 9.

Também atenta para as estratégias utilizadas visando alcançar o patamar limite da açucarocracia:

> De várias formas transitavam estes para a constelação dos senhores de engenho. Pela compra de engenhos. Pela compra de águas e fundação deles. Pela cobrança de dívidas acumuladas. Por via de casamento com filhas de senhorios: dotes ou heranças.[14]

Transferia-se, desse modo, e de forma crescente, a propriedade de boa parcela da economia açucareira da mão dos cristãos velhos para o grupo dos neoconversos – que passam a controlar boa parte do variado e rendoso negócio, desde a plantação da cana e fabrico do açúcar até o transporte e distribuição, ligados ao mercado mundial de exportação do produto. O aumento da penetração cristã-nova na economia ocasionava, por sua vez, um crescimento das tensões e disputas com os cristãos de sangue dito puro em igual proporção à intensificação da participação dos cristãos-novos na indústria do açúcar: a camada cristã velha sentia-se ameaçada pelo avanço dos descendentes de Israel em direção ao topo da estrutura produtiva da colônia brasílica, o que espelhava um aumento significativo da importância destes últimos, cada vez mais fortes em suas posições.

"A elite colonial", explica Raminelli, "tornava-se paulatinamente composta de antigos conquistadores – homens ligados ao empreendimento colonizador – e de novos proprietários – homens ligados ao comércio e financiamento da produção açucareira e que se tornaram donos de engenho depois da falência dos antigos proprietários ou através da montagem de novos estabelecimentos".[15] A nova situação trazia embutida uma crescente estabilidade dos antigos mercadores, agora fixados à terra. Além disso,

---

14 FRANÇA, Eduardo d'Oliveira. "Engenhos, colonização e cristãos-novos na Bahia colonial". *In*: SIMÕES DE PAULA, Eurípedes (org.) *Colonização e Migração – Anais do IV Simpósio Nacional dos Professores Universitários de História*. São Paulo: XXXI Coleção da *Revista de História*, 1969, p. 181-241.

15 RAMINELLI, Ronald. *Op. cit.*, 1990.

a maior facilidade de ligação com a camada dirigente gerava a perspectiva de privilégios: o contato com o poder, ao mesmo tempo que permitia o recebimento de certas vantagens, abria a possibilidade de interferência direta nos interesses que envolviam sua atividade. Fazia brotar na sociedade, em contrapartida, uma percepção da ligação – nem sempre falsa – entre alguns elementos do segmento açucareiro e a administração colonial, o que, por sua vez, suscitava os desagrados do povo para com o governo refletidos nos senhores de engenho, que passam a ser vítimas de comentários vários, centro que eram da vida colonial. Neste ponto, mais preocupante se tornava a situação enfrentada pelos senhores de engenho cristãos-novos, vítimas com maior frequência e intensidade destas murmurações.

Por outro lado, o enriquecimento possibilitava uma maior aproximação entre cristãos-novos e velhos através do matrimônio, o que vinha a beneficiar as duas partes. Para os cristãos velhos, pesava a busca de dinheiro, sobretudo no caso de enlaces entre indivíduos de sangue imaculado com mulheres de famílias ricas. A prática do dote era comum e possibilitava a seleção e a garantia dos melhores partidos – preferencialmente os de sangue puro –, que eram atraídos para o matrimônio com cristãs-novas pelos vultosos dotes ofertados pelos pais da pretendida, facilitando o início da vida a dois. "Bem dotadas", serviam estas donzelinhas de barganha no árduo jogo do convívio social, possibilitando a união – não só da noiva, pessoal, mas, principalmente, de sua família – com cristãos velhos, visando granjear a diminuição da porção herética no sangue familiar e as pressões sociais pela origem maculada. Além de oriundas, em parte das vezes, de famílias ricas, tinham outro atrativo: eram meninas brancas, fato que pesava na colônia, por ser região escassa desse tipo de mulheres, em que dominava "a extrema penúria de gente branca" a que se referiu Gilberto Freyre. Consideradas próprias para casar – e preferidas pelos que podiam escolher, depois de terem desfrutado em aventuras amorosas os mimos de "negras da terra", escravas e mulatas –, contribuíam para aguçar os interesses e olhares desejosos dos que procuravam casamento em moçoilas de verdor, disputadas antes mesmo de verem-nas ganharem corpo de mulheres feitas: certos acordos matrimoniais chegavam a ser tratados pelos pais enquanto eram as filhas crianças de pouca idade, mais preocupadas com as brincadeiras de então, sem muito conhecimento da vida que as esperava.

Os interesses familiares influíam nos casamentos precoces. As poucas meninas brancas que apareciam se tornavam peças raras e valiosas, por isso vítimas de um verdadeiro leilão de donzelas promovido pela família, desejosa de garantir conveniências, sem respeitar os sentimentos e vontades das filhas, que viam seus destinos resolvidos sem serem consultadas: o amor não costumava fazer parte dos contratos. Cedo, acabavam por cuidar de filhos, muitas em idade em que poderiam ainda ninar bonecas.[16] Viravam mulheres no "susto", ficando velhas antes da hora. Para certos cristãos velhos, sobretudo se fidalgos ou com pretensão de sê-lo, melhor casar com donzela branca, mesmo que esta possuísse sangue de origem judaica, do

---

16   Ao mapear a genealogia e o sangue impuro de famílias de origem sefardita no Pernambuco colonial, Evaldo Cabral de Mello aponta, em *O Nome e o Sangue*, para a penúria de mulheres brancas no Nordeste brasílico e as conseqüências disto: "Na colônia, no século de quinhentos sobretudo, mas também depois, o desequilíbrio demográfico entre os sexos regulava o mercado matrimonial. Com base nas fontes inquisitoriais de fins do século XVI, estimou-se que, entre os indivíduos de origem portuguesa, prevalecia uma relação de 3,7 homens para cada mulher; que na Bahia ela diminuía para 2; que em Pernambuco, ela podia atingir 9,8, e que em outras capitanias visitadas pelo Santo Ofício (1591-5), como a Paraíba, Itamaracá e Porto Seguro, ela devia girar em torno de 3,8. (...) Por conseguinte, a portuguesa ou filha de português era um bem escasso, especialmente no Pernambuco quinhentista. Das referências contidas na documentação inquisitorial relativa à capitania (1593-95), concluiu-se que, entre a população masculina, a percentagem de casados era de 48%, ao passo que, entre as mulheres, ela atingia 90%. Ainda como conseqüência previsível do desequilíbrio entre os sexos, verifica-se o casamento tardio dos homens e precoce das mulheres, redundando grande diferença de idade entre os cônjuges. (...) Para os filhos, a situação era exatamente a oposta. A eles cabia concorrer com os reinóis pela conquista do mesmo estoque reduzido de mulheres, donde o número significativo dos solteirões, dos que entravam em religião ou se engajavam na carreira militar fora do Brasil, na perspectiva do mercado matrimonial". Concluindo o balanço, o autor afirma: "Como seria de prever, as alianças de cristão-velho com cristã-nova tornaram-se três vezes mais numerosas do que entre cristão-novo e cristã-velha". MELLO, Evaldo Cabral de. *Op. cit.*, 1989, p. 106-107.

que manter laços de matrimônio com mulher mestiça ou manceba "de cor". Afinal, conforme lembra Vainfas, o ditado "branca para casar, mulata para foder, negra para trabalhar" deve ter alcançado sucesso nesta época, sendo visto, por muitos e respeitosos, como verdade incontestável.[17]

Da parte dos cristãos-novos, almejava-se diminuir os preconceitos contra o sangue infecto, agora camuflado pela união entre a riqueza dos neoconversos e o poder e prestígio dos de sangue considerado puro. Aumentando a penetração social, buscava-se sufocar a herança judaica através do enlace com família de origem respeitável e imaculada no sangue. Os casamentos de sangue misto acabavam por gerar graus diversos de afetação herética. Alguns indivíduos apresentavam-se e/ou tornavam-se reconhecidos em seu meio como tendo ½, ¼, e assim progressivamente, de sangue maculado, tendendo a minorar – conforme o distanciamento temporal e a menor fração de sangue hebreu – a percepção da origem impura em suas veias. A mancha da herança amaldiçoada pelos cristãos por vezes desaparecia, principalmente entre os que alcançavam melhores condições sociais:

> Os que lograram aristocratizar-se, através de posições e casamentos prestigiosos, quando não eram descobertos pelo Santo Ofício, acabaram perdendo (...) quaisquer ligações com os vestígios do Judaísmo, até serem completamente absorvidos pelos cristãos velhos e pela religião dominante.[18]

---

17 VAINFAS, Ronaldo. "Deleites sexuais e linguagem erótica na sociedade escravista". In: SOUZA, Laura de Mello e (org.). *História da vida privada no Brasil: cotidiano e vida privada na América portuguesa*. São Paulo: Companhia das Letras, 1997, p. 239-241. Ver também FREYRE, Gilberto. *Op. cit.*, 1994, p. 13.

18 NOVINSKY, Anita. *Op. cit.*, 1972, p. 61. Mais abaixo, a autora ressalta a situação de dubiedade enfrentada pelos cristãos-novos na colônia: "Os cristãos novos tinham, pois, em virtude de sua situação econômica, as condições necessárias para fixar-se na colônia como senhores, adquirir o prestígio e a força do homem de posses, e de certo modo igualar-se ao grupo dirigente. Contudo, tinham consciência de sua desigualdade. Eram homens que se

Ao tempo da primeira Visitação, vários cristãos-novos apresentar-se-iam perante o visitador do Santo Ofício tentando dirimir sua condição de origem herética. O lavrador Francisco Mendes da Costa, que procurara a Heitor Furtado para acusar o vigário Francisco Pinto Doutel de dizer palavras ofensivas a "Nosso Senhor Jesu Xpõ" durante a pregação, afirmava, no início de seu depoimento, "ser meio cristão-novo natural de Meijão Frio, filho de Antonio Mendes, cristão-novo, mercador, e de sua amiga Beatriz Francisca, cristã velha".[19] Outros invertiam a forma do discurso, procurando ocultar ou suavizar a impureza que os acintava no dia-a-dia: deixava-se assim de ser meio cristão-novo para transformar-se em meio cristão velho, forma altiva de se encarar o problema, buscando remédio para o mal sem cura. Com este argumento, em 20 de agosto de 1591, aparecia para confessar alguns feitiços que havia tratado com Maria Gonçalves, "d'alcunha Arde-lhe-o-rabo", Catarina Fróes, nascida em Lisboa cinquenta anos antes, pouco mais ou menos, dizendo-se "meia cristã-velha, filha de Simão Rodrigues Fróes, cristão-velho, e de sua mulher Mécia Rodrigues, cristã-nova".[20] Já o alfaiate Bartolomeu Garcez dizia, em 13 de janeiro de 1592, ser cristão-novo, porém, conhecia vestígios de sangue cristão velho em sua família: salientava que sua mãe havia lhe informado "que ela era neta de um homem cristão-velho".[21]

Fomentar dúvidas sobre sua origem também colaborava para escondê-la. Natural da Bahia, Gaspar Nunes Barreto era filho de senhor de engenho, "o qual ele teve sempre e tem por cristão-velho" e de "Joana

---

moviam dentro de uma sociedade, da qual sabiam não fazer parte. Se de um lado eram chamados *homens bons* ou representantes do povo para reforçar as resoluções da Câmara, ao mesmo tempo eram denunciados como homens suspeitos de pouco apego à fé católica".

19 "Francisco Mendes da Costa contra o vigário Francisco Pinto Doutel", em 07/02/1594. *Denunciações e Confissões de Pernambuco. Op. cit.*, 1984, p. 216-217.

20 "Confissão de Catarina Fróes, meia cristã-nova, no tempo da graça, em 20 de agosto de 1591". *Confissões da Bahia. Op. cit.*, 1997, p. 119-121.

21 "Confissão de Bartolomeu Garcez, cristão-novo, alfaiate, no tempo da graça, em 13 de janeiro de 1592". *Idem*, p. 175-177.

Barreta, a qual ele não sabe se era cristã-velha, se cristã-nova".[22] Mesmo o nosso já conhecido Licenciado Diogo do Couto, quando convocado para dar explicações sobre as prisões de Nunes e do pedreiro que o delatara em Pernambuco, feitas à época do escândalo por ele, licenciado, apresentou-se a Heitor Furtado de Mendonça e aos que ouviram seu depoimento como sendo "filho natural de Antonio Fernandes, solteiro, já defunto, ao qual ele não conheceu nem sabe se era cristão-novo, se velho, nem de que nação, e de Ana Dias, também solteira, já defunta, tida por cristã velha, a qual algumas vezes disse a ele, licenciado, que o dito seu pai Antonio Fernandes era cristão velho". Ido o depoente, o visitador mandou o notário escrever, abaixo do que acabara de afirmar Diogo do Couto, uma declaração de "que o dito licenciado dizem que é cristão-novo da parte de seu pai".[23] Seu teatro não convencera.

A sociedade colonial era feita de altos e baixos, e o topo, como sempre, era ocupado por poucos. Raros os que conseguiam o sucesso do enriquecimento com o próprio trabalho, assim como eram escassos os que ali estavam por vontade própria: não tinham direito à escolha. O Brasil se mostrava ainda um local de vida difícil, embora o plantio da cana e o sucesso de sua agromanufatura fossem gradativamente amenizando esta realidade. Dentre o modesto número dos que desfrutavam de vida abastada, uma considerável parcela era de neoconversos. Este avanço dos cristãos-novos sobre a propriedade rural, porém, não fora bem aceito pelos cristãos velhos da sociedade colonial. Crescia o desprezo entre os que não aceitavam que um descendente de judeus pudesse ter maior êxito em seus negócios do que um representante dos de "sangue puro".

O número de cristãos-novos senhores de engenho neste primeiro século de colonização portuguesa no Brasil é considerável. O avanço nas propriedades antes pertencentes a um ramo dominado por cristãos velhos mostra sua crescente participação na açucarocracia. Muitos foram os que

---

22 "Confissão de Gaspar Nunes Barreto, duvida se é cristão-novo, na graça, em 18 de janeiro de 1592". *Idem*, p. 208-209.

23 "Licenciado Diogo do Couto contra João Nunes", em 27 de junho de 1594. *Denunciações e Confissões de Pernambuco. Op. cit.*, 1984, p. 300-306.

seguiram este caminho. Dentre eles, é bom exemplo o de Heitor Antunes, cabeça de uma família duramente atacada perante o Santo Ofício, cavaleiro da casa del-rei que aqui chegara em fins de 1557 na embarcação que trouxera o Governador Geral Mem de Sá. Com Heitor Antunes chegara Ana Rodrigues, sua esposa, figura das mais denunciadas durante a visitação de Furtado de Mendonça, um dos melhores exemplos de criptojudaísmo existente naquele fim de século, como veremos em capítulo próximo. Inicialmente mercador e rendeiro dos dízimos, Heitor Antunes acabou por erguer engenho em Matoim, Bahia. Além do engenho, dizia-se que construíra sinagoga – a mais citada nas denunciações – que funcionara durante longo tempo[24] numa casinha separada, na qual, em certos dias, o patriarca dos Antunes se reunia com outros cristãos-novos, guardando todos a lei judaica, conforme denúncias feitas contra ele. Sua esposa ficara conhecida por manter os preceitos daquela religião proibida, deixando seu comportamento cristão fora dos limites e privacidade de sua residência: dentro de casa, o que valia eram as tradições do judaísmo. Mulher de cerca de 80 anos e viúva há muito quando da chegada do inquisidor, havia casado suas filhas com cristãos velhos fidalgos – o que não seria suficiente para evitar a sua prisão por Heitor Furtado. Remetida para os Estaus em Lisboa, viria a falecer no cárcere, esperando o julgamento do Santo Ofício. Julgada, seria condenada e queimada em estátua.

    O fortalecimento do prestígio dos "descendentes da Nação" desagradava a diferentes classes na sociedade, cada qual por seus motivos. Trazia descontentamento para a camada de senhores de engenho cristãos velhos, que se sentiam ameaçados em seu poder, não apenas sobre a produção de açúcar, mas também sobre o comércio do produto, em larga escala, nas mãos dos mercadores cristãos-novos. A crescente participação deste grupo nos negócios do principal produto da economia brasílica aumentava em igual valor sua capacidade de interferência sobre a administração colonial, visto serem os seus interesses – apoiados pelo desejo do governo em ver seus lucros multiplicados – os que falavam mais alto. Assim, a "nobreza da

---

24   Algumas denúncias referem-se à sinagoga de Matoim como sendo conhecida há vinte anos, pouco mais ou menos.

terra" temia o esfacelamento de seu poder causado pela dependência aos interesses dos cristãos-novos – em muitos aspectos, diversos dos seus.

João Nunes Correia, expoente da açucarocracia colonial

Castro Daire era a terra natal dos Nunes Correia. Situada nas proximidades da Serra do Montemuro, meio caminho entre o litoral lusitano e as terras de Espanha, a vila se tornara, desde o Medievo, importante região de convergência, localizada "num ponto de cruzamento e passagem de vias multi-seculares", servindo de ligação entre Lamego, ao Norte, e Viseu, ao Sul, "as duas principais cidades e cabeças de diocese desde os primeiros séculos do cristianismo". Daí, possivelmente, sua propensão muito cedo ao comércio. Parece ter abrigado no século XVI uma considerável comunidade de cristãos-novos, envolvidos estes com o comércio e negócios da vila. Prova da influência do núcleo dos neoconversos naquelas terras talvez seja as isenções de impostos e os favores concedidos pelo rei D. Manoel, o Venturoso, no início dos Quinhentos à comunidade de cristãos-novos.[25] Entre seus filhos ilustres, encontramos seria *Isaac Aboab da Fonseca*, de nome cristão Simão da Fonseca, nascido por volta de 1605. Isaac Aboab iria muito jovem para Amsterdã, onde seria discípulo do polêmico Uriel da Costa, judeu português do Porto que influenciaria o pensamento de Spinoza. Durante o período de ocupação holandesa no

---

25 "Os cristãos-novos estavam sujeitos a determinadas obrigações e impostos que só a eles atingiam. No entanto, por vezes, o rei isentava-os dessas obrigações, privilegiando-os certamente por outros favores deles recebidos. É o que sucedeu com os cristãos-novos de Castro Daire a quem o rei concedeu em 26 de Maio de 1517 uma carta de privilégio. Nessa carta, o rei isenta-os da obrigação de acompanharem os presos e de os guardarem. Isenta-os ainda da obrigação de participarem na recolha de dinheiros, práticas frequentes nesses recuados tempos. Embora não participando directamente na recolha de fundos, no entanto, não serão isentos da sua contribuição monetária". CORREIA, Alberto; ALVES, Alexandre & VAZ, João Inês. *Castro Daire*. Viseu: Câmara Municipal de Castro Daire, Eden Gráfico, S. A., 1995, *p.* 50-53.

Nordeste do Brasil, Isaac Aboab destacar-se-ia, entre 1641 e 1642, como rabi da primeira sinagoga instaurada no continente americano, denominada Sagrada Congregação do Rochedo de Israel, *Kahal Kadosh Zur Israel*. Sendo Castro Daire um vilarejo de reduzidas dimensões no início do século XVII e onde todos se conheciam e tratavam pelo nome -, é de se presumir que, possivelmente, as famílias de Isaac Aboab da Fonseca e dos Nunes Correia tenham conhecido e, quiçá, mantido laços de convivência.

A Castro Daire dos cristãos-novos vira nascer mais um dos seus, João Nunes Correia, por volta de 1547. Lá mesmo fora batizado na Igreja Matriz, sendo depois crismado em Lamego pelo Bispo Dom Manoel de Noronha, de quem também receberia as ordens menores. Vinha de uma família ligada ao comércio e à agricultura. Filho do mercador e lavrador Manoel Nunes, de quem herdara uma das profissões – e, quem sabe, o tino para os negócios – e de sua mulher, Lucrécia Rodrigues, ambos "cristãos-novos, moradores na dita vila". Dos avós, só havia conhecido a Manoel Correia, pai de sua mãe, também ele mercador. Conviveu, contudo, com alguns tios, que acreditava já estarem falecidos: irmãos de seu pai eram Jorge Dias e Henrique Nunes, ambos lavradores. Já por parte de sua mãe, eram seus tios Leonardo Rodrigues, Janeura Correia, Felipa Correia, Manoel Correia e Beatriz Correia, "casada em Trancoso com Alvaro Mendes, cristão-novo", e Ana Rodrigues, "casada não sabe com quem". De outros "tios e tias irmãos do seu pai, já defuntos", que sabia existir, desconhecia o nome.

A família dos Nunes Correia era numerosa. João tinha três irmãos e duas irmãs. Henrique, o mais velho deles, era mercador e morava em Lisboa, sendo casado com uma mulher de Aveiro, cristã-nova. Cabeça dos negócios que envolviam os irmãos, controlando a sociedade e os investimentos em conjunto a partir do reino, com ele possuía João "o principal trato de suas mercadorias"; Diogo, que contava com aproximados quarenta e três anos, dois anos mais novo que João, "morador na capitania da Paraíba desta costa do Brasil, solteiro", tinha sociedade com Henrique em um engenho que estavam construindo e em outro, "moente e corrente"; o "mais moço de todos", Antonio – que mais tarde, em 1615, seria responsável pelo recebimento de escravos para os Ximenes em Pernambuco – vivia ainda com os pais. Irmãs, eram duas: Branca, que, casada com o mercador Luís Mendes, sócio dos Nunes nos negócios, também ele cristão-novo, passara a viver na cidade do Porto, e Florença, também solteira, a exemplo do irmão Antonio, moradora em Castro Daire na casa de seus pais.[26]

João e Diogo não eram os únicos da família a tentarem a sorte no Brasil: "um primo com irmão", assim como o irmão mais velho dos Nunes, chamado Henrique, também ele cristão-novo, escolhera a Bahia. Era lavrador e morava em Matoim, havendo se casado com a meia cristã-nova Isabel Antunes, "de idade de dezoito anos".[27] Outro, Jerônimo Rodrigues, "cristão-novo, que foi mercador (...) morador na vila de Itamaracá, cinco léguas de Pernambuco", vivia problemas com o primo por razões de dinheiro. João tinha primos também no reino: "Guilherme Rodrigues e Cosmo Rodrigues

---

26   O clã podia ser ainda maior. De acordo com Arnold Wiznitzer, João Nunes teria ainda mais um irmão, chamado Simão Nunes de Mattos, "da nação, senhor de engenho, casado". O autor apenas aponta como fonte desta informação as denunciações da visitação de 1618, sob o comando do Inquisidor Marcos Teixeira. É pouco provável, porém, que João Nunes tivesse um outro irmão, sem que o tivesse citado durante a segunda sessão que teve com Heitor Furtado de Mendonça, quando preso na Bahia. Na época, Nunes desfilou suas origens e citou parentes, inclusive alguns já falecidos e outros de quem desconhecia o nome, não existindo razão aparente para esconder um outro irmão. WIZNITZER, Arnold. *Op. cit.*, 1966, p. 33. O livro da visitação de 1618 não faz referência ao nome de João, muito menos, do possível parentesco. Porém, se dermos crédito à informação inicial de Wiznitzer, a família de João Nunes ainda aumenta, referindo-se a um irmão do dito Simão, chamado Manuel Nunes. *Segunda visitação do Santo Ofício às partes do Brasil pelo inquisidor e visitador o licenciado Marcos Teixeira. Livro das Confissões e Ratificações da Bahia – 1618-1620*. São Paulo: Anais do Museu Paulista, tomo XVII, 1963, p. 510. Ribemboim também cita Manoel Nunes como sendo parente de João Nunes. RIBEMBOIM, José Alexandre. *Op. cit.*, 1995, p. 84.

27   "Confissão de Isabel Antunes, meia cristã-nova, no tempo da graça do Recôncavo, mulher de Henrique Nunes, cristão-novo, em 1º de fevereiro de 1592". *Confissões da Bahia. Op. cit.*, 1997, p. 294-296. De acordo com Lipiner, Isabel Antunes era filha de Violante Antunes e de Diogo Vaz Escobar, e neta do já citado Heitor Antunes. LIPINER, Elias. *Op. cit.*, 1969, *p.* 122-123.

eram mercadores em Viana do Lima e Viseu".[28] Antonio Rodrigues, por sua vez, casado, atuava como mercador em Castro Daire.[29]

Não se sabe ao certo o ano em que João Nunes Correia chegou ao Brasil, ou as causas que o fizeram atravessar o Atlântico e aqui fixar residência, nem tampouco a capitania onde primeiro aportou, mas o depoimento de alguns entre aqueles que perante Heitor Furtado o denunciaram dá-nos a noção de que se encontrava em Pernambuco desde pelo menos 1582, quando teria então por volta de 35 anos. É provável que tenha vindo para tomar a frente dos negócios da família no Brasil. Possivelmente desempenhara antes alguma atividade no reino – o comércio, função que dominava em sua família, é boa opção –, chegando ao trópico já possuidor de certa fortuna ou, ao menos, de um capital inicial com que pudesse dar início aos negócios. Envolvido com a vida na colônia, em meados dos anos oitenta já se mostrava homem bastante respeitado, o que se devia, em boa parte, a seu empenho, juntamente com o irmão Diogo, nas guerras lideradas pelo Licenciado Martim Leitão, "ouvidor geral de todo este estado do Brasil", pela conquista da Paraíba, com as quais colaborara, inclusive com capitais, como um dos principais, entre os poucos "de cavalo, que a tudo sempre supriram".

Prática ainda limitada aos de maiores posses, o emprego de cavalos para locomoção refletia o grau de importância de que desfrutava – ou almejava desfrutar – seu proprietário. Poucos os que possuíam animais para uso pessoal. Belchior da Rosa, ao acusar a João Nunes de proferir palavras contra o representante máximo da Igreja Católica, dizia viver de "sua fazenda limpamente, com quatro cavalos na estrebaria". Os que usavam cavalos em seus deslocamentos repetiam na colônia o "índice abonador", o "fausto" de "viver à lei da nobreza" que a boa montaria promovia na Europa. Costa Pôrto dá-nos um exemplo da importância

---

28 SIQUEIRA, Sonia A. *Op. cit.*, 1971.

29 Os nomes dos tios Manoel Correia, Beatriz Correia e Ana Rodrigues, e do primo Antonio Rodrigues, foram citados apenas pelo irmão de João, Diogo Nunes, quando este apresentou-se para a segunda sessão de confissão perante Heitor Furtado – preso que fora pelo Santo Ofício –, em 20 de julho de 1594.

advinda de possuir tais animais: um certo Francisco Falcão, buscando atestar a nobreza da família de um tal Pedro Barroso, afirmava que os pais deste "eram nobres e como tais se tratavam e eram de prosápia, nobre família, muito antiga... e sempre se serviram com criados, tendo cavalos na estrebaria, tratando-se sempre à lei da Nobreza". No dia-a-dia das cidades e engenhos, porém, o transporte humano – e de quase tudo o mais – era feito em grande parte nos carros de boi, muitas vezes os mesmos que serviam para o transporte da cana e demais produtos da economia colonial.[30]

Sua sagacidade para os negócios tornava-o homem de talento especial. Tinha trânsito entre as atividades mais rendosas da economia brasileira. Homem do Atlântico, envolvido com as principais rotas de mercadorias e homens, era membro, como bem definiu Sonia Siqueira, "de uma nova classe intercontinental, burguesa, comercial e atlântica que se edificava e forçava a sua ascensão social", fazendo parte de um seleto grupo que "acionava a expansão econômica dos países ibéricos nos anos da Modernidade. Burguesia portuguêsa, de conexões internacionais".[31]

Nunes devia viajar ou mandar representantes com certa constância a outras capitanias do Brasil, possessões ultramarinas lusas, portos de comércio na Europa e na África, tomado por seus variados negócios e sociedades nas mais diversas partes, a darem conta de suas conexões mercantes. Investindo em várias frentes, mercador de primeira hora, comerciante de grosso trato, mantinha contatos com o reino, de onde seu irmão controlava os negócios familiares. Fixados em Lisboa e Antuérpia, a família dos Ximenes – "que tinham contratado o comércio de Angola desde 1582 até 1619"[32] – fazia a ponte de Nunes com o Norte da Europa.

Era "largo da consciência nos seus contratos". Cedo se envolvera com o tráfico do pau-brasil, do qual fora arrematador do negócio por

---

30 COSTA PÔRTO, José da. *Op. cit.*, 1968, p. 139.

31 SIQUEIRA, Sonia A. *Op. cit.*, 1971, p. 238.

32 *Idem*, p. 242. O ano de 1582 aparece mais uma vez, devido à ligação de João Nunes com a família Ximenes, como possível data de sua chegada ao Brasil.

algum tempo, obtendo licença para a retirada e transporte do produto até o reino. A exploração desta madeira continuava a trazer altos lucros, sendo considerada, ainda nas primeiras décadas do século XVII, a maior fonte de enriquecimento na colônia depois do açúcar.[33] Participava igualmente do comércio de escravos, tanto dos que vinham de Angola – prática de que mantinha o monopólio, sendo o contratador –, como da escravidão menos lucrativa dos indígenas, "os negros da terra" – já perseguida nesta época –, conforme fica revelado numa carta que lhe havia sido endereçada em 22 de dezembro de 1591, encontrada em seus papéis, assinada por Francisco Madeira, seu subordinado, tratando da necessidade de mandar homens ao sertão visando a captura de indígenas para a venda.[34]

O tráfico de escravos era das atividades mais lucrativas e importantes da economia colonial. Faria Antonil um século mais tarde a célebre afirmação de serem os escravos os pés e mãos dos senhores de engenho, fundamentais para o funcionamento de qualquer tipo de produção na

---

33 Brandão, escrevendo em 1618, retrata o funcionamento desta economia: "O modo é este: vão-nos buscar doze, quinze, e ainda vinte léguas distante da capitania de Pernambuco, aonde há o maior concurso dele, porque se não se pode achar mais perto pelo muito que é buscado, e ali, entre grandes matas, o acham, o qual tem uma folha moída e alguns espinhos pelo tronco; e estes homens ocupados neste exercício levam consigo para a feitura do pau muitos escravos de Guiné e da terra que, a golpes de machado, derrubam a árvore, à qual depois de estar no chão, lhe tiram todo o branco; porque no âmago dele está o brasil, e por este modo uma árvore de muita grossura vem a dar o pau, que a não tem maior de uma perna; o qual depois de limpo se ajunta em rumas, donde o vão acarretando em carros por pousas, até o porem no passo, para que os batéis possam vir a tomar (...) há muitos homens destes que fazem brasil, que colhem em cada ano a mil e a dois mil quintais dele, que todos acarretam com seus bois; e depois de postos no passo, o vendem por preço de sete e oito tostões o quintal, e às vezes mais, no que vêm granjear grande cópia de dinheiro, e por este meio se têm feito muitos homens ricos". BRANDÃO, Ambrósio Fernandes. Op. cit., 1997, p. 112.

34 Esta carta está anexada ao processo 87 da Inquisição de Lisboa.

colônia. O investimento neste tipo de mão-de-obra era alto, e o trabalho contínuo e estafante imposto aos negros, além da expansão da área produtiva, causava uma necessidade permanente de reposição de peças para a produção. Nas regiões produtoras de açúcar, o funcionamento em larga escala dos engenhos causava uma constante procura desta mão-de-obra, tornando-se, senhores de engenho e todos os que dela precisavam, sujeitos às variações de preço e de oferta de cativos. Controlando este abastecimento, fundamental para o funcionamento da economia colonial, fazia-se João Nunes, num certo sentido, controlador da produção de açúcar, de pau-brasil e demais negócios, sinal do seu poder econômico crescente.[35] Era assim um dos homens a ocupar papel fundamental

---

35 Responsável pelo fornecimento de negros, socorrendo senhores endividados necessitados de dinheiro para novos investimentos – inclusive em mão-de-obra –, João Nunes conseguia altos lucros e poder de barganha devido à posição central que ocupava nos interesses colonizatórios. Porém, não deve ser tratado como exceção. Ao descrever a dependência dos senhores de engenho aos mercadores coloniais e os consequentes abusos praticados por esses últimos, Fragoso deixa claro, citando exemplos, não ser o nosso comerciante onzeneiro caso único a se aproveitar do destaque que desfrutava, visto ser situação bastante comum no trópico. O autor ainda esclarece a respeito da transferência de propriedades rurais para o grupo mercantil – em boa parte composto por indivíduos de sangue converso, e cada vez mais fixados na terra: "O senhor, quando adquire no mercado um escravo, na verdade está adiantando, no preço da compra, parte do sobretrabalho que este cativo irá lhe fornecer posteriormente. Em outras palavras, os primeiros tempos de trabalho do cativo servirão para amortizar o desembolso inicial da compra. Isto implica em dizer que na escravidão mercantil há, para o senhor, uma imobilização de capital, ou melhor, uma perda de parte do sobretrabalho que só reaparecerá nas mãos dos comerciantes. Este fenômeno representa, portanto, uma redução da taxa de acumulação senhorial e, mais do que isto, pode significar um endividamento crônico daquela aristocracia, frente ao capital mercantil. Com isto abre-se a possibilidade de falências nas fileiras dos donos de homens e de terras e, por conseguinte, desfazem-se monopólios e amplia-se as chances de mobilidade social para outros grupos sociais". FRAGOSO, João. *À Espera das Frotas: Hierarquia Social e Formas de Acumulação no Rio de Janeiro, Século XVII.* LIPHIS, 1995, *p.* 53-62.

na colonização do Nordeste, indispensável aos interesses da empreitada econômica geradora de rendas para a Coroa.[36]

---

[36] Gonsalves de Mello oferta-nos nota de grande fôlego em sua *Gente da Nação* acerca dos contratos envolvendo João Nunes: "O contrato do pau-brasil é de 1594 e nele João Nunes teve dois sócios (...). O contrato de Angola é do período 1593-1600 (...). Além do seu interesse no pau-brasil e no tráfico negreiro, o nosso 'capitalista' não se desvinculou do açúcar e nos seus dias de Madrid obteve uma provisão régia, datada de 30 de dezembro de 1597, pela qual ficava autorizado a mandar da Vila de Viana a Pernambuco a urca Leão Dourado, para transportar para o Reino somente açúcar, 'sem trazer nenhum pau'". GONSALVES DE MELLO, José Antônio. *Op. cit.*, 1996, p. 78-79n. Sonia Siqueira e Eduardo d'Oliveira França, na introdução ao livro das confissões da Segunda Visitação, complementam: "O contrato do pau-brasil em 1602 foi arrendado a João Nunes Correa e Luís Godim, a ser pago em pólvora de Liège, sistema que, aliás, foi alterado em 1605. Os contratadores teriam que adquirir a pólvora. Aliás, em 1594, já o asientista, João Nunes tinha correspondentes em Amsterdam: Duarte Saraiva e Manuel Nunes Veiga". *Livro das Confissões e Ratificações da Bahia – 1618-1620. Op. cit.*, 1963, p. 172n. Sobre o comércio do açúcar diz, em fins do século XVI, o Licenciado Domingos de Abreu e Brito: "Entendendo-se que os setenta e cinco mil e oitocentos cruzados é somente o que valem os dízimos dos açúcares somente sem todas as outras achegas de dízimos como são mantimentos Gados e todas as outras mais miúças o que tudo junto está arrendado pelos oficiais de V. Magestade a João Nunes em vinte e oito mil e quinhentos cruzados que somente nos açúcares perde a fazenda de V. Magestade quarenta e sete mil e seiscentos cruzados que bem devem dabastar (*sic*) todos os mais dízimos para ganan (*sic*) dos contratadores". FELNER, Alfredo de Albuquerque. *Um inquérito à vida administrativa e econômica de Angola e do Brasil em fins do século XVI, segundo o manuscrito inédito existente na Biblioteca de Lisboa pelo Licenciado Domingos de Abreu e Brito*. Coimbra: Imprensa da Universidade, 1931, p. 58. Por sua vez, José Gonçalves Salvador desconfia de ter realmente exercido João Nunes o contrato de negros de Angola: "Os próprios contratos para o Brasil revelam certa obscuridade. Ignora-se, por exemplo, quem teria arrendado o de Angola quando se findou o de Pedro de Sevilha. Admite-se o nome do hebreu João Nunes Correia ou o de seu congênere Diogo Nunes Caldeira". Afora colocar dúvidas sobre a atuação de Nunes no tráfico com esta pequena informação – o que não é pouco –, chama a atenção em seu trabalho o profundo silêncio de Gonçalves Salvador quanto à participação de

Nunes também tinha interesse na arrecadação de impostos para a Coroa em Pernambuco. "Desde 1590", informa-nos Gonsalves de Mello, "há informação de que se candidatava ao contrato de cobrança dos dízimos reais na Capitania, atuação que o fazia entrar em um número restrito de homens de negócio, pois que tais contratos exigiam capitais vultosos".

Foi durante uma destas disputas pelos dízimos do rei que Nunes, depois de dar seu lanço, dissera a Paulo Bezerra, que com ele concorria e cobrava de João a ratificação de sua oferta, que sua palavra era sagrada, não lhe sendo necessário assinar nada. Também tinha fama de "ladrão dos direitos de El-Rey", sintoma do poder que demonstrava possuir.

Era *petra scandali* também nos negócios. Não satisfeito com sua gama de atividades, Nunes emprestava dinheiro a juros altos aos que precisavam, urgente, de capital. Por esta razão, era conhecido como onzeneiro público. Nos *Diálogos das Grandezas do Brasil*, a função de onzeneiro na colônia ganha explicação:

> vi na Capitania de Pernambuco a certo mercador fazer um negócio, posto que o modo dele não aprovo, pelo ter por ilícito, o qual foi comprar para pagar de presente uma partida de peças de escravos de Guiné por quantidade de dinheiro, e logo, no mesmo instante, sem lhe entrarem os tais escravos em poder, os tornar a vender a um lavrador, fiados, por certo tempo, que não chegava a ano, com mais de 85 por cento de avanço.[37]

---

nosso mercador onzeneiro no comércio de escravos africanos, visto constar do período compreendido pelo autor não só a época em que Nunes atuava em Pernambuco, mas também, posteriormente, o tempo conhecido em que ficou em Lisboa e em Madri. SALVADOR, José Gonçalves. *Os Magnatas do Tráfico Negreiro. (séculos XVI e XVII)*. São Paulo: EDUSP/Pioneira, 1981, p. 41 (ver também, na mesma obra, nota 111).

37 BRANDÃO, Ambrósio Fernandes. *Op. cit.*, 1997, p. 105-106.

Com certa dose de imaginação talvez não fosse demasiado supor, de acordo com as "coincidências" apontadas no texto, que o autor poderia estar se referindo ao próprio João Nunes, que teve durante certo tempo o monopólio dos negros de Angola, fornecendo-os a quem precisasse de mão-de-obra... Assim, era dito ser onzeneiro ou onzenário aquele que praticava onzenas, ou seja: empréstimos a juros abusivos, com lucros mais do que os justos, atividade essa condenada pela Coroa, quando menos, desde a época das *Ordenações Manuelinas*. No título XIV do Livro Quarto, *Das usuras como são defesas. E em que maneira se podem levar*, é caracterizado o crime:

> Nenhuma pessoa de qualquer estado e condição que seja não dê ou receba dinheiro, prata ou ouro ou qualquer outra quantia pesada, medida ou contada a usura, por que possa haver ou dar alguma vantagem, assim por via de empréstimos, como de qualquer outro contrato de qualquer qualidade, natureza e condição que seja e de qualquer nome que possa ser chamado.

Praticar a onzena era ato passível de punição severa, e as leis régias procrastinavam o crime, sendo ainda mais rigorosas com a sua reincidência:

> E aquele que o contrário fizer e houver de receber ganho algum do dito contrato, perca todo o principal que deu por haver o dito ganho e acrescença, se a já tiver recebida ao tempo que por Nossa parte for demandado, e tudo em dobro para a Coroa de Nossos Reinos. E mais: será degredado por dois anos para cada um dos lugares de Além, e isto pela primeira vez que for compreendido e for provado. E pela segunda vez lhe seja dobrada a dita pena, assim cível como

crime. E pela terceira vez, lhe sejam isso mesmo tresdobradas as ditas penas.³⁸

Apesar do aparente rigor utilizado pelas autoridades – pelo menos no que diz respeito às leis – visando proibir a atividade onzenária, esta se fazia constante, a ela recorrendo todos que, por um ou outro motivo, se viam endividados, necessitados de certa quantia para se livrarem de alguma cobrança indesejada ou começarem negócio diverso. Na prática, a lei pouco incomodava. O ato de onzenar era normal e corriqueiro para Nunes. Muitos foram os que a ele recorreram sonhando conseguir saldar seus antigos prejuízos; muitos, dentre estes, enrolavam-se para cumprir o acordo tratado com João no empréstimo: adquiriam novas dívidas. Endividados agora com o poderoso onzeneiro, podiam perder seus bens, hipotecados como garantia de pagamento. Diziam dele não ter "por culpa ou pecado a onzena", sendo "largo em seu negocear", "inventor de ardis e sutilezas de onzenas", "roubador das fazendas dos homens". Não perdoava dívidas, processando-as a quem quer que fosse: era odiado por isso. Nem os parentes que haviam com ele feito empréstimos de dinheiro tinham melhor sorte: seu primo Jerônimo Rodrigues, cristão-novo "que foi mercador e ora está empobrecido", acusava João por suas tragédias pessoais, estando com ódio e inimizade do primo rico, afirmando, diante de seu filho e de alguns conhecidos, "que ainda havia de fazer queimar ao dito João Nunes".³⁹ O irmão Diogo também se queixava, em carta que chegou ao conhecimento do Santo Ofício, dos desentendimentos com João nos negócios, pedindo que fossem feitas suas contas para que pudesse planejar a forma de pagamento. A história que unia João Nunes a Belchior da Rosa e seu filho denunciava os abusos e crenças do comerciante onzeneiro: dizia Belchior ao visitador que, por volta de 1590, visitando a casa de

---

38   *Ordenações Manuelinas. Collecção da Legislação antiga e moderna do Reino de Portugal*. Livro IV, Título XIV, p. 39-44. Reprodução *fac-simile* da edição de 1797. 5 vols. Lisboa: Fundação Calouste Gulbenkian, 1984.

39   "Cristóvão Pais d'Altero contra João Nunes e outros", em 20/12/1591. *Denunciações da Bahia. Op. cit.*, 1922-1929, p. 555-560.

João Nunes com o filho, este, ao lamentar com o onzeneiro contratador de escravos a difícil vida de tabelião do público e judicial que levava e desejava largar, graças às corruptelas e barganhas dos oficiais de justiça, que "fazem erros e falsidades em seus ofícios, tirando a justiça às partes em favor dos que mais podem", ouvira de João que se desenganasse, pois assim faziam todos no mundo, do porteiro ao Papa: escandalizados pai e filho, concluíram que da mesma forma agia Nunes, instruído no "vício e mau costume da terra".[40]

Mas havia também aqueles que o adoravam. Segundo Belchior Mendes de Azevedo, Nunes era admirado pelos neoconversos daquela capitania: tinham "com ele muitas comunicações, assim em secreto como em público, todos os cristãos-novos de Pernambuco, e todos lhe têm muita obediência e respeito".[41]

O sucesso nos negócios fez de Nunes exemplo de empresário com grande astúcia para discernir onde estavam os bons investimentos. Acumulando dinheiro com os contratos que possuía, multiplicando lucros através de suas onzenas, ganhando fôlego com os rendimentos do comércio, contando com o auxílio do capital vindo dos acordos de alémmar, Nunes e os irmãos optaram por investir, de forma mais direta, no beneficiamento do açúcar: Henrique e Diogo tornavam-se senhores de engenho; João, administrador. Aliado à conjuntura pessoal de João – comerciante com ligações internacionais, tratando dos negócios dos engenhos dos irmãos –, o aumento da procura internacional pelo açúcar contava com o investimento da burguesia europeia na criação de novos engenhos que garantissem o fornecimento do produto. Lucro garantido:

---

40 "Belchior da Rosa contra João Nunes", em 03/11/1593. *Denunciações e Confissões de Pernambuco. Op. cit.*, 1984, p. 28-30. Conclui Raminelli: "Na verdade a denúncia se volta também contra a administração local, contra os oficiais e todos aqueles participantes do poder judiciário da Colônia". RAMINELLI, Ronald. *Op. cit.*, 1990, p. 124. E sabia-se de Nunes ter contato com esta gente, aumentando contra ele os desagrados.

41 "[Belchior Mendes de Azevedo] contra João Nunes, Branca Dias, Diogo de Meireles, Phelipe Cavalgante, Fernam de Magalhães", em 24/08/1591. *Denunciações da Bahia. Op. cit.*, 1922-1929, p. 448-453.

o mel da cana adoçava os bolsos de seus negociantes nos dois lados do mar Oceano. A vitória na guerra contra a ameaça francesa na Paraíba, possibilitou o investimento na área conquistada: Em pouco tempo, a região seria das principais na indústria do açúcar: "a Paraíba possuía excelentes terras para mais de quarenta engenhos".[42] A extração da madeira que deu nome à América Portuguesa também oferecia vantagens. O *Sumário das Armadas* reconhece a importância da região para o aumento dos lucros portugueses com a colonização:

> com ter mais pau-brasil que Pernambuco, é muito melhor, porque quanto mais para o Norte, tanto melhor. E com todo o de Pernambuco estar de Pernambuco para a Paraíba, se tirara muito melhor pela Paraíba com ajuda daqueles rios, no inverno, que em Pernambuco, aonde o carreto dele fica muito longe, e muito custoso e dificultoso; fica também o Paraíba mais perto do reino, sem dobrar cabos, e resolutivamente é a melhor capitania do Brasil.[43]

Derrotados os franceses e seus aliados potiguares, "começou logo a fazer um engenho não longe do de el-rei, com que corria um Diogo Nunes Correia",[44] em sociedade com o irmão morador em Lisboa. O instante era propício para a nova atividade, tanto no Brasil – onde aumentava a área

---

42 RODRIGUES, José Honório. *História da história do Brasil – 1ª parte: Historiografia Colonial*. São Paulo: Ed. Nacional, 1979, p. 449.

43 *Sumário das Armadas que se fizeram e guerras que se deram na conquista do Rio Paraíba*. Op. cit., p. 11. Siqueira complementa: "Através do sistema de contratos o rei associava-se ao mercador na esfera dos negócios: na composição dos preços, nos ganhos. A exploração e venda do pau-brasil era ainda em 1618 apontada no *Diálogos das Grandezas* como um meio de enriquecer. O contrato de Pernambuco esteve arrendado entre 1584-1594 por 20.000 cruzados ao ano. A Paraíba, recém-fundada, teve seu contrato arrendado por 40.000 cruzados". SIQUEIRA, Sonia A. Op. cit., 1971, p. 239.

44 FREI VICENTE DO SALVADOR. *História do Brasil: 1500-1627*. Op. cit., 1982, p. 258.

abrangida pela produção açucareira e crescia o avanço dos neoconversos nas propriedades rurais, a viverem um momento de transição da predominância dos cristãos velhos para a dos cristãos-novos, estes, cada vez mais presentes – como na Europa, ávida pelo suprimento de seus mercados –, possibilitando lucros em duas das mais lucrativas frentes da economia colonial: o pau de tinta e a cana-de-açúcar. Referindo-se à conquista da Paraíba e suas vantagens para Portugal e habitantes da colônia brasílica, afirma José Honório Rodrigues:

> A maior guerra que se podia fazer aos franceses era impedi-los de comerciar com o pau-brasil; com isto dominava-se o gentio, inimigo dos burgueses, assenhoreava-se das terras, tão próprias à fábrica açucareira, beneficiavam-se as capitanias próximas, como Pernambuco e Itamaracá, e mais 400 léguas de costa eram incorporadas à comunhão portuguesa.[45]

Impedindo-se a presença francesa no tráfico de pau-brasil e conquistada a região aos rebeldes, o capital dos Nunes seria investido na construção de engenhos. João aumentava o seu poder econômico e social, desse modo alastrado até a Paraíba. Os engenhos eram em sociedade. Henrique Nunes possuía metade deles. Diogo dizia ser dono da outra parte. Não há provas de que João tivesse participação de posse nos engenhos, mas era ele, porém, quem organizava e administrava o funcionamento destes,

---

45 RODRIGUES, José Honório. *Op. cit.*, 1979, p. 449. Possivelmente, a brecha legislativa que permitia a captura e consequente escravização indígena pela "guerra justa" fosse outro dos interesses de João Nunes na conquista da Paraíba, fazendo a Coroa – mais interessada em seus lucros – vista grossa para o problema: "O que é surpreendente no encaminhamento dessa questão é a determinação dos colonos, especialmente do setor açucareiro, em conseguir seus intentos. Enquanto Brasil fosse sinônimo de açúcar e os principais insumos econômicos para sua produção adviessem dos próprios colonos, a Coroa não estaria disposta a ameaçar irracionalmente os interesses destes últimos". SCHWUARTZ, Stuart. *Op. cit.*, 1995, p. 46.

representando e chefiando a parte de Henrique, auxiliando e controlando o trabalho de Diogo.

Seu envolvimento nesta economia desde a fase produtiva até a distribuição do açúcar tornava-o especial: era dos poucos que não dependiam de terceiros para o transporte da safra, o que certamente lhe gerava melhores preços, levando também à necessidade de organizar contatos e garantir mercados. Formava-se uma rede de distribuição, da qual João Nunes Correia, à frente, e seu irmão Diogo, eram mediadores no Brasil, produzindo e exportando açúcar, revitalizando o contato – indireto, via Lisboa – entre o Nordeste brasílico e os Países Baixos, dificultado naquele momento de União Ibérica, em razão das tensões hispano-flamengas. Distribuía açúcar para a Europa: as ligações com Henrique Nunes, na capital do reino, com o cunhado Luís Mendes, na cidade do Porto, e com os Ximenes, na Antuérpia, certamente eram fundamentais para os interesses de João nesta atividade. Assim era a máquina produtiva da família no Brasil, conforme Gonsalves de Mello:

> Diogo Nunes Correia, estava em Pernambuco encarregado e ocupado na instalação e administração de dois engenhos na Paraíba, dos quais o próprio declarou em 1594 que detinha a metade dos capitais aplicados e a outra metade pertencia a seu irmão Henrique Nunes. Entretanto estava subordinado a João Nunes, administrador dos capitais de Henrique em Pernambuco.[46]

E João comportava-se como se senhor fosse, de fato, dos engenhos. Alguns assim pensavam, a exemplo de Belchior Mendes de Azevedo que, denunciando-o, estranhava-lhe o mal vestir "sendo tão rico, que é senhor de dois engenhos na Paraíba". Todavia, João Nunes Correia apresentar-se-ia perante o inquisidor apenas como mercador, sem admitir sociedade na propriedade dos engenhos paraibanos, o que não há provas

---

46 GONSALVES DE MELLO, José Antônio. Op. cit., 1997, p. 65.

que realmente existisse. Mas levava a fama. Apesar de responder à autoridade do irmão Henrique, tinha grande poder de influência, responsável pelo andamento dos negócios da família no Brasil. Diogo, embora se declarasse sócio de Henrique nos engenhos,[47] obedecia às ordens de João, organizador de tudo, a quem cabia a missão de tornar os investimentos produtivos e rendosos, buscando sempre aumentar seus lucros e os capitais familiares. Mesmo que não tivesse posse nos engenhos, era deles o verdadeiro senhor. Inexistem dúvidas de que Diogo devesse satisfação nos negócios ao irmão onzeneiro, e certamente não gostava disso. Na carta que mandou a João, reclamava:

> por algumas vezes tenho pedido e rogado muito a vossa mercê deixe de me perseguir com sua teima, afrontando-me, desonrando-me, acanhando-me, fazendo a cada canto audiências de mim, assim com palavras como com cartas a quem quer.

Após severas críticas quanto ao comportamento de João, Diogo se despedia, de modo pouco fraterno: "seu irmão que nunca nascera".[48]

Respondendo pelos negócios dos irmãos, organizando-os, desfrutava o prestígio deles decorrente. E Nunes tinha consciência do papel que representava, mostrando-se como senhor de engenho quando a situação pedia. Influente para tal o era. Por tudo que representava e pelos negócios com os

---

47 Perguntado quando preso em Pernambuco pelo inquisidor Heitor Furtado sobre sua genealogia e negócios, Diogo Nunes respondia que "...ele réu é lavrador e senhor de um engenho na Paraíba moente e corrente e de outro que se está acabando, nos quais tem somente metade, e a outra metade é de seu irmão Henrique Nunes". *Processo de Diogo Nunes, cristão-novo, solteiro, preso nesta vila pelo Santo Ofício*. Arquivo Nacional da Torre do Tombo, Inquisição de Lisboa, processo 6344.

48 "Traslado de uma carta que mandou Diogo Nunes, irmão do réu João Nunes ao mesmo réu, a qual se achou entre os papéis de réu, quando se fez o inventário de sua fazenda depois de preso". Arquivo Nacional da Torre do Tombo, Inquisição de Lisboa, processo 885.

quais se envolvia, era exemplo de homem ascendente em Pernambuco, dos que impulsionavam a colonização. Convivia com os donos do poder, possuía intimidade com os de grande importância na colônia, julgava a todos como passíveis de suborno, chegando mesmo a comprar alguns. Sabia que despertava inveja e medo; muitas vezes, ódio. O que não conseguia legalmente, alcançava com dinheiro: "rico e poderoso, os da governança e grandes fazem o que ele quer". Seu convívio entre os donos de engenhos, com os quais mantinha relações de negócio – mesmo de onzena, socorrendo-os com recursos para a continuidade da produção açucareira durante os momentos de crise –, se mostrava também amistoso. Entre os representantes da elite, e fazendo parte dela, assimilara a preferência pelos mimos que a fortuna lhe trazia, homem extremamente rico que era.

Nos momentos em que julgava ser preciso, vestia-se com luxo. Muito amigo de João afirmava sê-lo Cristóvão Pais d'Altero, senhor do engenho Santo Antônio da Várzea do Capibaribe, que esteve com ele na luta pela expulsão do inimigo francês da Paraíba, atuando como capitão de um dos guiões na guerra, mas que nem por isso teve dúvidas em denunciá-lo ao visitador. Dizia dele que andava "como qualquer homem pobre, de baeta safada e com os cotovelos rotos". Em dias de festas, contudo, Nunes sabia impressionar. Durante comemorações das bodas de Filipa, filha de Duarte de Sá, vereador mais velho da Câmara de Olinda, lá pelos idos de 1589, João apareceu trajando tafetá, "vestido de festa, com calções e jubão[49] de cetim", causando estranheza a todos que o conheciam e conviviam com sua pouca vaidade, acostumados a vê-lo de forma mais simples. Em outro instante, encontrando Nunes na Bahia por ocasião da viagem que o nosso mercador fizera a convite do Governador, repreendera-o pelo luxo em que se encontrava, "vestido de veludo lavrado, com muitos criados", dizen-

---

49 É provável que o autor da denúncia, e outros que a repetiram, estejam se referindo ao termo *gibão*, tipo de vestidura antiga, que cobria os homens desde o pescoço até a cintura, ou mais provável ainda, espécie de casaco curto que se vestia sobre a camisa. *Novo Dicionário Básico da Língua Portuguesa Folha/Aurélio*. São Paulo: Folha de São Paulo; Rio de Janeiro: Nova Fronteira, 1994/1995.

do, zombeteiro: "que majestade é esta de criados e veludos, e ele se ria".⁵⁰ Também a quinta-feira de Endoenças de 1590 ou 1591 em Olinda fora marcada por um escândalo envolvendo o nome de João Nunes. Belchior Mendes, sempre ele, vira-o

> sair na dita vila todo vestido de novo, de festa e galante, com roupeta de gorgorão e o jubão de seda e todo de festa, cousa nele muito desacostumada, porque é costumado a andar sempre safado e mal vestido, de maneira que se lhe estranha muito o andar maltratado sempre do vestido.

Além de Belchior, o modo de vestir de João Nunes trouxe incômodo aos demais presentes:

> e logo quando ele testemunha o viu sair tão galante e com espada desacostumadamente em tal dia de Endoenças, tomou grande escândalo e murmuração disso, e logo viu também muitas murmurações porque as pessoas que o viam murmuravam e se escandalizavam de o verem assim no dito tempo, e tomavam dele ruim suspeita.⁵¹

Jorge de Almeida confirma o espanto com o comportamento de Nunes ao encontrá-lo, naquela ocasião, paramentado, de "jubão de cetim e roupeta de gorgorão, todo vestido de novo, de festa e galante,

---

50 "Cristóvão Pais d'Altero contra João Nunes e outros", em 20/12/1591. *Denunciações da Bahia. Op. cit.*, 1922-1929, pp. 555-560.

51 "[Belchior Mendes de Azevedo] contra João Nunes, Branca Dias, Diogo de Meireles, Phelipe Cavalgante, Fernam de Magalhães", em 24/08/1591. *Idem*, p. 448-453.

não sendo ele visto nunca em outro nenhum tempo com tal vestido".[52] Bernardo Velho também assistira àquelas cenas, e pinta o quadro com maiores detalhes e tintas mais fortes: Enquanto se preparava, ao lado de outras pessoas, naquele dia de Endoenças, para a procissão noturna, "para se haverem de disciplinar", Bernardo e seus amigos zelosos na fé que com ele se encontravam,

> viram sair de casa de João Nunes, logo fronteira, ao mesmo João Nunes (...), o qual João Nunes viram sair vestido todo de novo, de gorgorão, com botas novas e chapéu novo, e capa nova, de baeta e (...) com espada (...), vestido todo de novo e galante de vestido, que aquela era a primeira vez que o vestiu, e porquanto o dito João Nunes sempre costumava, com quão rico que era, andar mal vestido, roto, safado, que disso era tachado e zombado de todos que nunca trazia roupeta sã, senão sempre vestido roto e velho.

Vendo ao mercador onzeneiro trajado com classe e estreando roupa, os presentes, não acostumados com a atitude de Nunes, principalmente por se tratar de dia consagrado,

> se escandalizaram e suspeitaram mal dele, e começaram logo a murmurar do dito João Nunes que era um cão judeu que, costumado sempre andar roto e safado, saía em quinta-feira de Endoenças vestido de novo e galante, em tempo em que os cristãos velhos costumam sair chãos e sem espadas e que outrossim o dito João Nunes saíra também com camisa de marquesota (...), invocado e concertado, cousa nele não costumada.

---

52 "[Jorge de Almeida] contra João Nunes e outros", em 18/10/1591. *Idem*, p. 530-543.

O comportamento de nosso personagem indicava que tinha noção do ato errado que praticara: "logo o dito João Nunes olhou para a janela, onde ele denunciante com os mais estavam murmurando dele e os entendeu, e se enfiou e mudou a cor do rosto, e passou pela rua arriba".[53]

Para Sonia Siqueira, o mal trajar não era apenas sinal da pouca vaidade que João Nunes aparentava, mas também fruto das funções que desempenhava e de suas origens: "Sua mentalidade transparece nos papéis inquisitoriais, compósita de traços judeus, burgueses, de características empresariais. A prudência do burguês, aliada à poupança do judeu levavam-no a andar mal vestido".[54]

Pelas Ordenações Manuelinas, vigentes àquela época, a utilização de certas armas e vestimentas era restrita a determinados cargos e situações: escrivães, meirinhos, tabeliões e outros oficiais deveriam ter armas – couraças, capacete, cascos, adargas e lanças[55] – e cavalos para cumprirem seus ofícios "ou em outra cousa em que por Nosso serviço lho Mandarmos", sob pena de perderem os cargos ocupados. Quanto aos não autorizados ao porte de armamentos, as infrações eram punidas com severidade. É o que trata o título CVI do Livro Quinto, *Que nenhuma pessoa traga consigo homens escudados*:

> Defendemos, que não seja nenhum tão ousado de qualquer estado e condição que seja, que traga consigo pela Cidade, Vila ou Lugar em tempo de paz,

---

53 "Denunciação de Bernardo Velho", em 04/11/1592. Arquivo Nacional da Torre do Tombo, Inquisição de Lisboa, processo 885.

54 SIQUEIRA, Sonia A. *Op. cit.*, 1971, p. 243.

55 *Couraça*: armadura de couro ou de metal destinada a proteger as costas e o peito; *capacete*: armadura de copa oval, para a cabeça; *casco*: antiga armadura para a cabeça: capacete; *adarga*: antigo escudo oval de couro, com duas braçadeiras: uma estreita, para a mão, e outra larga, para o braço (ou *adaga*: arma branca, mais larga e maior do que o punhal, com um ou dois gumes); *lança*: arma ofensiva ou de arremesso: haste de madeira terminada por ferro pontiagudo. *Novo Dicionário Básico da Língua Portuguesa Folha/Aurélio. Op. cit.*, 1994/1995.

> ou trégua, homens escudados, nem adargados; e que qualquer que os trouxer se for Fidalgo, ou pessoa de estado, pela primeira vez, pague cinqüenta cruzados, pela segunda, cento, e pela terceira, além dos cem cruzados haverá a mais pena que for Nossa Mercê; e se for Escudeiro, ou Cavaleiro, pague vinte cruzados por cada vez, e sendo nisso compreendido três vezes, ou mais, haverá a mais pena de degredo que for Nossa Mercê; e se não for Escudeiro, ou Cavaleiro, e for de mais baixa sorte, pela primeira vez pague três mil reais, e pela segunda vez pague seis mil reais, e pela terceira, perca todos os bens que tiver.

Algumas exceções eram permitidas quando se conseguia o consentimento da Coroa:

> E porquanto Nós algumas vezes Concedemos por alguns justos respeitos a algumas pessoas que possam trazer armas ofensivas, e defensivas, Declaramos, que Nossa tenção é, que somente se entenda que possam trazer couraças, e casco, e saia de malha, ou jubão e calças de malha, e que as tragam de sorte que andem honestamente cobertas, e nenhumas armas ofensivas não poderá trazer por bem da dita licença, senão espada, e punhal ou adarga.[56]

Mesmo que tivesse João Nunes – graças ao seu poder econômico, conhecimento dos principais da capitania e participação na conquista paraibana – conseguido autorização para portar as ditas armas, não teria respeitado o dia sagrado dos cristãos, nisto cometendo afronta, onde todos costumavam andar desarmados e com trajes mais condizentes com

---

56 *Ordenações Manuelinas*. Livro V, Títulos cv e cvi, p. 305-309. *Op. cit.*, 1984.

sua condição social, servindo para aguçar as desconfianças sobre sua religiosidade, assunto esse que trataremos adiante.

Não há dúvida de que o vestir-se de Nunes representava os seus interesses e poder. Enobrecia-se ao bem trajar, exibindo-se no uso de insígnias da nobreza. Trajando-se como os nobres, apesar de lhe ser defenso, desrespeitando tradições ao portar espada – comportamento que não poderia ter, sem autorização expressa, nem em outros dias –, Nunes mostrava suas pretensões sociais, assim como fazia reluzir em seus veludos e cetins o prestígio da fortuna possuída e a sua importância no meio em que vivia. Homem de negócios variados, soube acumular riquezas, chegando a cifras espantosas para a época, o que insistia em mostrar a todos: causava temor por pensar tudo poder. E assim agia, "sendo muito poderoso nesta terra e fazia e desfazia quanto queria e as justiças e todos da terra faziam tudo o que ele queria, a torto e a través". Por tudo isso, João Nunes tornara-se o mais bem acabado exemplo na colônia da transformação ocorrida na sociedade da qual fazia parte: um homem do mercado que usava as insígnias da nobreza.

Como ele, outros havia. Fernão Cardim apontava para os exageros em que viviam os donos de engenho e seus familiares:

> Vestem-se, e as mulheres e filhos, de toda a sorte de veludos, damascos e outras sedas, e nisto têm grandes excessos. (...) Os homens são tão briosos que compram ginetes de 200 e 300 cruzados, e alguns têm três, quatro cavalos de preço. São mui dados a festas. (...) São sobretudo dados a banquetes, em que de ordinário andam comendo um dia dez ou doze senhores de engenhos juntos, e revezando-se desta maneira gastam quanto têm, e de ordinário bebem cada ano 50 mil cruzados de vinhos de Portugal; e alguns anos beberam oitenta mil cruzados dados em

rol. Enfim, em Pernambuco se acha mais vaidade que em Lisboa.⁵⁷

Conforme afirma Stuart Schwartz, a nobreza não significava simplesmente o título real, tão raro entre os habitantes da colônia: grande parte dos senhores de engenho era de cristãos-novos – alguns mesmo de todos os costados –, o que impedia o acesso à nobreza, visto que "implicava desvinculação de qualquer estigma de heterodoxia religiosa, origens em ofícios mecânicos ou ligação com as 'raças infectas'". De acordo com o autor,

> apesar da aspiração ao status de nobreza, os senhores de engenho constituíram-se essencialmente em uma aristocracia de riqueza e poder, que desempenhou e assumiu muitos dos papéis tradicionais da nobreza portuguesa mas nunca se tornou um estado com bases hereditárias.

O *ser nobre* dependia, na colônia, de outros fatores:

> era uma questão de onde se vivia e o que se fazia, tanto quanto de um título nobiliárquico. Na falta deste, os senhores de engenho demonstravam seu *status* de nobreza levando uma vida senhorial, com uma grande propriedade fundiária, muitos escravos e agregados e a responsabilidade de prover a defesa da região.⁵⁸

Após o período holandês, a "nobreza da terra" ganharia sentido ainda mais intenso, como provam as disputas ocorridas entre os habitantes da não mais imponente Olinda e do emergente Recife, que deram origem ao

---

57 CARDIM, Fernão. *Op. cit.*, 1925, p. 334-335.
58 SCHWARTZ, Stuart B. *Op. cit.*, 1988, p. 230-231.

episódio conhecido como Guerra dos Mascates. Outra forma de ascensão social a encher os olhos dos comerciantes, era o ingresso em irmandades e confrarias religiosas, "primeiro degrau na ascensão social (...), criadas pela comunidade mercantil".[59] Sinônimo do *status* que alcançava a classe mercantil, estas entidades traziam vantagens pessoais e reconhecimento público aos seus participantes. Para estes mercadores cristãos-novos, significava o fortalecimento da noção geral de sua correta e verdadeira adaptação à religião católica. Contribuíam com vultosas somas para estas instituições, ocupando posições de destaque em seus quadros. João Nunes fazia parte, como mordomo, da Confraria do Santíssimo Sacramento, uma das mais importantes de Pernambuco.

Morava também em uma região nobre. Quando não se encontrava na Paraíba a resolver os problemas que diziam respeito aos engenhos dos irmãos, ou no mar, cuidando de seus contratos, João Nunes permanecia em sua casa na Rua Nova, a principal da vila. O sobrado devia ser bem cuidado, a levar em conta as obras que por lá fazia, como o retelhamento de que lhe resultou a acusação do crucifixo em local impróprio. Nesta rua, realizava-se o grosso do comércio e a disputa pelos dízimos de el-rei. Era da mesma forma o endereço dos de maior destaque na capitania. A Rua Nova, explica Costa Pôrto, era "a mais importante" de Olinda, "ponto principal de encontros", "residência da gente de mais categoria, digamos, em suma, a rua chique, da vila".[60]

Entre os vizinhos de Nunes na prestigiosa rua, muitos senhores de engenho, que passavam parte do ano resolvendo seus assuntos na cidade; comerciantes, a tratar dos contratos e despachos; religiosos. Também lá se localizavam as residências do donatário e do escrivão da fazenda e da alfândega de Pernambuco, além da Igreja Matriz do Salvador do Mundo – a que ficava mais próxima da casa de João Nunes –, e "da qual se avistavam ao longe", segundo Gonsalves de Mello, "as embarcações ancoradas no porto do

---

59 MELLO, Evaldo Cabral de. *A fronda dos mazombos. Nobres contra mascates: Pernambuco 1666-1715*. São Paulo: Companhia das Letras, 1995, p. 133.

60 Costa Pôrto, José da. *Op. cit.*, 1968, p.118-119. De acordo com o autor, a rua mudou algumas vezes de nome: de Rua Nova para Rua do Paço e, mais tarde, Rua Azeredo Coutinho.

Recife".⁶¹ Tendo os importantes como vizinhos, vivendo ao lado de alguns de seus inimigos, podemos dizer que Nunes morava na teia da intriga: nesta mesma rua, presenciaram os seus abusos, e os vizinhos de ontem tornar-se-iam denunciantes de primeira hora com a chegada da Inquisição.

A privacidade das residências de então, como se sabe, deixava muito a desejar, colaborando com o cartaz que se dava a certos escândalos: muitos dos vizinhos espreitavam entre as paredes, ouvindo atrás das portas, espiando a rotina de quem morava do outro lado. Sabia-se de tudo e os segredos, eram públicos. Relatando os deleites sexuais e mapeando o espaço erótico colonial, Ronaldo Vainfas mostra quão devassada era a moradia naquela época: "As casas coloniais, fossem grandes ou pequenas, estavam abertas aos olhares e ouvidos alheios, e os assuntos particulares eram ou podiam ser, com freqüência, assuntos de conhecimento geral".⁶²

Resta ainda lembrar que no período colonial, um bom número das casas nas cidades ficava fechada durante a maior parte do ano, visto que parte da população morava nos engenhos, lá ficando enquanto fosse época de plantio, colheita ou preparação do açúcar, participando diretamente os senhores de engenho destas fases, a tomarem conta do trabalho. A cidade só enchia em épocas de venda ou exportação da produção. Sérgio Buarque resume:

> as terras dedicadas à lavoura eram a morada habitual dos grandes. Só afluíam eles aos centros urbanos a fim de assistirem aos festejos e solenidades. Nas cidades apenas residiam alguns funcionários da administração, oficiais mecânicos e mercadores em geral.⁶³

Mercador de relevo, tomado por seus vários negócios, Nunes passava boa parte de seu tempo na cidade, esperando a chegada de

---

61 GONSALVES DE MELLO, José Antônio. *Op. cit.*, 1996, p. 68.

62 VAINFAS, Ronaldo. "Deleites sexuais e linguagem erótica na sociedade escravista". *In*: SOUZA, Laura de Mello e (org.). *Op. cit.*, 1997, p. 227.

63 HOLANDA, Sérgio Buarque de. *Op. cit.*, 1996, p. 90.

embarcações que traziam os produtos que comerciava, ou então, carregando-as com o açúcar produzido nos engenhos da família ou com as toras de pau de tinta.

Certamente melhor que a maioria das casas da Olinda *ante bellum*,[64] das poucas moradias a possuir um andar a mais que o próprio chão, a residência de Nunes não escapava de olhos e ouvidos intrigados e intrigantes. Uma fala em tom pouco mais elevado de alguém de dentro das residências ou um passar de olhos pelas dependências alheias, de curiosos de fora, podiam revelar fatos inimagináveis e detalhes incriminadores, botando a perder segredos ou particularidades. Tempos depois, já na Bahia do século XVII, escreveria Gregório de Matos Guerra, em sua mordacidade habitual, com a pena afiada e desafiadora de sempre, reclamando desta mesma prática desabonadora, porém, ainda costumeira:

> Em cada canto um freqüentado olheiro
> Que a vida do vizinho e da vizinha
> Pesquisa, escuta, espreita e esquadrinha
> Para levar à Praça, e ao Terreiro.[65]

Por esta causa, muitos compareceram ao Santo Ofício para divulgar o que testemunharam.

Em resumo, dentre os cristãos-novos que desembarcaram no Brasil, João Nunes não foi só mais um número. Participante de uma engrenagem internacional bem montada, cabeça dela no Brasil, daqui controlava seus negócios e os da família, variados e lucrativos, com o aval do irmão lisboeta, o descontentamento do irmão paraibano e o apoio dos mercadores judeus do Norte da Europa. Juntara fabulosa fortuna, mas continuava avaro. Fazia onzenas gritantes, mas nem por isso era menos acionado quando a alguém faltava capital para tocar os empreendimentos. Cobrava altos juros, mas também dava dinheiro aos que, ao chegarem ao Brasil com os bolsos cheios apenas de planos

---

64 A expressão é de Evaldo Cabral de Mello.

65 GUERRA, Gregório de Matos. *Apud* VAINFAS, Ronaldo. *Op. cit.*, 1997, p. 221.

e incertezas, lhe pediam ajuda inicial. Vendia escravos e recolhia os dízimos reais. Transportava o açúcar que era produzido nas fazendas do clã, na mesma Paraíba onde arriscara a vida expulsando os franceses. Tinha amigos importantes, inimigos idem, de governadores a padres. Dos que não lhe abriam portas, comprava as chaves, com subornos e ameaças. Burlara a lei e ameaçara um homem por amor a uma mulher casada: conquistou-a. Era, em todos os sentidos, um exemplo de homem de negócios – *homo oeconomicus* – que conseguira êxito em tudo que botasse a mão. Nosso Midas do Trópico conseguira-o. Boa parte da sociedade não o suportava e aos seus sucessos porque João Nunes emblematizava o processo de mudança social em andamento entre os cristãos separados pelo sangue: o dinheiro comprava o prestígio que o nascimento abortara e, com isso, os cristãos-novos ganhavam novo alento. Fragmentada na disputa pelo crescimento da importância dos neoconversos em seu meio, a sociedade colonial veria multiplicar os seus problemas e conflitos com a chegada do visitador inquisitorial.

CAPÍTULO 3
O "rabi" laico e a
profanação escatológica

Tal como é preferível esterilizar um ambiente hospitalar demais do que de menos, também aparecia como preferível combater o diabólico em excesso, e não em falta.

Carlo GINZBURG, *O Queijo e os Vermes*

Catolicismo "em colônias"

DIFICULTADO PELA CARÊNCIA inicial de religiosos a darem conta da imensidão continental dos domínios portugueses na América, não apenas devido ao seu reduzido número – em contraste com os "mais frades que terra" que Gil Vicente enxergara tempos antes no reino[1] –, mas também pelo pouco preparo demonstrado por boa parte dos que aqui chegavam, o funcionamento da máquina eclesiástica no espaço brasílico era comprometido nas próprias ramificações que organizavam o contato entre os colonos e a Igreja. Não eram raros os representantes do catolicismo que haviam sido mandados à região colonial para cumprirem degredo, punição pelos crimes de heresia cometidos na metrópole: o mais das vezes, culpas de sexo.

Chama a atenção o envolvimento destes representantes da Igreja em casos hetero e homossexuais, em que ganha destaque o "horrendo e abominável pecado nefando da sodomia", com certo motivo batizado também de "vício dos clérigos". No reino, muitos fizeram fama. Estudando a subcultura a que chama *gay* em Portugal entre os séculos XVI e XVIII, Luiz Mott cita exemplos de certos religiosos que ganharam denominações desrespeitosas em consequência da *luxúria-herética*. Na metrópole seiscentista encontrou vários: o padre João Mendonça era conhecido como "Arquisinagoga"; o clérigo Antonio Fernandes atendia pelo nome de "Galega"; um outro clérigo, da Sé, era "a Mosca"; em Barcelos, o padre Antonio de Antas Barreto ouvia pelas ruas o chamado de "clérigo rabista". Já a residência do padre Santos de Almeida, em Lisboa, era conhecida, entre outros adjetivos não menos brandos, como sendo "escola e alcouce de

---

1 *Apud* SARAIVA, António José. *Op. cit.*, 1994, p. 45.

fanchonos", ou – referência direta ao desprezo à figura dos cristãos-novos, interligando judaísmo e homossexualidade –, "sinagoga de somítigos".²

Nos domínios brasílicos, a realidade não seria diferente. Desperdiçando a nova chance em áreas tropicais, acabavam muitas vezes por recaírem em suas antigas faltas no novo e menos ameaçador ambiente de cobranças: era conhecida a ausência de rigor na aplicação da Fé Católica na colônia. O ofício religioso não era, na prática, limite para atos escusos perante os olhos da Igreja. Pelo contrário, por vezes se aproveitavam do prestígio da posição para abusar das situações ou coibir suas vítimas e possíveis testemunhas – jogos mesquinhos em que, ao mesmo tempo, desprezavam e abusavam da inviolabilidade do sacramento da penitência. Depois de absolver a cristã-nova Antônia Correia dos pecados que declarara, ainda dentro do confessionário, o vigário de Sergipe do Conde, Antônio Fernandes, galanteava sua confitente dizendo que, se ela fora sua mulher, "e que se ela quisesse alguma coisa, que lha pedisse, que ele faria tudo".³

O prestígio do cargo, entretanto, não lhes tornaria a vida mais fácil, visto que a imunidade eclesiástica era bastante relativa. Não resta dúvida, todavia, acerca da relativa proteção que receberam da Igreja, necessidade mais imediata de cristianizar ao custo que fosse preciso o ambiente colonial: ninguém, nem mesmo padres devassos, era indispensável aos interesses da cristianização do Brasil. Apesar da influência e pseudo-proteção de que gozavam, não foram poucos os clérigos acusados ao Santo Ofício, ou os que correram para se confessar ao inquisidor – ora por arrependimento, ora por medo de que seus erros fossem revelados através de terceiros, temendo, claro, o rigor da Inquisição com aqueles que deveriam dar exemplo de bom comportamento.

Na Bahia quinhentista, o cônego Jácome de Queiróz confessou o modo como seduziu uma menina de seis ou sete anos: enchendo-se de

---

2   MOTT, Luiz. *Pagode português: a subcultura gay em Portugal nos tempos inquisitoriais*. Revista Ciência e Cultura; 40 (2): 120-139, 1988. Conferir ainda, do mesmo autor, *Bahia: Inquisição & sociedade*. Salvador: EDFBA, 2010.

3   "Confissão de Antônia Correia, cristã-velha, no tempo do Recôncavo, em 24 de janeiro de 1592". *Confissões da Bahia. Op. cit.*, 1997, p. 250-251.

vinho, e "cuidando que corrompia a dita moça pelo vaso natural, a penetrou pelo vaso traseiro". Repetira o ato com uma sua cativa de sete anos, e de quase nada se arrependera: lamentava-se apenas pela "desatenção" em errar de vaso.[4] Sodomitas e, também por vezes, fanchonos. O nosso já conhecido Frutuoso Alvares, vigário de Matoim, recordemos, já havia perdido a conta, quando se confessou a Heitor Furtado, dos moços e mancebos com os quais se envolvera amorosamente, sendo ora o agente ora o paciente em seus cometimentos.

Heresias outras, de todos os tipos: em Pernambuco, o vigário Francisco Pinto Doutel foi acusado perante Heitor Furtado de dizer missa tomado do vinho.[5] Apressado para não atrasar o jantar oferecido ao bispo que visitava Olinda e tendo antes de abençoar um defunto na cidade, o vigário Simão de Proença repreendia o seu tesoureiro, que o atrasara indo buscar um crucifixo para a tarefa: "que aguardais? dai a cruz ao diabo e vamos"![6] O desconhecimento das leis cristãs também incomodava o poder católico. Padres que repetiam em voz alta nas missas errôneas conclusões e conselhos religiosos, cimentando preconceitos e escandalizando a plateia que procurava palavras de bênção e conforto para a alma: ensinavam o mau exemplo, ao invés de corrigi-lo. O mesmo Francisco Pinto Doutel, celebrando a missa do Dia de Reis, disse que os Reis do Oriente ofereceram ao Menino Jesus "ouro, como o senhor do mundo, e incenso, como a Deus do céu, e mirra como a homem que era e que havia de ser morto e sepultado, e consumido, e mirrado na sepultura".[7] Em conversa durante o dia de finados, o capelão de engenho Gaspar Soares pronunciou perante

---

4   "Confissão do cônego Jácome de Queiróz, mestiço, no tempo da graça, em 20 de agosto de 1591". *Idem, p.* 102-103.

5   "Gaspar Duarte contra Amador Gonçalves e vigário Francisco Pinto Doutel", em 18/01/1594. *Denunciações e Confissões de Pernambuco. Op. cit.*, 1984, *p.* 154-157.

6   "Thomé de Gouvea contra Balthazar da Fonseca, Fructuoso Pereira e o vigario Simão de Proença", em 13/12/1594. *Idem, p.* 370-371.

7   "Jeronimo Pardo Barros contra o vigario Francisco Pinto Doutel", em 08/02/1594. *Idem, p.* 231-232.

os demais presentes, quando o assunto atingiu a figura de Cristo, "judeu, cão, perro, arrenegado, pois quis nascer dos judeus",[8] o que demonstra o requinte das culpas atribuídas ao grupo descendente do povo judaico, e a situação delicada do convívio entre cristão novos e velhos na colônia, situação ainda mais delicada se lembrarmos que estes termos estão sendo pronunciados por um sacerdote, "zeloso" orientador das mentalidades e conceitos da população.

O comportamento dos colonos não se diferenciava em larga escala do modelo reprobatório de certos representantes do clero, que lhes serviam de espelho no parco cuidado em relação à Fé e suas obrigações. Distantes do reino, submetidos a uma vigilância clerical realizada sem a mesma constância e intensidade da que era exercida na metrópole, o catolicismo acabou no Brasil por ganhar novos contornos: amenizadas as cobranças sobre os atos praticados, avançou na direção de um diminuto apego às missas, e também do sincretismo. A falta de uma Igreja fortemente organizada colaborou para a inclusão de práticas que lhe eram originariamente estranhas; aumentadas as distâncias temporal – da época de convívio entre judeus e cristãos – e física – da Igreja reinol, pronta a debelar atitudes anticristãs, principalmente as judaicas, motivo primeiro para a instauração da Inquisição em Portugal –, muitos dos antigos costumes e práticas judaizantes passavam despercebidos aos olhos da população, sendo adotados, sem uma real noção de seus atos, por praticamente toda a sociedade.

A exploração da madeira para tintura e, posteriormente, da cana-de-açúcar e seus derivados, acabou por trazer habitantes não só do Portugal inaugurador daquele esquema na região, mas também de espanhóis e demais europeus. Para os trabalhos necessários, chegavam negros rebaixados à escravidão, mas que traziam consigo crenças e práticas da antiga fé seguida. Somados os autóctones e sua contribuição, formava-se um caldeirão não só étnico mas, principalmente, cultural, onde as crenças africana e ameríndia permaneciam ativas, disfarçadas em santos católicos e práticas

---

8 "Padre Antonio André contra o padre Gaspar Soares e Simão Falcão", em 21/01/1594. *Idem*, p. 159-161.

envolvendo rituais cristãos, forma de resistência nem sempre inconsciente. Exemplo desta maleabilidade de fronteiras religiosas é a existência de várias santidades no período colonial, ou mesmo a personificação de divindades africanas em representantes do Céu cristão.[9] O sincretismo religioso brasílico não era, todavia, fruto unicamente da mistura entre brancos, ameríndios e africanos: adaptações à nova realidade colonial causavam diferenças, afrouxamentos nos rigorismos que exigia a Fé. Concomitantemente, eram repetidas no Brasil – embora de forma mais amena – diferenças que dominavam o quadro europeu. A nascente crença protestante (embora esta, nem de longe, representasse ameaça do calibre em que era considerada a heresia judaica no mundo português) e, fundamentalmente, o problema dos conversos de origem semítica e seus descendentes, os cristãos-novos, criavam feridas no bom andamento do catolicismo colonial e ameaçavam a pureza religiosa nos trópicos.

Contudo, o aumento da penetração neoconversa na economia e sociedade brasílicas era entendido como uma ameaça à posição hegemônica dos cristãos velhos: sofrendo discriminações por sua origem, sendo vistos de forma depreciativa, os cristãos-novos eram confundidos e passavam a responder pelo comportamento herético de sua parcela de criptojudeus. As disputas e ódios sociais gestavam anseios e expectativas de atacar o alheio, esfacelando-o, se possível. A busca de controle e eliminação da ameaça criptojudaica causava a necessidade de uma maior vigilância e intimidação aos praticantes de heresias, e a gente da Nação tornava-se ainda mais ameaçada.

Rapidamente, as divergências entre os cristãos separados pelo sangue deixavam de ser pessoais para se tornarem coletivas: qualquer crime contra a Igreja, qualquer heresia que ameaçasse a pureza da religião e fé católica no trópico, eram vistos como deformadores do movimento colonizatório e tidos como ofensa grave às crenças da população de colonos como um todo. Causava rancor da mesma forma entre a massa desprovida de todo tipo de vantagens, suscitando o desagrado popular com o

---

9   Souza, Laura de Mello e. *Op. cit.*, 1986, p. 86-100.

governo refletido na elite econômica, mormente comerciantes e senhores de engenhos, ofícios vistos como nichos de cristãos-novos que, figuras em destaque naquele momento da colonização, passavam a ser vítimas de comentários vários, quase nunca positivos. Assistia-se com desconforto ao progresso material dos neoconversos, indivíduos considerados impuros e ameaçadores do reinado católico na colônia. Criava-se o campo para a ação do Santo Ofício. As denúncias ao Tribunal Inquisitorial eram uma forma de fazer justiça e impedir o avanço herético do sangue maculado. Durante os anos em que se encontrará visitando algumas das capitanias nordestinas do Brasil colônia, o Santo Ofício da Inquisição de Lisboa assistirá e será ator das transformações ocorridas na sociedade, fomentando o temor das delações e o florescer de vinganças até então ocultas, menos pela harmonia no convívio social entre neoconversos e cristãos puros do que pela simples falta de oportunidades de acusar e coibir faltas alheias, vinganças estas que seriam acolhidas pela curiosidade e astúcia do inquisidor.

Certamente menos presente e ameaçador do que julgava a Inquisição, o criptojudaísmo resistia, alcançando sobrevida apesar das perseguições por todos os lados – embora perdesse força ou, ao menos, sofresse transformações com o tempo. O movimento, porém, tinha mão dupla: enquanto alguns dos cristãos-novos abraçavam a fé cristã pelo decreto real de 1497 que a isso os obrigava, outros o faziam pela sincera entrega da alma, renegando as verdadeiras origens. Os crescidos e educados em ambiente cristão se embrenhavam no nicho católico, ignorando o significado de muitas das suas tradições familiares, alguns aderindo tão francamente à religião do reino que acabavam por ingressar no clero; outros faziam parte de irmandades, ou integravam as Misericórdias. Por sua vez, muitos neoconversos se diziam judeus sem ter o mínimo conhecimento da fé de Israel: cristãos-novos que desconheciam o catolicismo, judeus que não entendiam o judaísmo – desconhecimento de ambas as religiões, enfim. Cada caso, porém, pede o bom senso, precisa ser analisado individualmente, num amplo quadro de variações de ligação ou pertença ao criptojudaísmo que encontra intensidades e significados diversos dependo de um sem-número de fatores e particularidades.

O catolicismo abrasileirou-se, por fim. É o que se vê na quase totalidade das páginas assinadas por Heitor Furtado de Mendonça e seu fiel notário Manoel Francisco. Nas perguntas feitas a acusadores e acusados e em anotações às margens dos depoimentos, o inquisidor e seu assistente deixam vazar dos documentos produzidos o espanto que os tomara, visivelmente assustados com o desfile de heresias que solenemente eram levados a ouvir, calcadas na fraca e distorcida fé que presenciavam durante as sessões de confissões e denúncias de colonos ou indivíduos de passagem pela região brasílica.

Para Laura de Mello e Souza, o catolicismo colonial era resultado da "tensão entre o múltiplo e o uno, entre o transitório e o vivido", construído a partir da "multiplicidade de tradições pagãs, africanas, indígenas, católicas, judaicas", inserida no "cotidiano das populações. Era, portanto, vivência".[10] Vivências diversas, percepções distintas de popular, constantemente transformadas pelo ir e vir de colonos: noção elástica numa sociedade em formação. E essa vivência religiosa ganhava na colônia aspectos de popular, embora longe estivesse de representar o ateísmo desta sociedade. Significava menos hostilidade do que vivência íntima, subjetiva e profana com a religião.

A aparência dantesca do desregrado catolicismo colonial, é bom ressaltar, não se restringia às ações praticadas por cristãos-novos, considerados culpados das mazelas gerais. A miscigenação étnica tornou-se também miscigenação religiosa. O convívio num ambiente menos repressor acabou por afrouxar os limites da fé católica. Para o desespero do visitador e da empreitada colonizatória, cristãos velhos mantinham as mesmas práticas de desacato e de desrespeito à religião e seus símbolos sagrados que os neoconversos, avivando-se o contato entre os grupos de sangue diverso pela troca de experiências: circularidades culturais. A exemplo de Fernão Cabral de Taíde, o rico senhor de engenho do recôncavo que queimara viva uma escrava e mantivera em seus domínios uma seita que misturava tradições indígenas com os dogmas católicos, líderes gentios nomeados com nomes de santos cristãos, num leque

---

10 *Ibidem*.

que aponta desde o deus-pajé Tupanasu à Tupansy-Virgem Maria: idolatria gentílica; santidade afro-ameríndia.[11]

Não são poucas ou isoladas as referências quanto à humanização de santos, colocados de castigo, virados para a parede, postos de ponta-cabeça ou escondidos até que os pedidos a eles feitos fossem atendidos. Ou ainda, tendo suas imagens com os olhos perfurados e merecendo adjetivos de ofensa quando os solicitantes perdiam a esperança de ver realizadas as promessas feitas: pequenas vinganças dos desejos recusados. Dar forma humana a santos e divindades caíra assim no gosto popular, rebaixados às dificuldades do trópico para socorrer os aflitos ou serem punidos quando não atendiam aos apelos.

"Bom" exemplo é o de Salvador da Maia, "cristão-novo manco de um pé", que fora acusado de pregar com uma faca ou punhal a mão ou braço "da figura de Cristo crucificado". Em outra ocasião, quando o mordomo Antonio Gonçalves, "d'alcunha o Manquinho", pedia esmolas para a sua confraria, Salvador da Maia, "fingindo que queria dar esmola dera uma figa dentro da bacia".[12] Temeroso de acusações que pudessem surgir contra ele, Simão Pires Tavares apressou-se para confessar à Mesa Inquisitorial que jurou por muitas vezes pelos tutanos e tripas de Cristo, quando adolescente.[13] O carpinteiro Jorge Dias, revoltado com a doença que o molestava, desabafou perante a mulher do pescador Simão Pires, que "se aqui estivera Jesus Cristo diante de mim, quebrara-lhe a cara".[14] A cristã-nova Maria de Peralta tomou da mão de sua anfitriã na Bahia, a cristã-velha Anna de Aveloa, uma

---

11 VAINFAS, Ronaldo. *Op. cit.*, 1995.

12 "[Diogo Martins Seixas] contra Salvador da Maia, Miguel Fernandes", em 25/08/1591. *Denunciações da Bahia. Op. cit.*, 1922-1929, p. 464-465.

13 "Confissão de Simão Pires Tavares, cristão velho, na graça, que tem raça de cristão novo", em 06/02/1594. *Denunciações e Confissões de Pernambuco. Op. cit.*, 1984, p. 23-25.

14 "Caterina Fernandes contra Francisco Antunes, Lazaro Aranha, Jorge Diaz, Diogo Lopes", em 30/10/1591. *Denunciações da Bahia. Op. cit.*, 1922-1929, p. 543-544.

estátua do menino Jesus, dando-lhe bofetadas em ambas as faces, e dizendo para a estátua: "ora, tomai".[15] Em relação à rotina de trabalho das capitanias açucareiras, repete-se o quadro: o cristão-novo Fernando Rodrigues, mestre de açúcar na capitania de São Vicente, dizia que meteria Nossa Senhora em uma forma de açúcar.[16] Numa discussão entre Alvaro Velho Barreto e um caldeireiro que lhe fazia obras, o primeiro ameaçou o prestador de serviços afirmando descrer de Deus e da Virgem Maria se não fizesse o caldeireiro pagar o que lhe devia.[17] Gaspar Dias, cristão-novo, indo um dia para a roça com uma corda na mão, descontente com a vida que levava, comentara: "se eu aqui achara a Jesus Cristo, prendera-o com esta corda".[18] Já Clara Fernandes, ao açoitar um crucifixo, reclamava de sua sina, revoltada com a vida na colônia, repetindo uma espécie de ameaça contra a figura de Jesus, "has de me dar de comer, que tu me trouxeste cá".[19]

As aproximações das divindades com o mundo material eram constantes, isso quando não se viam humanizados por completo: por tudo jurava-se em vão, invocando os nomes de Deus – "cornudo", "corno", "somítigo", "fanchono" –, de Cristo – "bendito sea el carajo de mi señor" – e de Maria, a todo momento questionada quanto à sua virgindade, retratada com os seios à mostra, citada em juras por suas partes pudentas, chamada de puta com todas as letras: ganhava contexto erótico a intimidade com os

---

15 "Anna de Aveloa contra Maria de Peralta", em 27/08/1591. *Idem*, p. 485-487.

16 "Luiz da Gram, da Companhia de Jesus contra Jorge Fernandes, Antonio Serrão, Anna Roiz, Villa Novo", em 14/08/1591. *Idem*, p. 329-331.

17 "Gaspar Fragoso contra Alvaro Velho Barreto", em 17/11/1593. *Denunciações e Confissões de Pernambuco. Op. cit.*, 1984, p. 83.

18 "Felipe Estacio Sintra, sacerdote, contra Nuno Fernandes, Gaspar Dias, Affonso çorgião", em 12/08/1591. *Denunciações da Bahia. Op. cit.*, 1922-1929, p. 313.

19 "Isabel Ramos contra Clara Fernandes cristã nova e um mulato", em 31/07/1591. *Idem*, p. 260-262.

símbolos do catolicismo.[20] Assim, Bento Teixeira, estando na rua a conversar, levantou a voz certo instante e jurou "pelas obras mais vergonhosas de Nossa Senhora" e, numa outra ocasião, "pelo pentelho sagrado da Virgem Maria". Língua afiada que também tinha o falecido marido de Catharina Fernandes que ouvira, na companhia da filha, o companheiro jurar pelo membro feminino da Virgem, rindo-se quando repreendido por estas.[21]

Numa região de alta mobilidade social, em que viagens eram constantes e podiam se alongar por anos, sofrendo-se o risco de que a distância do companheiro se tornasse regra e não exceção, encantos envolvendo ritos e símbolos católicos, deturpados de suas significações primitivas, faziam sucesso e eram procurados para todas as crises e problemas de amor: conquistava-se o ser amado e amansava-o – a sua fidelidade, enfim – repetindo em sua boca as palavras da consagração, "este é o meu corpo", *hoc est enim corpus meun*, seja durante o sono da vítima ou durante o coito.

A filtros, mágicas, poções, feitiçarias, beberagens e orações também se imputavam poderes milagrosos:

> eu te encanto e reencanto com o lenho da vera cruz, e com os anjos filósofos que são trinta e seis, e com o mouro encantador, que tu te não apartes de mim, e me digas quanto souberes, e me dês quanto tiveres, e me ames, mais que todas as mulheres.[22]

Ou ainda:

> juro-te por esta cruz de Deus que tu andarás atrás de mim assim como a alma anda atrás da luz, que tu para

---

20 VAINFAS, Ronaldo. "Moralidades brasílicas: deleites sexuais e linguagem erótica na sociedade escravista". *In*: SOUZA, Laura de Mello e (org.). *Op. cit.*, 1997, p. 249.

21 "Catharina Fernandes contra Manoel Rodrigues", em 03/07/1595. *Denunciações e Confissões de Pernambuco. Op. cit.*, 1984, *p.* 450-451.

22 *Apud* VAINFAS, Ronaldo. *Op. cit.*, 1997, p. 143.

baixo vires, em casa estares, e vires por onde quer que estiveres, não poderás comer, nem beber, nem dormir, nem sossegar sem comigo vires ou falar.[23]

Depoimentos ao visitador também dão conta dessas mágicas amatórias. A cristã velha Paula de Siqueira, em sua confissão, dizia ter aprendido com Isabel Rodrigues, "a Boca-Torta d'alcunha", "umas palavras para que, dizendo-as a alguma pessoa, lhe quisesse bem e amansasse, as quais palavras nomeavam as estrelas e os diabos e outras palavras supersticiosas e ruins".[24]

Uma das mais impressionantes denúncias da Primeira Visitação, pelos fatos e riqueza de detalhes que revela, foi aquela feita por Guiomar d'Oliveira, cristã velha de Lisboa moradora em Salvador. Conhecera há quinze anos no reino uma tal Antônia Fernandes, cristã velha apelidada "a Nóbrega" que viera para a colônia "degredada por alcovitar sua própria filha". Esta, chamada Joana Nóbrega, além de prostituir-se – dormindo "com os estrangeiros por detrás, consumando o nefando pecado dos somíticos porque lhe pagava bem" –, seguia os passos da mãe, possuindo um protetor doméstico, espécie de diabrete de estimação: "também tinha o seu ofício de feiticeira diabólica e tinha um familiar em um anel que trazia no dedo, ao qual chamava Baul". Grande conhecedora de feitiços, dizia a Nóbrega "que falava com os diabos e lhe mandava fazer o que queria, e eles lhe obedeciam". Aconselhava ainda sua discípula "que se não benzesse nem nomeasse Jesus, e (...) que um diabo chamado Antonim era seu particular servidor (...), e que Lúcifer lho dera por seu guarda". E prometia: "se ela confessante quisesse, lhe faria e ensinaria com feitiços com que fosse bem casada com seu marido". Explicava como:

> tomasse três avelãs, ou em lugar de avelãs, três pinhões dos que nesta terra há que servem de purgas,

---

23 Apud VAINFAS, Ronaldo. "Moralidades brasílicas: deleites sexuais e linguagem erótica na sociedade escravista". *In*: SOUZA, Laura de Mello e (org.). *Op. cit.*, 1997, p. 251.

24 "Confissão de Paula de Siqueira, cristã-velha, no tempo da graça, em 20 de agosto de 1591". *Confissões da Bahia. Op. cit.*, 1997, p. 104-114.

furados com um alfinete, tirado o miolo fora, então recheá-los de cabelos de todo seu corpo, dela confessante, e unhas de seus pés e mãos e rapaduras das solas dos seus pés, e assim mais com uma unha do dedo pequeno do pé da mesma Antônia Fernandes, e que assim recheados os ditos pinhões, os engolisse e que, depois de lançados por baixo, os desse.

Surpreendente também o motivo pelo qual Guiomar se resolvera por fazer a mágica. Expelidos os pinhões, moídos e transformados em pó, os deu de beber em um caldo de galinha a João de Aguiar para dele se amigar. Em troca, esperava "que a não se apertasse muito a ela e a seu marido pela dívida do aluguel das suas casas em que ainda ora moram, pelo qual aluguel ele então apertava muito".[25] Destruir amores também era motivo de feitiços. Foi com este intuito que Catarina Fróes tratou com Maria Gonçalves, a "Arde-lhe-o-rabo", umas mágicas – das quais entendia "de ser arte do diabo" – para que seu genro "ou morresse ou o matassem ou não tornasse da guerra de Sergipe". Embora tenha desistido do negócio por não concordar com o novo preço que Maria Gonçalves insistia em receber para realizar a magia, chegou a pagar um valor inicial pelo trabalho, posto que o genro não dava "boa vida à sua mulher moça, filha dela confessante". Tudo combinado a rogo de sua filha, "que lho pediu que lhos negociasse por não gostar dele".[26] Pequenos problemas do dia-a-dia também procuravam soluções nas mágicas que prometiam dar fim às dificuldades. Na Segunda Visitação da Inquisição ao Brasil, em começos do século XVII, o cristão velho Antonio da Costa confessava que, tendo sentido falta de "dois pares de meias de seda e um corte de gibão", procurou a feiticeira Ana Coelho, que

---

25 "Confissão de Guiomar d'Oliveira, cristã-velha, na graça, em 21 de agosto de 1591". *Idem, p.* 132-140.

26 "Confissão de Catarina Fróes, meia cristã-nova, no tempo da graça, em 20 de agosto de 1591". *Idem, p.* 119-121.

> fizera diante ele a feitiçaria que chamam das Horas
> de Nossa Senhora, que é do modo seguinte: tomou
> um Livro das Horas de Nossa Senhora e, abrindo-o,
> lhe meteu uma chave de cadeado no meio, ficando
> a maior parte da chave de fora, e fechando as horas
> com as brochas, pôs um dedo na chave, e com o dedo
> de um menino seu filho posto também na chave, de
> modo que ficava o livro no ar e nomeando-lhe ele
> confitente as pessoas em que tinha suspeita do fur-
> to que lhe fizeram, dera o livro uma volta no tempo
> em que ele confitente nomeara um mamaluco e um
> negro da terra: e logo a dita Ana Coelho dissera que
> aqueles eram os que tinham cometido o dito furto. E
> declarou ele confitente que enquanto ele ia nomeando
> as pessoas de suspeita, dizia ela certas palavras em que
> nomeava santos e a Nossa Senhora.[27]

Nada que já não ocorresse na Europa Ocidental, sem descartar Portugal, há séculos, onde já haviam sido experimentados e aprovados antes de serem conhecidos no Brasil. Francisco Bethencourt bem mostra o grau de envolvimento do Olimpo Divino e dos habitantes do Inferno nas rezas e promessas da crença popular lusitana, numa disputa entre a promessa da "salvação além da morte" defendida pela Igreja Católica e "a proposta mágica de salvação neste mundo", mescladas no cotidiano. Maria é a mais invocada, mas os santos aparecem em grande número. Também encantos se faziam usando todo o tipo de material que pudesse sugerir a conquista do grande amor. Bolos feitos com água bochechada e postos embaixo do sovaco para serem dados depois ao pretendente; fervedoudos para acordos com o demônio;

---

27 "Confissão de Antonio da Costa, cristão velho", em 17/08/1618. *Livro das Confissões e Ratificações da Bahia – 1618-1620*. Op. cit., 1963, p. 446-449.

palavras sagradas pronunciadas em momentos convenientes; excrementos e sangue: tudo valia na feitiçaria erótica.[28]

A manifestação do baixo corporal nas práticas do dia-a-dia distanciava ainda mais a fé brasílica do formalismo católico. Humanizados, os representantes do catolicismo faziam parte da realidade colonial e ganhavam órgãos e corpo. Estudando as manifestações públicas na obra de François Rabelais, Mikhail Bakthin recuperou a teia social e as inter-relações entre o alto e o baixo, entre o oficial e o popular. Para o autor, existe uma certa inversão dos valores e hierarquias, centrada numa carnavalização da cultura a mesclar a ideologia dominante com as adaptações ao anseio popular por intermédio de filtros recíprocos, dando formato ao que Ginzburg chamou de "jaula flexível e invisível".[29] Os valores que aparentemente era degradados e mortificados pelas "grosserias blasfematórias" proferidas e aproximações materiais do divino, desvendavam um sentido ambivalente, pois "simultaneamente regeneravam e renovavam". Rebaixamento ressuscitador, segundo Bakhtin: "o baixo é a terra que dá vida, e o seio corporal; o baixo é sempre o começo".[30]

Não esqueçamos, porém, que o mundo ocidental vivia uma época de transformações, em que o passado medieval, embora em grande parte questionado, convivia com o novo, e que o nível de aceitação do comportamento considerado diverso entrava em choque com o comportamento dominante. Estudando os códigos do bom comportamento na Europa, Elias explica:

> O século XVI permanece ainda inteiramente dentro da transição. Erasmo e seus contemporâneos ainda

---

28 BETHENCOURT, Francisco. *O imaginário da magia – Feiticeiras, saludadores e nigromantes no século XVI*. Lisboa: Projecto Universidade Aberta, 1987.

29 GINZBURG, Carlo. *O queijo e os vermes: o cotidiano e as idéias de um moleiro perseguido pela Inquisição*. São Paulo: Companhia das Letras, 1987, p. 27.

30 BAKHTIN, Mikhail. *A cultura popular na Idade Média e no Renascimento: o contexto de François Rabelais*. 3ª Ed. São Paulo: HUCITEC; Brasília: EdunB, 1996, *p*. 15 e 19.

podem falar sobre coisas, funções, modos de se comportar que um ou dois séculos depois são acompanhados de sentimentos de vergonha e embaraço e cuja menção ou exibição em público são proscritas pela sociedade.

As transformações no campo de aceitação de determinados comportamentos modificava-se:

> forçadas a viver de uma nova maneira em sociedade, as pessoas tornam-se mais sensíveis às pressões das outras. Não bruscamente, mas bem devagar, o código de comportamento torna-se mais rigoroso e aumenta o grau de consideração esperado dos demais. O senso do que fazer e não fazer para não ofender ou chocar os outros torna-se mais sutil e, em conjunto com as novas relações de poder, o imperativo social de não ofender os semelhantes torna-se mais estrito, em comparação com a fase precedente.[31]

O choque entre comportamentos antagônicos gerava rupturas de relações, destruindo convívios e aceitações sociais, acabando por aumentar a necessidade de controle social. No mundo português, o Estado e a Igreja cumpriam esta função, entre outras formas, através do Santo Ofício.

De todos os lados repercutiam na colônia sinais de uma fé pouco afeita ao rigorismo esperado pela Igreja. Misturados ao tempo e à distância, sangues e experiências, vinha à tona uma religião mais amena quanto aos rigores – embora de uma religiosidade vibrante –, um catolicismo popular, equipado de visões heterogêneas, em que eram destruídas as fronteiras entre o sagrado e o profano, entre o bem e o mal, entre o puro e o impuro e entre o popular e o erudito: "universo em que maneiras descompostas, riso e até mesmo brincadeiras licenciosas podiam conviver

---

31 ELIAS, Norbert. *O Processo Civilizador. Volume I: Uma História dos Costumes*. Rio de Janeiro: Jorge Zahar, 1990, *p*. 91 e 94.

com religiosidade":[32] em que substratos de antigas práticas supersticiosas e populares enraizadas no velho continente ganhavam novo vigor e dimensão no trópico.

'Mulheres-rabi': a esnoga doméstica

A visitação do Santo Ofício às capitanias do Nordeste colonial desnudaria ao inquisidor uma sociedade multifacetada, cheia de experiências diversas e compartilhadas. Dentre os indivíduos mais denunciados a Heitor Furtado de Mendonça destacam-se os nomes de Ana Rodrigues e Branca Dias, não só pelo alto número de acusações de que foram vítimas, mas pela riqueza de detalhes sobre as práticas de judaísmo que mantinham em seu cotidiano, relatadas insistentemente ao inquisidor. Verdadeiras matriarcas do criptojudaísmo brasílico, as duas senhoras ganhariam atenção e destaque na documentação produzida por Heitor Furtado e Manoel Francisco.

Desde a proibição da fé judaica em Portugal e seus domínios, as residências passaram a desempenhar importância estratégica na divulgação da antiga lei. Eram os lares locais de propagação do judaísmo vivo, através da memória ensinada e das práticas religiosas e cerimoniais. Segundo Anita Novinsky,

> Proibida a sinagoga, a escola, o estudo, sem autoridades religiosas, sem mestres, sem livros, o peso da casa foi grande. A casa foi o lugar do culto, a casa tornou-se o próprio Templo. No Brasil Colonial, como em Portugal, somente em casa os homens podiam ser judeus. Eram cristãos para o mundo e judeus em casa. Isso teria sido impossível sem a participação da mulher.

O lar – embora sem oferecer privacidade e discrição suficientes para seus moradores – firmava-se como local propício para a continuidade

---

32 SOUZA, Laura de Mello e. *Inferno Atlântico: demonologia e colonização: séculos XVI-XVIII*. São Paulo: Companhia das Letras, 1993, p. 105-124.

judaica. A alta mobilidade social da colônia também contribuía para que a figura feminina ganhasse ainda maior destaque na organização do ambiente familiar e na criação dos descendentes. Catapultadas à posição de principais responsáveis pela sobrevivência da fé judaica, as "mulheres cristãs-novas apresentaram no Brasil uma resistência passiva e deliberada ao catolicismo. Foram prosélitas, recebiam e transmitiam as mensagens orais e influenciavam as gerações mais novas".[33]

Exercendo influência basilar nos lares, as mulheres tornaram-se, indiscutivelmente, peças primordiais para a sobrevivência do culto judaico, sendo responsáveis por levarem adiante a crença proibida aos filhos desde as primeiras lições de vida, fonte de resistência à religião dominante e coercitiva. Transmitindo os ritos religiosos ao praticá-los nas residências – embora não estivesse aí contido o núcleo do judaísmo –, praticavam o rabinato diminuto que se tornara possível desde o fim da permissão à livre crença. A importância das mulheres na propagação criptojudaica não passava em branco para os representantes da Inquisição, conscientes do elo entre as mulheres e o papel que lhes cabia na reprodução da crença proibida. Assim, descobrir a fonte de disseminação do judaísmo e reprimir exemplarmente os responsáveis fazia-se imprescindível. Tal acontecera com Branca Dias e Ana Rodrigues.

Branca Dias deixara o reino depois de cumprir pena no Santo Ofício de Lisboa, por causa de práticas judaicas, denunciada pelas próprias mãe e irmã, ambas também presas pelo Tribunal Inquisitorial. Viera para Pernambuco, onde já se encontrava seu marido, o comerciante Diogo Fernandes, e viveriam com os filhos do casal, a quem eram transmitidos os valores da antiga fé. Montara com o esposo um internato para moças, e aproveitava o tempo na capitania brasílica ensinando dotes em sua escola, onde se aprendia a lavrar, costurar, cozinhar, trabalhos do lar e boas maneiras, tendo boa procura de alunas.

---

33 NOVINSKY, Anita. "O papel da mulher no cripto-judaísmo português". In: Comissão para a igualdade e para os direitos das mulheres. *O rosto feminino da expansão portuguesa. Congresso Internacional – Lisboa – 1994.* Lisboa, 1995, p. 549-555.

Diogo morreria judeu, senão oficialmente, pelo menos de alma. E gastou nisso suas últimas forças. Moribundo, aconselhado a repetir o nome de Jesus, passou os momentos finais da vida a evitar um crucifixo que lhe era mostrado, virando o rosto e negando-se a chamar por Cristo. Após a morte do marido, Branca dedicar-se-ia, juntamente com os filhos, a cuidar de suas terras. De sua família sairiam quatro gerações de indivíduos aprisionados e julgados pelo Santo Ofício: sua mãe, Violante Dias; sua irmã Isabel; Brites Fernandes, a "Alcorcovada", e Andressa Jorge, suas filhas; Leonardo Pereira, Jorge de Souza, Maria de Souza, Ana de Arruda e Catarina Favela, seus netos. Era exemplo típico de criptojudaísmo. Mantinha em secreto posturas judaicas e assistia às missas, para diminuir as desconfianças sociais sobre seu comportamento, buscando reforçar o estereótipo de fiel cristã. Conseguira casar as filhas com cristãos-velhos respeitados – aproveitara-se, conforme Evaldo Cabral de Mello, da colônia "faminta de mulher branca" –, almejando melhoria social e diminuição das pressões públicas sobre o sangue herético,[34] mas não dispensava a presença delas nas celebrações judaicas que fazia em casa. Além da vivência judaica em sua residência, era fama que o casal possuía uma sinagoga em seu engenho, a famosa "esnoga de Camaragibe", frequentada pelos principais acusados de criptojudaísmo em Pernambuco, entre eles João Nunes, afamado como tesoureiro daquela confraria.

Quando o inquisidor chegou a Pernambuco, Branca Dias já havia falecido – morrera por volta de 1588 ou 1589 –, mas mesmo assim, seria das mais denunciadas. Algumas das suas antigas aprendizes e conhecidos de longa data contariam sobre seu estranho comportamento a Heitor Furtado. Os depoimentos davam conta dos costumes malvistos da professora de boas maneiras, alguns fatos ocorridos há mais de trinta anos. Joana Fernandes fora uma delas:

> viu a dita Branca Dias nos sábados de todo o dito ano que em uma casa aprendeu não fiar nunca. E viu que nos ditos sábados pela manhã se vestia com camisa

---

34 MELLO, Evaldo Cabral de. *Op. cit.*, 1989.

> lavada e apertava a cabeça com seu toucado lavado, e vestia neles o melhor vestido que tinha. (...) E que em todo o dito tempo que em sua casa aprendeu, a dita Branca Dias mandava nas sextas-feiras à tarde lavar e esfregar o sobrado, por ela denunciante e por outras moças suas condiscípulas, e (...) viu que nos sábados jantava a dita Branca Dias mais cedo que nos outros dias, e nos sábados chamava acima do sobrado as ditas suas filhas e as outras filhas mais moças que então tinha, e todos iam então acima jantar com ela, sendo costumadas a nunca irem jantar com ela nos outros dias da semana, e nos ditos sábados jantavam sempre uma iguaria que nunca comiam.[35]

A restrita privacidade existente no ambiente colonial se encarregaria de divulgar o que ocorria entre as paredes do sobrado dos Fernandes: ouvidos e olhos estavam sempre atentos para saber novidades da vida privada, tornada pública a todo instante. Antiga vizinha da senhora judaizante, Beatriz Luis mostra a confusão existente na colônia entre os símbolos que representavam o judaísmo, alguns dos quais, herdeiros de um imaginário que tendia, no limite, a demonizar os judeus. Contava ao inquisidor o que ouvira do neto de Branca Dias, então com cerca de cinco anos. Dizia, inocentemente, que sua avó "tinha debaixo do chão uns santinhos, assim como pacas, aos quais adorava, (...) as quais pacas são uns animais do mato desta terra que pouco mais ou menos têm o parecer de lebres".[36] Para evitar maiores problemas, o menino delator "se ausentou desta terra" a mando dos parentes.

Uma outra ex-aluna de Branca, Ana Lins, que durante três anos foi "doutrinada e ensinada a cozer e a lavrar" dizia que, aos domingos, estando nas missas, "a dita Branca Dias, quando levantavam ao senhor na hóstia

---

35 "Joanna Fernandes contra Branca Dias", em 03/11/1593. *Denunciações e Confissões de Pernambuco. Op. cit.*, 1984, p. 30-32.

36 "Beatriz Luis contra Branca Dias", em 03/11/1593. *Idem, p.* 32-33.

consagrada, olhando a dita Branca Dias para a hóstia, dizia estas palavras: *ah, cães encadeados!* (...) apontando para o altar". Afirmava ainda que a antiga professora possuía sobre a sua cama "uma cabeça de boi sem cornos", que "se punha muitas vezes sobre a dita cama às sextas-feiras e sobre a cama ficava até os domingos".[37]

Diogo Fernandes mantinha idêntica atitude de desrespeito. Segundo depoimento, ao acabar de receber o Santíssimo Sacramento, Diogo virou o rosto todo para a parede e o escarrou. Maria Álvares também ressaltaria a má vontade cristã da mestra ao inquisidor, "trazendo no pescoço umas contas de rezar com uma cruz pendurada nelas, correndo-lhe a cruz para diante dos peitos, tomou com a mão a cruz e dizendo para a cruz *dou-te ao demo* a lançou para detrás das costas".[38]

Branca Dias fizera história. As várias denúncias contra a velha dama do judaísmo em Pernambuco repercutiram também entre seus descendentes. A "Acorcovada", sua filha, fora presa e enviada à Lisboa. Sob tortura, acabou confessando seus crimes, não sem envolver outros membros da família, sendo condenada a sair em auto de fé e a abjurar publicamente.

Ana Rodrigues teria vida semelhante. Do casamento com Heitor Antunes, senhor de engenho e "cavaleiro da casa del-rei Nosso Senhor", e que, segundo diziam, possuía "sinagoga" em suas terras há cerca de trinta anos, Ana teve sete filhos e, como Branca, conseguira genros de sangue puro, dos principais da terra. Eram conhecidos como "a gente de Matoim". Umas das filhas do casal, Violante Antunes, casou-se com Diogo Vaz. Desta união nascera Isabel Antunes, casada com o lavrador Henrique Nunes, primo de João Nunes Correia.

---

37 "Ana Lins contra Diogo Fernandes, sua mulher Branca Dias e suas filhas, Violante Fernandes e Bento Teixeira", em 10/11/1593 *Idem*, 1984, *p*. 54-58. O grifo é meu. Para Lipiner, "dada a clandestinidade que envolvia todos os atos da prática judaica, é de admitir-se que os próprios cristãos-novos adotassem o estratagema de confundir sua *toura* com a cabeça de boi, em linguagem cifrada, subtraindo, assim, o verdadeiro significado à compreensão dos espias do Santo Ofício". LIPINER, Elias. *Op. cit.*, 1969, p. 88.

38 *Apud Idem*, p. 168.

Morto o marido, Ana Rodrigues o enterrara segundo a tradição da lei velha, em terra virgem, "em um mato aonde foi uma ermida em que êle foi enterrado e depois caiu". Pranteava-o pelo modo judaico, "e ia às tardes chamar por êle à sua cova".[39] Esperava o momento de poder se juntar novamente ao marido, também de acordo com a fé que seguia: o jesuíta Antonio Dias dizia ter ouvido "não lhe lembra a quem", "que a dita Ana Rodrigues de Matoim tem guardado as jóias de quando se casou para se enterrar com elas quando morrer".[40]

A presença do Santo Ofício na capitania baiana acabara com a tranquilidade da família. O casal Antunes e alguns de seus filhos seriam seguidamente acusados de criptojudaísmo e de desrespeito à fé católica. Prevendo as trágicas consequências da visita do Tribunal para Ana Rodrigues e seus descendentes, aproveitavam o tempo da graça para confessar os erros, sem admitirem conhecer deles a origem hebraica.

Judaizante ao extremo, Ana Rodrigues, que contava por volta de oitenta anos à época da visitação, era conhecida pelas blasfêmias que dizia. Durante o batismo de uma sua bisneta, teria afirmado: "olhai que negro batismo"! Quando de um dos partos de suas filhas, clamando-se por Nossa Senhora, dissera, "não me faleis nisso que não no posso dizer"! Custódia de Faria, cristã velha de Lisboa, contaria sobre sua amiga Ana Rodrigues que, quando estava doente,

> suas filhas lhe mostravam um crucifixo e que ela o não queria ver, dizendo: *tirai-o lá, tirai-o lá*. E que Beatriz Antunes (...) lhe dissera: mãe, não nos desonreis porque somos casadas com homens cris-

---

39 *Idem, pp.* 126-127.

40 "[Antonio Dias, da Companhia de Jesus] contra Anna Roiz, Anrique Mendez, Phelipe de Guillem", em 16/08/1591. *Denunciações da Bahia. Op. cit.*, 1922-1929, *p.* 337-338.

tãos velhos e nobres e (...) tornara a dizer, *tirai-o lá, tirai-o lá*, e não o quisera ver ao dito crucifixo.⁴¹

Tentava, porém, manter as aparências de boa cristã. Pero d'Altero, casado com Custódia de Faria, apesar de levantar suspeitas sobre os impropérios que Ana Rodrigues pronunciava, mostrava-se confiante na sincera fé católica de toda a família:

> disse que ele entende que a dita velha Ana Rodrigues e suas filhas são boas cristãs e as vê fazer obras disso, sendo devotas de Nossa Senhora e fazendo romarias, indo às igrejas, dando esmolas e fazendo outras boas obras de boas cristãs.⁴²

Querendo mostrar boa vontade, a matriarca dos Antunes compareceria perante Heitor Furtado para revelar suas culpas. Daria vários exemplos de seu comportamento judaico, mas para tudo apresentando desculpas, de que nada fazia com esta tenção, desconhecendo a origem hebraica dos costumes que praticara: não comia carne de arraia e cação fresco por fazer-lhe mal ao estômago, mas que antes de sofrer da doença, os comia; quando da morte de um filho "mandou lançar fora água dos potes (...) e esteve os primeiro oito dias sem comer carne", o que lhe ensinara uma comadre cristã velha; jurava "'pelo mundo que tem a alma de meu pai', ou de meu marido, ou de meu filho (...), mas nunca entendeu ser juramento de judeus". Apesar dos esforços, porém, Furtado parecia não concordar com a sinceridade da sua confissão,

> pelo dito senhor visitador lhe foi dito que está mui forte a presunção contra ela que é judia e vive na lei

---

41 "[Custodia de Faria] contra Heitor Antunes, Anna Roiz, etc", em 23/09/1591. *Idem, pp.* 477-481. O grifo é meu.

42 "[Pero d'Aguiar d'Altero] contra Ana Roiz cristã nova de Matui", em 30/07/1591. *Idem, p.* 250-251.

de Moisés, e se afastou da nossa santa fé católica, e que não é possível fazer todas as ditas cerimônias de judeus, tão conhecidas e sabidas serem cerimônias de judeus, como botar água fora quando alguém morre, e não comer oito dias carne no nojo, e jurar pelo mundo que tem a alma do defunto, e não comer cação nem arraia, e pôr a mão na cabeça aos netos quando lhes lançava a bênção. Tudo isto são cerimônias manifestamente judaicas e que ela não pode negar, e que por isso fica claro que ela é judia e que as fez como judia.[43]

Desmascarada, a velha senhora seria enviada ao Tribunal de Lisboa, onde ficaria presa, enquanto seus genros fidalgos tentavam, por todas as formas, provar a inocência da velha dama judaizante. Nada adiantaria. Vingar-se-ia da prisão morrendo no cárcere. Contudo, para o Santo Ofício, era necessário o exemplo: anos depois seria condenada ao "braço secular", relaxada em efígie, tendo sua memória amaldiçoada e os ossos desenterrados, "queimados e feitos em pó em detestação de tão grande crime".

Exemplos acabados da resistência da antiga fé na colônia, Branca Dias e Ana Rodrigues – a primeira em Pernambuco, a segunda na Bahia –, foram talvez as representantes máximas do criptojudaísmo brasílico no século XVI, vivendo ambiguamente, divididas entre o catolicismo que repudiavam e o judaísmo proibido, praticando ora um, ora outro, de acordo com o local e as conveniências. Não foram vencidas porém, ensinando a tradição aos filhos e mantendo os ideais enquanto vivas.

O *homo religiosus* e o judaísmo possível

Viver na colônia para João Nunes Correia trazia-lhe vantagens. Participante de uma família ligada ao comércio, pertencente a uma rede

---

43 "Confissão de Ana Rodrigues, cristã-nova, na graça, em 1º de fevereiro de 1592". *Confissões da Bahia. Op. cit.*, 1997, p. 281-287.

que alimentava a Europa via Lisboa e Antuérpia, acabou por se adaptar à vida no trópico, de onde comandava os negócios em sua ramificação colonial. Rapidamente multiplicara sua fortuna: tornara-se homem importante, apegado ao cotidiano das capitanias açucareiras, onde era respeitado e conhecido dos principais. Por seu prestígio e riqueza, conseguira abrir portas e expandir suas atividades. De comerciante passou a onzeneiro; colaborou nas guerras de conquista da Paraíba; acumulou a administração dos engenhos da família e a distribuição do açúcar produzido; como negociante dos tratos do rei, atuou na arrecadação dos dízimos; controlou por certo prazo o monopólio do pau-brasil e dos negros de Angola. Soubera aproveitar as oportunidades: multiplicou suas ações e investimentos sem abandonar nenhuma das atividades anteriores. Fez-se respeitar e temer. Sua fama se espalhava. As atribuições que mantinha na vida social de Olinda o tornavam um homem atuante. Tornou-se influente na economia e governo locais. O ganho de prestígio fazia com que suas pretensões de retorno ao reino fossem se escasseando em proporção inversa ao seu sucesso.

Longe dos rigores da metrópole, não se preocupava de forma muito intensa com as regras sociais estabelecidas. Acostumado à nova vida, podemos dizer que, em muitos sentidos, João Nunes passou por um processo de "abrasileiramento", perceptível em seu comportamento cotidiano pouco cuidadoso com a fé, palavras, atitudes e transações, humilhando e agredindo a muitos e criando a si mesmo desavenças por seu ar arrogante. Cristão-novo que aqui conheceu o progresso, adaptado ao ritmo de vida colonial, nosso homem de negócios sabia que suas conquistas pessoais lhe teriam custado mais caro em Portugal, onde as pressões sobre os descendentes dos "batizados de pé" se faziam sentir mais fortes. No Brasil quinhentista, Nunes encontrou o ambiente propício para desenvolver suas atividades sem maiores cobranças. Com maior liberdade de ação, longe da amedrontadora e preocupante rigidez da religião metropolitana, sentiu-se à vontade para criar amizades tanto entre autoridades religiosas quanto entre os que carregavam fama de judaizantes, confraternizando com cristãos velhos e novos, conquistando livre acesso entre os dois grupos, negociando com os filhos de Cristo e os de Israel, ajudando a ambos conforme seu interesse. No espaço colonial, fizera-se homem do meio — ambiente propício para que sua religiosidade viesse à tona.

Entre os mais denunciados ao Santo Ofício em sua primeira visitação ao Brasil, o caso João Nunes Correia mantém sobre si um véu de incertezas que dificultam o trabalho do historiador interessado em descobrir-lhe a verdade, até onde é possível fazê-lo. Fora denunciado repetidas vezes e de todos os lados. Senhores de engenho e comerciantes, religiosos, escravos, mulheres, neoconversos e cristãos-puros, amigos públicos e inimizades declaradas faziam parte do heterogêneo grupo de discórdias do negociante todo-poderoso. Sofrera insistentes acusações de culpas diversas: o seu amancebamento com Francisca Ferreira; as práticas de onzena; o trabalho em dias santos; leituras proibidas e comentários infelizes; o respeito que tinha dos cristãos-novos e a ajuda que a estes, diziam, oferecia; vestir-se com luxo e nobreza em datas indevidas; as heresias contra o crucifixo e o presumível envenenamento do pedreiro que espalhara a malsinada história, enfim: falava-se dele, ora para elogiar sua persistência, poder e visão como homem de negócios, ora para odiá-lo por seu sucesso e comportamento arrogante. Carregava por onde ia a fama de ser judeu, contando contra si, além do sangue de origem hebraica e do pouco zelo cristão, sua marcante atuação no comércio – atividade típica de cristãos-novos – e os escusos tratos de onzenas.

Apesar de sua conduta suspeita e da origem neoconversa, sendo seguidamente acusado ao Tribunal Inquisitorial, seus denunciantes – fato intrigante – raramente questionaram sua real entrega à vocação católica. Criticavam-lhe antes a pouca dedicação e respeito à fé, mas não lhe rotularam criptojudeu: poucas vezes se aproveitaram da origem maculada pela herança cristã-nova para lançar-lhe a pecha de judaizante perante o inquisidor, crime que não só merecia especial atenção do Santo Ofício mas, em última instância, justificava sua presença na colônia. Talvez sinal do poder do atuante mercador, ou ainda, reflexo do medo que gerava entre os que o cercavam. O certo é que, apesar de todas as evidências, seus denunciantes, inimigos ou não, evitaram repetir em palavras claras o que as suas acusações a todo instante pareciam afirmar através de sutilezas: acusava-se Nunes de judaizante, talvez, nas entrelinhas.

O nosso mercador onzeneiro fazia parte de um destacado grupo social. Letrado e viajado, conhecedor do mundo e de livros, participante da elite econômica e convivendo com os principais da terra, Nunes se destacara não apenas dentro da camada de cristãos-novos, mas em seu próprio grupo econômico no bojo do ambiente colonial. Foi em certo sentido, senão um homem à frente de seu tempo – afirmação que não deve ser feita de forma a parecer gratuita, merecendo considerações mais cuidadosas –, ao menos um indivíduo incomodado com os limites impostos pela realidade que o cercava. Figura das mais ricas da região colonial, fundamental para o bom andamento dos interesses da Coroa, não eram poucos os que dependiam dele, direta ou indiretamente, para a sobrevivência no ambiente hostil, subordinados que se encontravam aos seus negócios. Admirado e invejado ao mesmo tempo, João Nunes tinha noção de sua importância e conhecia bem o papel que representava para a sociedade que dele falava, incomodada com seu espírito contestador, com sua falta de limites, transformado em assunto dos mais concorridos, a ganhar as ruas da vila. É o que deixa claro em suas ações.

Nascido por volta de 1547, João Nunes Correia certamente conviveu no reino, enquanto jovem, com alguns cristãos-novos que participaram diretamente do episódio de conversão à força pelo decreto real de 1497, quando se pôs fim oficialmente ao judaísmo existente na Península Ibérica. Seu próprio avô materno, Manoel Correia, que chegara a conhecer, com grandes probabilidades era nascido à época do batismo em pé dos antigos judeus ao catolicismo, talvez com idade suficiente para acompanhar os acontecimentos. A lembrança da vivência que estas testemunhas tiveram do fato, numa época em que a cultura mostrava-se ainda fortemente influenciada pela tradição da oralidade – a memória oral ainda dominante numa época em que só há pouco nascera a imprensa e na qual o *ser letrado* era ainda exceção –, repetida aos mais moços, possivelmente colaborou para aguçar seus sentidos e imaginação sobre o tema, visto que bebia a origem de seu povo e sua própria história na fonte. Da mesma forma, deve ter ouvido relatos detalhados – ou mesmo presenciado, talvez – sobre as perseguições aos antigos judeus, agora cristianizados, e aos seus descendentes, acusados de manterem a antiga crença. Estas perseguições aos marranos intensificaram-se a partir da implantação do Santo Ofício português e, mais gravemente, durante a segunda metade do século XVI, decorrência, entre outras práticas, do aparelhamento inquisitorial. Convivendo com indivíduos que antes de 1497 professaram livremente o judaísmo, criados e educados em ambiente semita, transformados por lei no que não eram por nascimento e que mantinham, na medida do possível, os resquícios da antiga vida – e Nunes nasce exatamente neste momento de ânimos acirrados, tempos de implementação e estruturação do Santo Ofício no reino. João Nunes extrairia deste ambiente e dos contatos que manteve traços que refletiriam em sua formação religiosa. Não esqueçamos o fato de ser sua Castro Daire natal terra de significativa comunidade de conversos.

A meio caminho de Viseu e Lamego, o local onde nascera João Nunes era também não muito distante de Trancoso, vila localizada na região da Beira, terra em que vivera o sapateiro Gonçalo Eanes, o Bandarra, e onde primeiro ecoaram seus versos. Suas trovas desfrutaram de imenso prestígio entre os neoconversos de toda a região, e levariam seu autor aos cárceres do Santo Ofício, sendo penitenciado a sair no primeiro auto-de-fé da Inquisição portuguesa, em 1541. Elias Lipiner indica ser Trancoso "um grande centro de cristãos-novos suspeitos de conservar as crenças judaicas".[44] Jacqueline Hermann o confirma:[45] tendo funcionado na cidade à época do convívio entre judeus e cristãos um centro de comércio controlado pelos filhos de Israel, distinguia-se Trancoso por ser região fortemente influenciada pelos valores e crenças hebraicas, característica esta que se manteria mesmo após o fim da liberdade religiosa. Ao perseguir a geografia dos caminhos percorridos pelas trovas proféticas do anunciador, segundo diria Vieira, do Quinto Império Português, a autora refez seus passos, definindo a expansão de suas predições pelo território lusitano.

A ligação comercial entre os grandes centros comerciais como Porto e Braga e o eixo Viseu-Lamego, daí estendendo-se até a Guarda e a região

---

44 LIPINER, Elias. *O sapateiro de Trancoso e o alfaiate de Setúbal*. Rio de Janeiro: Imago, 1993, p. 24.

45 HERMANN, Jacqueline. *Op. cit.*, 1998, *pp.* 33-51.

fronteiriça com a Espanha, é provável que ocorresse em boa parte via Trancoso, área de passagem entre o Norte e o Sul do país. A precariedade das rotas e caminhos internos de comércio e transporte – em contraste com os grandes avanços realizados pela indústria marítima lusa – num país escassamente habitado, em pouco ultrapassando o milhão de almas, desigualmente distribuídas pelo território que, embora pequeno, comportava vazios demográficos significativos, não permitia muitas variações na ligação entre estas áreas. Assim, deveria ser comum em toda a região, não se excluindo Castro Daire – rota de circulação do comércio entre o Centro e o Norte portugueses, além de área de considerável penetração cristã-nova –, o trânsito de pessoas e de ideias vindas da região de Bandarra. O Trovador-Profeta e seu texto, ainda segundo Jacqueline Hermann, "tornaram-se fonte de autoridade para o conhecimento e interpretação do maior livro sagrado, talvez tanto cristão, a Bíblia, como judaico, o Talmud".[46]

Não seria imprevisível considerar que as trovas de Gonçalo Eanes chegaram, mesmo que fragmentadas, ao conhecimento de nosso futuro habitante dos trópicos, participando de sua formação. Várias versões de sua obra circularam pelo território português num espaço de tempo que ultrapassa o período de permanência de Nunes no reino. À época em que ainda se encontrava em Castro Daire, as trovas do sapateiro "amigo de novidades" e suas interpretações messiânicas da escritura ainda certamente permaneciam sendo ouvidas, guardadas no imaginário dos habitantes da região, repetidas por aqueles que o conheceram ou dele tiveram notícia: cria-se um domínio sobre a cultura popular regional lusitana, que nos parece indicar, graças à familiaridade do nosso personagem com estas áreas de forte influência neoconversa, uma marcante iniciação de João Nunes em práticas judaicas. O que não implica dizer que fosse, de fato, judaizante ou criptojudeu.

O comportamento religioso do mais famoso onzeneiro de Olinda se mostrava, antes de tudo, desregrado. Era conhecida a pouca atenção que dedicava às suas obrigações de bom cristão. Mesmo nos dias destinados ao descanso e à oração, preferia cuidar de seus contratos, recriminando aqueles que não pensavam como ele e se negavam a negociar nessas datas.

---

46 *Idem*, p. 51.

Em se tratando de negócios, para ele "não há santo nem domingo", como afirmava ter ouvido do próprio Nunes o capitão da nau que transportava o bacalhau, Pero Clemente... Amigo de João, Mateus de Freitas confirmava a recriminável prática do incansável comerciante: "viu muitas vezes ao dito João Nunes fazer suas contas e negócios aos domingos e dias santos e limitar as partes por dias para fazerem suas contas e negócios aos domingos e dias santos".[47]

Era criticado por andar mal vestido, com baeta de má qualidade, sujo e de cotovelos rotos, apesar da enorme riqueza que possuía: "prudência do burguês, aliada à poupança do judeu", diria Sonia Siqueira, enxergando em sua avareza sinais de um "hebraismo mais ousado que o fazia desprezar as cautelas e deixar de manter os exteriores de um bom cristão".[48] Esquecia as cautelas da mesma forma quando queria se mostrar importante. Escolhia a dedo os momentos de soberba, invertendo o jogo para mantê-lo o mesmo – avaro judeu na economia; mau cristão no excesso: o que fica claro ao cercar-se de criados e vestir-se de gala, com roupas novas e portando armas, à lei da nobreza, sem que tivesse licença que o autorizasse a tanto, em uma quinta-feira de Endoenças, desrespeitando a data sagrada celebrada pelos cristãos com vigílias e penitências: bastava-lhe ser rico e poderoso.

Vaidoso de sua força, aproveitava-se de uma festa pública católica, celebração cristã de reflexão interior, para realçar ainda mais o fosso que julgava separá-lo do restante da sociedade colonial, numa ocasião em que se esperava dos cristãos que se despissem do pouco conforto que possuíam em humilde respeito à Igreja. Enfeitado, atendido em seus pequenos luxos e desejos pelos criados que o rodeavam, enobrecido sem títulos, o mercador firmava sua diferença: assistido por seus concorrentes nos negócios, inimigos, devedores, dependentes e povo em geral, desfilava a pompa de poderoso agente da colonização. Demonstrava quem entendia ser e o que deviam pensar dele: criava seu perfil humilhando a quem fosse preciso.

---

47 "Mateus de Freitas [de Azevedo] contra João Nunes e Bento Teixeira", em 12/11/1593. *Denunciações e Confissões de Pernambuco*. Op. cit., 1984, p. 67-69.

48 SIQUEIRA, Sonia A. Op. cit., 1971, p. 236 e 243.

Embora possuidor de enorme patrimônio, diziam de João Nunes que era homem avaro e não gostava de dar esmolas. Mas tinha fama de contribuir com socorro inicial aos cristãos-novos que chegavam à colônia – espécie de braço de apoio –, fornecendo-lhes um suporte econômico para a primeira morada e necessidades iniciais dos mais pobres. Belchior Mendes dizia dele ser homem "de muito saber, e que têm com ele muitos comunicação, assim em secreto como em público, todos os cristãos-novos de Pernambuco".[49] Agia como uma espécie de consultor, dando conselhos aos que, inseguros na nova vida, procuravam nele algum tipo de amparo, "e em todas e quaisquer suas cousas, se remetem logo ao dito João Nunes e consultam e fazem tudo o que ele diz. E sempre na casa do dito João Nunes freqüentam e concorrem muitos cristãos-novos".[50] Por este motivo, conseguia o respeito e a admiração dos neoconversos, ganhando a fama pública de ser tesoureiro da comunidade secreta de Camaragibe e de possuir a bolsa dos judeus[51] – tarefa que dividia com o também mercador cristão-novo João Mendes de Olivença –, tornando-se conhecido como 'rabi'.[52] Elias Lipiner esclarece o significado do cargo e a origem da renda que distribuía: "Trata-se na hipótese, sem dúvida, de quantias pertencentes à Congregação, e angariadas entre seus membros para ocorrer às necessidades sociais". Angela Maia complementa:

> parece indicar também um fundo feito pela comunidade ou alguns membros dela para dar um suporte

---

49 "[Belchior Mendes de Azevedo] contra João Nunes, Branca Dias, Diogo de Meireles, Phelipe Cavalgante, Fernam de Magalhães", em 24/08/1591. *Denunciações da Bahia. Op. cit.*, 1922-1929, p. 448-453.

50 "Denunciação de Domingos Carvalho contra João Nunes", em 10/02/1592. Arquivo Nacional da Torre do Tombo, Inquisição de Lisboa, processo 885.

51 LIPINER, Elias. *Op. cit.*, 1969, p. 90.

52 Segundo Unterman, *rabino* (do hebraico *rabi*) é o "erudito que recebe ordenação e, pela tradição, está licenciado para decidir em questões de ritual judaico, geralmente ligadas às leis dietéticas". UNTERMAN, Alan. *Dicionário judaico de lendas e tradições*. Rio de Janeiro: Jorge Zahar Ed., 1992, p. 216.

econômico inicial aos imigrantes mais pobres, o que se explica pelo fato de serem mercadores, possuindo maior facilidade em fazer o dinheiro chegar ao seu destino, assim como por suas ligações comerciais na Metrópole e na colônia. Além do mais, a figura de João Nunes, de grande poder e projeção social nas capitanias do açúcar daria garantias de proteção e legitimidade a este sistema de apoio aos necessitados.[53]

A propósito, a sinagoga de Camaragibe localizava-se nas terras pertencentes ao casal Diogo Fernandes e Branca Dias, onde se dizia que existiam judeus e se adorava a *toura* – metáfora bastante usada para dizer que se seguia a lei mosaica ou lei dos judeus. Mais uma vez Lipiner apresenta o quadro:

> A localização preferencial das sinagogas nos engenhos, se deve ao fato de que nos começos da colonização cabia aos engenhos, além de função própria de emprêsa particular agrícola, também a função religiosa, e especialmente a militar, destinada a torná-los baluartes armados para defender-se dos ataques dos índios ou outros inimigos.

O prestígio e a proteção de que desfrutava o senhor de engenho era fator premente para a escolha:

> tais privilégios de autonomia, eram aproveitados pelos senhores de engenho cristãos-novos, pôsto que discretamente, para, no âmbito de sua hegemonia, erguerem ao lado das ermidas em homena-

---

53 MAIA, Angela Maria Vieira. *Op. cit.*, 1995, p. 128-129.

gem à crença dominante, também as esnogas – em reverência ao culto de seu coração –,[54]

outro exemplo consistente do sincretismo religioso e da convivência sem maiores danos entre o catolicismo e os resquícios de judaísmo. Em denúncia ao visitador datada de 16 de novembro de 1593, Felipe Cavalcanti afirma que a gente da Nação olindense se reunia na tal esnoga de Camaragibe, onde "faziam suas cerimônias e que nas ditas luas novas de agosto iam ao dito Camaragibi a celebrar a festa do jejum do *Gujppur*".[55]

A fama que tinha João Nunes de frequentar como tesoureiro a comunidade secreta de Camaragibe permite avançar em outras hipóteses: ligado por parentesco à linhagem da matriarca Ana Rodrigues, acostumado a viagens de negócio entre Pernambuco e Bahia, o onzeneiro profanador certamente manteria – não sabemos com qual frequência – laços de contato com o núcleo baiano da família, talvez mesmo usando-o como local de pousada. Se costumeiramente visitava a residência dos Rodrigues, também deveria ter conhecimento da sinagoga mantida em suas terras – a esnoga de Matoim –, tendo possivelmente chegado a

54 LIPINER, Elias. *Op. cit.*, 1969, *p.* 95-96.

55 "Felippe Cavalcanti contra Anrique Mendes e sua mulher Violante Rodrigues, Antonio dias e seu cunhado por alcunha Alma de Burzeguins, Diogo Fernandes e sua mulher Branca Dias, Diogo Lopes da Rosa, Francisco Vaz Soares, o vigário Corticado, Antonio Leitão, o Velho, e Antonio Dias, o Felpudo", em 16/11/1593. *Denunciações e Confissões de Pernambuco. Op. cit.*, 1984, *p.* 75-77. O *Iom Kipur* (em hebraico, "Dia de Expiação") ou "Dia Grande", "é o dia mais sagrado do calendário judaico, marcando o fim dos dez dias de penitência (...). É um jejum de 24 horas, que começa antes do pôr-do-sol e termina ao aparecer das estrelas na noite seguinte. No dia que o precede, recomenda-se comer mais que o costume, como acréscimo para o jejum. Durante o Iom Kipur os judeus são proibidos de calçar sapatos de couro, de manter relações sexuais e de se lavar. Devem cessar todo o trabalho profano neste Shabat dos Shabats". Na celebração da data, "passa-se a maior parte do dia em oração", lembrando dos "parentes falecidos, confessando os pecados, pedindo o perdão divino, ouvindo a leitura da Torá, do Livro de Jonas, e as prédicas". UNTERMAN, Alan. *Op. cit.*, 1992, p. 125.

participar de suas cerimônias e celebrações. Causa, porém, estranheza o depoimento de Isabel Antunes, neta de Ana Rodrigues, ao visitador do Santo Ofício. Em sua confissão a Heitor Furtado, Isabel tentava dar mostras de não ter certeza de ser João Nunes cristão-novo inteiro. Como não saber quem era João Nunes ao certo se, além de seu parente, era homem de fama pública, e andava por Salvador a resolver negócios, tendo sido várias vezes denunciado?

O que parece é que Isabel Antunes – depondo em causa própria e ressabiada por carregar o fardo de ser neta de Ana Rodrigues – só depôs vagamente, procurando dar mostras ao visitador de que nada tinha a ver com o famoso "rabi" de Pernambuco. Tudo leva a crer que o mercador da Rua Nova conhecia pessoalmente não só Isabel mas também a velha senhora, Ana Rodrigues, com quem possivelmente presenciou "snogas" e comportamentos ditos heréticos, talvez aprendendo e celebrando com a matriarca um pouco da fé dos antepassados.[56]

Se João Nunes era tesoureiro da esnoga clandestina, dissimulava sua atuação na congregação judaica através de filiação à confraria do Santíssimo Sacramento, uma das principais de Pernambuco, para a qual fora eleito mordomo – aumentando assim ainda mais o seu prestígio. Não era rara a participação de cristãos-novos em irmandades católicas, procurando diminuir a desconfiança pública sobre a sinceridade de sua fé

---

56 "Confissão de Isabel Antunes, meia cristã-nova, no tempo da graça do Recôncavo, mulher de Henrique Nunes, cristão-novo, em 1º de fevereiro de 1592. *Confissões da Bahia. Op. cit.*, 1997, p. 294-296. Nunes também recebera denúncias da família de Branca Dias. Dois de seus genros compareceram à Mesa do Tribunal para acusá-lo. O cristão velho Baltasar Leitão, guarda-mor da saúde da Capitania de Pernambuco afirmou que vira "o dito João Nunes não freqüentar a igreja e não ir à missa e pregação, ainda nos dias de obrigação". Já Antônio Barbalho, cristão velho dos da governança de Pernambuco, dizia ter ouvido queixumes de onzeneiro contra João, e que este era "muito poderoso (...) e todos (...) o buscam e lhe obedecem e fazem tudo o que ele quer e manda". Seria uma tentativa de dirimir a gravidade das acusações contra a matriarca Branca Dias, mostrando a colaboração familiar com a visitação de Heitor Furtado, tentando passar a ideia de fidelidade ao catolicismo do clã? *Apud* GONSALVES DE MELLO, José Antônio. *Op. cit.*, 1996, p. 53-54.

cristã. Os criptojudeus lhes seguiam o exemplo, preenchendo papéis antagônicos: ocupavam cargos religiosos nas confrarias judaicas e disfarçavam o judaísmo nas congregações cristãs, posto serem obrigados a manter as aparências: a ilegalidade em que viviam incentivava atitudes de promoção pessoal, visando serem aceitos pela população colonial. Dessa forma, a necessidade de disfarçar a fé clandestina e mostrar abnegação ao catolicismo, anulando a dúvida social sobre o possível criptojudaísmo fazia com que buscassem destaque dentro do próprio meio que os renegava, o catolicismo, contribuindo com ricas e divulgadas ofertas à Igreja, dividindo-se entre as tarefas de católico e de judeu. De acordo com Lipiner, "ocupavam os cristãos-novos posições de destaque nas confrarias religiosas da fé católica na Colônia, e dizia-se mesmo dêles que 'as confrarias que mais ornato têm, por êles são governadas'".[57]

A atuação do poderoso rabi-mordomo na destacada irmandade pernambucana todavia, não se revelava edificante. Apesar do cargo, mostrava-se "pouco curioso de entrar nas confrarias nem de esmolar para elas".[58] O senhor de engenho Cristóvão Pais d'Altero diria a Heitor Furtado ser muito amigo de João, mas carregava dele ruim presunção "porque nunca lhe viu contas de rezar nem orar na mão". Fora eleito juiz do Santíssimo Sacramento à mesma época em que Nunes passara a ocupar o cargo de mordomo. Durante a cerimônia que marcava a entrada do comerciante dono da bolsa dos judeus na agremiação religiosa, ele acusante, disposto a manter as normas e tradições da casa, dissera na mesa aos presentes

> que era costume confessarem e comungarem os oficiais daquela mesa na entrada daquela confraria, e todos se confessaram e comungaram, senão o dito João Nunes, que não se confessou nem comungou. E posto que, segundo sua lembrança, o dito João Nunes, que não costumava freqüentar a igreja, não se achou

---

57 LIPINER, Elias. *Op. cit.*, 1969, p. 197.

58 "Licenciado Diogo do Couto contra João Nunes", em 23/06/1594. *Denunciações e Confissões de Pernambuco. Op. cit.*, 1984, p. 300-306.

presente na mesa quando ele denunciante disse que se confessassem e comungassem, por ser assim costume daquela confraria. Contudo entende que veio a notícia porque os que estavam presentes lho haviam de dizer.

Nas missas, não agia diferente. Prosseguia Cristóvão Pais seu relato sobre Nunes ao visitador:

> costumando-se pelas festas muitas vezes confessarem-se e comungarem-se as principais e honradas pessoas da dita vila e seu termo e em jubileus, ele testemunha nunca viu ao dito João Nunes comungar nem confessar.[59]

Nas poucas vezes em que esteve presente à Igreja, nosso mordomo-onzeneiro, ao que parece, preferia tratar de negócios ao invés de ouvir os sermões do dia. Afonso Rodrigues Padreiro, mercador como João, dava sinais de exagerar no pouco apego do companheiro de ofício às missas, dizendo que, durante todo o tempo de dez anos em que residia em Olinda e conhecia a Nunes, "uma só vez viu o dito João Nunes na igreja matriz, que é a mais perto e vizinha de sua casa, e afirma-se que em todo este tempo de dez anos o não viu na igreja nem dez vezes".[60] Já Bernardo Velho, afirmava que o tesoureiro fazedor de onzenas só era visto nas missas "quando ia buscar à igreja algumas pessoas para com elas, na mesma igreja, negociar e tratar seus negócios".[61] O mesmo dizia Jorge de Almeida, com tintas mais fortes: há quinze anos o conhecia, e tinha "em muito ruim conta ao dito João Nunes de muito mau cristão". Explica o porquê:

---

59 "[Cristovão Pais d'Altero] contra João Nunes e outros", em 20/12/1591. *Denunciações da Bahia. Op. cit.*, 1922-1929, p. 555-560.

60 "Denunciação de Afonso Rodrigues Padreiro", em 07/11/1592. Arquivo Nacional da Torre do Tombo, Inquisição de Lisboa, processo 885.

61 "[Bernardo Velho] contra João Nunes", em 04/11/1592. *Idem*.

todas as vezes que o vê na Igreja sempre o vê com pouca reverência e sem ter atenção nem tento à missa, estando sempre praticando e tratando e tirando prática com os circunstantes, sem ter o acatamento e tenção que se devia à missa quando levantam a Deus e o cálix.[62]

A opinião corrente era que Nunes, mais interessado em seus lucros do que nos ensinamentos cristãos, não respeitava nem o ambiente sagrado, zombando da cerimônia e falando alto, estando na igreja "como se estivera na praça", virando-se de costas durante a pregação. Fora da missa, encontrava-se nas ruas e praças a lembrar da Igreja – embora de forma equivocada: repetira ao lavrador Antonio Carvalho, que a um devedor que morava em Itamaracá, "nem Deus lhe havia de valer", frase que parece ser uma das preferidas do poderoso onzeneiro.[63] E atacava a Igreja duplamente: não só por desrespeitar a cerimônia, mas o fazendo com o objetivo de tratar negócios. As onzenas que combinava durante as missas eram prática condenada não só pelo Estado, mas pelo catolicismo, assim como os altos juros praticados – tormento de seus devedores – vistos como pecado grave, capital e mortal.

Desconfiado do comportamento do afamado senhor de engenho – embora engenhos João Nunes não tivesse nenhum –, também se esquecendo ele próprio de respeitar a missa e de se concentrar nas pregações – fato que não descuidava de condenar em João –, o lavrador Antonio Batalha passara a reparar de propósito no comerciante quando o encontrava na igreja,

e o viu sempre praticar com os que perto dele estavam, como quem tinha pouca devoção e, algumas

---

[62] "Denunciação de Jorge de Almeida contra João Nunes e outros", em 18/10/1591". *Idem*.

[63] "Alvaro Velho Barreto contra João Nunes", em 19/11/1593. *Denunciações e Confissões de Pernambuco. Op. cit.*, 1984, *p*. 91-92.

vezes, não estando com o corpo e rosto direito para o altar. E uma vez o viu virado com as costas viradas para o altar, embebido para uma prática dos circunstantes.[64]

Como outros que acusavam ao mercador pouco apegado às missas, o lavrador Antonio enfiara uma trave em seus olhos para enxergar melhor o cisco pelo qual culpava a Nunes: acabava repetindo o erro que perseguia. Muitos colonos preocupados com o comportamento desleixado do rico comerciante, vigiando seus passos e sua fé, inconscientemente relataram ao visitador sua própria falta de atenção e respeito às pregações, se ocupando de Nunes ao invés de se ocuparem da missa. Questionado sobre suas ausências à igreja, João respondia sempre friamente, como se quisera evitar o assunto, descontente com os rumos que tomavam essas conversas e com a cobrança a respeito da sua moral de bom cristão.

Embora visse também a Nunes como ruim cristão que "passando pelas igrejas não entrava nelas", o padre Simão de Proença definia com exatidão as datas em que o mercador amancebado se confessava: "pela quaresma e no fim dela". Seu pouco respeito à religião era ainda agravado por ser possuidor de sangue herético e pelas atividades que exercia (ou tinha fama de exercer): arrecadador de impostos, comerciante, onzeneiro, tesoureiro-rabi: formava-se um caldeirão de indícios contra Nunes que nem mesmo sua presença – embora rara – às missas e a atuação na dita Congregação do Santíssimo Sacramento serviriam para livrar-lhe de sua sina e fardo: era aclamado como suposto judeu e mau cristão, voz pública em toda a capitania.

São seus criados pessoais, por fim, que nos apontam bons caminhos para percebermos aspectos da religiosidade presente em Nunes, sem muito atentar para as obrigações da fé que dizia conjugar, manifestando pouco respeito ao sagrado. Dizia Fabião Rodrigues que

---

64 "Antonio Batalha contra João Nunes", em 05/02/94. *Idem*, p. 203-205.

em todo este tempo de três anos que há que serve ao dito João Nunes, ouviu sempre quando jurava, nunca jurar outro modo de juramento senão este, *juro a Deus, por Deus eterno, por Deus do céu*. E que estes juramentos lhe viu jurar todas as vezes que queria afirmar alguma coisa com eficácia, e isto poucas vezes, porque ele é homem de pouco prosear. Porém, estas poucas vezes que ouviu jurar, foi sempre do dito modo, e não de outro nenhum.[65]

Mateus Lopes repetiria a fala de Fabião:

> Em todo o dito tempo de pouco mais de um ano que há que serve o dito João Nunes, algumas vezes que ele jurava, que vendo afirmar alguma coisa, sempre ouviu jurar estes modos de juramento, *por Deus eterno, e por Deus do céu*, nem pelos Santos Evangelhos, nem pela hóstia consagrada, nem por outro nenhum modo de juramento, mas senão somente *por Deus do céu*, ou *por Deus eterno*, e disse que das ditas cousas ele nunca fez caso nem teve ruim suspeita.[66]

Externava seu pouco caso com a religião dominante envolvendo-se também com feitiçarias. Procurava a ajuda de meios sobrenaturais para aumentar seu prestígio e força, resolvendo dessa forma os problemas que o dinheiro não conseguia. Alguns em Olinda conheciam a história que envolvia João Nunes e Ana Jácome, "mulher mundana, torta de um olho", feiticeira que já viera degradada do reino. Jácome era famosa por suas magias para encontrar negros fugidos, e o próprio Nunes experimentara o remédio. Participando do comércio de escravos, indispensáveis para o

---

[65] "Denunciação de Fabiam Roiz contra Joam Nunez", em 25/02/1592. Arquivo Nacional da Torre do Tombo, Inquisição de Lisboa, processo 885.

[66] "Denunciação de Matheus Lopes contra Joam Nunez", em 25/02/1592. *Idem*.

trabalho colonial, se tornava essencial no fornecimento destes aos demais engenhos e interessados, que dependiam dele para a aquisição da mão-de-obra necessária ao bom funcionamento de seus negócios. Tinha aí uma de suas principais fontes de lucros e era imprescindível que o controle sobre a preciosa mercadoria que vendia fosse intenso. Fugidos uns negros que lhe pertenciam, o comerciante não titubeara, procurando os serviços sobrenaturais da Jácome. E a feiticeira, ao tratar novos serviços, dava conta dos sucessos que tivera em outras vezes – forma de propaganda a garantir bom preço para suas magias? –, listando seus clientes importantes. Quando Antonio Padreiro a contratara para procurar um negro insolente há muito fugido,

> ela lhe respondeu que lhe desse o nome do negro porque ela lho faria aparecer por sua arte (sem lhe declarar que arte, porém, diabólica) e que já ela por sua arte fizera aparecer outros negros fugidos ao dito João Nunes cristão-novo e a Francisco Madeira,[67] e a Brás da Mata, moradores da dita Olinda.

Combinado o negócio, "ele denunciante deu o nome do negro escrito em um papel. E depois disso, daí a dois ou três dias, lhe respondeu que o dito negro estava vivo mas longe, mas nunca houve efeito a vinda do dito negro".

Mesmo sem recuperar o escravo fugido, parece que Antonio ficara satisfeito com o serviço de Jácome e, no dia seguinte, encomendara-lhe um outro, ainda mais estranho, também este testado por João Nunes:

> lhe relevava mandar duas cartas a Ponte de Lima e a Viana, que lhe desse ela maneira para serem levadas logo, e ser tornada resposta pela sua arte diabólica. E que ele lhe daria por isso uma vasquinha e ela lhe respondeu que assim que fizesse ele as cartas e que

---

67 Francisco Madeira, veremos mais tarde, cuidaria dos negócios de Nunes enquanto este se encontrava em viagem à Salvador, época em que foi preso por Heitor Furtado de Mendonça.

> lhas desse em um dia de quarta-feira, porque não havia de lhas dar senão em dia de quarta-feira. E que já ela tinha negociado outras muitas cartas também dessa maneira ao dito João Nunes. E depois de ele denunciante lhe dar as ditas cartas em uma quarta-feira, lhe respondeu que na sexta-feira seguinte lhe daria a resposta, porque as quartas e sextas feiras eram os dias em que ela usava a sua dita arte.[68]

Nunes também conhecia e mantinha contatos com uma mulher chamada Borges, "a qual dizem que veio do Reino degredada por feiticeira", "mulher seca e meã, e que tem um olho como piscado". A própria Borges dera notícia do que era capaz ao padre Simão de Proença:

> indo com uma pessoa a qualquer parte perigosa, ela sabia fazer cousas com que não seriam sentidos, nem lhes aconteceria mal nenhum. E que faria adormecer quem quisesse. E que, perante uma pessoa, faria que entrasse outra em sua casa e lhe tivesse com a mulher sendo presente, sem o sentir nem ver. (...) E que faria vir os negros fugidos donde quer que estivessem para seus senhores. E que faria a quem quisesse querer bem e perder-se por amor por quem ela quisesse, ainda que estivessem em ódio.

O vigário também ouviu da feiticeira sobre o presente especial que esta oferecera a João Nunes, ainda nos tempos do reino, e a gratidão que nosso personagem nutria por sua protetora:

---

68   "Denunciação de Afonso Rodrigues Padreiro", em 07/11/1592. Arquivo Nacional da Torre do Tombo, Inquisição de Lisboa, processo 885. *Vasquinha*, vale dizer, era uma espécie de "saia à antiga com muitas pregas em roda da cintura, *i é*, de esguelha". SILVA, Antônio de Moraes. *Diccionário da língua portugueza*. Lisboa: Typ. Lacérdina, 1813.

em Lisboa, dera a João Nunes, cristão-novo mercador e morador em Pernambuco, ora estante nesta cidade, um espírito familiar em um anel, o qual ele tinha para ganhar em seus tratos e tudo lhe suceder bem e escapar dos perigos, e não poder ser ferido. E que um dia, achando-a ele na dita vila, lhe dera três mil réis em dinheiro e outras coisas, agradecendo-lhe tudo o passado."[69]

Ficara famoso o convívio do rabi-mordomo-possuidor-de-diabrete a portas fechadas com Francisca Ferreira, a Barreta, então casada com um oleiro que lhe prestava serviço.[70] Fizera de tudo para conseguir a atenção

---

69 "Denunciação do padre Simão de Proença", em 10/02/1592. Arquivo Nacional da Torre do Tombo, Inquisição de Lisboa, processo 885. De acordo com Vainfas, acreditava-se os espíritos familiares eram "diabretes domésticos enviados pelo diabo para servir às feiticeiras, segundo larga tradição medieval". *Confissões da Bahia. Op. cit.*, 1997, p. 138, nota.

70 Em um de seus depoimentos perante o inquisidor enquanto esteve preso em Lisboa, datado de 12 de dezembro de 1597, Bento Teixeira comentaria sobre o envolvimento amoroso de nosso personagem: "João Nunes é cristão-novo, mercador, morador em Pernambuco, casado nessa cidade com um mulher cristã-nova a qual não sabe o nome e é sobrinha do mesmo João Nunes". Apesar da afirmação categórica de Bento a respeito da origem neoconversa da Barreta, nenhum outro denunciante ou envolvido no processo contra João mencionou qualquer tipo de informação sobre o sangue de Francisca ser ou não maculado, muito menos sobre esta ser sua parenta – o que, certamente, não passaria oculto nem ao visitador e nem tampouco aos olhos da população, ávida por novidades sobre a vida do rico mercador. Da mesma forma, o "casamento" que Bento atribui a Nunes não encontra nenhuma outra referência na documentação e, podemos afirmar, sem margem de erro, não ocorrera. Não estaria o poeta e mestre de ensinar moços mais preocupado em salvar sua própria pele da situação desfavorável em que se encontrava, também ele acusado por todos os lados, lançando acusações que não poderia provar? Arquivo Nacional da Torre do Tombo, Inquisição de Lisboa, processo 5206. Por outro lado, chama a atenção, caso confirmado, o fato de ser a Barreta de sangue neoconverso,

e o carinho da mulher que mostrava amar e convencê-la a mudar de par, embora consciente das pressões e críticas que enfrentaria: convidou-a a abandonar a antiga residência e vir morar em seu sobrado na Rua Nova. Não fazia questão em esconder seu envolvimento com a mulher comprometida e, em pouco tempo, o caso tornar-se-ia "público, claro e notório e certo em toda a dita vila". Mais do que isso, um verdadeiro escândalo e motivo de comentários generalizados por parte da população, municiando-a ainda mais de veneno, posto que já tinha motivos de sobra para falar mal de Nunes.

Querendo evitar – ou ao menos adiar – os problemas com Manuel Ribeiro, o antigo marido de Francisca, seu empregado, mandou-o em viagem de negócios à metrópole, onde estaria sob os cuidados de um irmão de João, Henrique, fixado em Lisboa, que de lá o mandaria à África. Quando de volta a Pernambuco, ciente da traição da Barreta, Manoel daria queixa do ocorrido ao ouvidor Jorge Camelo, ameaçando ao mercador amancebado que, com a ajuda de Camelo – visto o ouvidor lhe dever favores –, conseguiu que seu acusador fosse preso, invertendo a lógica dos fatos – justo o esposo traído que clamava pela prisão do rico comerciante. Manoel fora obrigado a assinar o perdão da traição da esposa em troca de sua liberdade, iludido pelas promessas do onzeneiro rabi e ameaçado por seus aliados. Um criado de confiança fora mandado por João à Salvador para que conseguisse a anulação do casamento da Barreta com o oleiro, conseguindo a façanha. Apresentando-se como "amigo de todos" os que envolvia em suas acusações, Bernardo Velho explica a bem montada trama de João Nunes:

> com seu dinheiro e poder fez, averiguou e negociou, com que fez dar uma sentença no Juízo Eclesiástico nesta cidade que a dita mulher não era casada com o dito oleiro e os fez apartar, sendo eles verdadeiramente casados e recebidos à porta da Igreja.

numa época em que os cristãos-novos buscavam, não raro, casamentos com indivíduos de sangue puro, buscando dirimir quaisquer dúvidas sobre a real sinceridade de sua aceitação do catolicismo.

Com suas "manhas e astúcias", descasou o oleiro "e deu provas de que não eram casados". O que alegara para obter tamanho sucesso em tal intento é-nos desconhecido, mas não resta dúvida que fora ajudado pelo Eclesiástico. As relações de Nunes na capital colonial e o auxílio do ouvidor Jorge Camelo contribuíram certamente para que angariasse simpatias ao seu inusitado pedido. Afirmaria a Luis Gomes, intermediador enviado pelo pedreiro que cobrava as promessas feitas por Nunes de devolução da mulher e da fazenda, "coisa tão justa e de serviço de Deus": "não quero dar a Manoel Ribeiro sua mulher nem lha hei de dar, e nem Jesus Cristo lhe pode valer para eu lha dar",[71] considerando-se acima de todos, neste e no outro mundo. Como cartada final, ofereceu a Manoel Ribeiro uma quantia em ouro para que esquecesse a querela e desistisse da antiga esposa, com a condição de que embarcasse sem volta para Angola, dando fim aos rumores e à situação de constrangimento.

O amancebamento, porém, não seria assunto superado na vila de Olinda. Por "desfazer o casamento dos ditos casados", era chamado de "cão e de judeu". Mas não aceitava críticas nem intromissões no caso, justificando a fama de que "jura muitos falsos": "quando alguma pessoa lhe falava que por que fazia descasar os ditos casados, respondia que havia de descasar ao dito vilão oleiro, pois querelara dele e que nem Jesus Cristo lhe havia de valer"![72]

O caso chocou Olinda, colaborando para aumentar o mau juízo a respeito de João. Além de conviver "de portas fechadas" com Francisca sem que tivessem feito as devidas juras matrimoniais, continuando a "conversação desonesta de estar amancebado publicamente", fizera-o com mulher casada, roubando-a do antigo marido e destruindo o relacionamento anterior. Mais tarde, à época em que causava escândalo o episódio do crucifixo, seria preso na cadeia pública da vila por ordens do Ouvidor da Vara Eclesiástica, o Licenciado Diogo do Couto (diga-se de passagem, amigo

---

71 "Luis Gomes contra João Nunes", em 29/03/1594. *Denunciações e Confissões de Pernambuco*. Op. cit., 1984, p. 247-249.

72 "Denunciação de Bernardo Velho", em 04/11/1592. Arquivo Nacional da Torre do Tombo, Inquisição de Lisboa, processo 885.

de João), ainda por causa do amancebamento com Francisca Ferreira – "e que a dita sua manceba ficava ferida" –,[73] e novamente repreendido em seu envolvimento conjugal pecaminoso, visto ser "contumaz reincidente nesse pecado de estar amancebado depois de muitas admoestações" e, "tanto que o prendeu, logo os padres da Companhia de Jesus vieram falar sobre ele e logo da cadeia a rogo deles o mandou para sua casa".

Talvez pelo desconforto causado em arrestar o amigo, o licenciado não tomaria as medidas de praxe, sem executar os autos de prisão e de soltura mandados ou escritos: tudo fizera apenas verbalmente, evitando maiores inconvenientes ao mercador. E a si próprio: mais uma vez o padre Simão de Proença mostrava estar a par das armações de Nunes: "sabe que o dito ouvidor Diogo do Couto tem recebido em préstimos e amizade do dito João Nunes de letras que ele lhe tem passadas de créditos de direito, as quais não sabe se o dito ouvidor lhe torna a pagar".[74]

Nunes sabia a quem agradar com mimos ou a hora certa de renegociar os débitos de suas onzenas. Diogo do Couto, ao que parece, vendera a liberdade de João também pelo preço da sua dívida. Bem relacionado com o licenciado, mostrou-se igualmente amigo dos jesuítas, que intercederiam junto ao ouvidor eclesiástico para que Nunes fosse solto. Conforme Sonia Siqueira, "parece óbvio que João Nunes comprava a liberdade de seus movimentos", escolhendo bem "suas amizades entre aquêles que poderiam ser pontos de apôio para a afirmação de seu poder". Da sua lista de amigos constavam "os homens mais importantes da administração da terra, e alguns dos mais ricos. Cristãos-velhos e cristãos-novos. Leigos e eclesiásticos".[75] Mas sua relação com Francisca Ferreira nem assim sofreu transformações. Parece que apenas quando mandado aos cárceres do Santo Ofício por Heitor Furtado, João Nunes veria impedido – não sabemos se definitivamente ou não, embora a primeira opção seja mais provável – o seu convívio com a Barreta.[76]

---

73 "Denunciação de Fabião Roiz contra João Nunes", em 25/02/1592. *Idem*.

74 "Denunciação do padre Simão de Proença", em 10/02/1592. *Idem*.

75 Siqueira, Sonia A. *Op. cit.*, 1971, p. 232-233.

76 Os processos contra João Nunes movidos pelo Santo Ofício lisboeta não nos dão notícia do que ocorrera com a Barreta após a prisão do onzeneiro por

O condenável envolvimento de João com Francisca fazia parte de um comportamento que não lhes era exclusivo. O já propalado pouco rigor religioso da colônia e a desmedida burocracia canônica nos casos em que era necessário apurar possíveis obstáculos às núpcias levavam alguns colonos, independente da sua origem maculada ou cristã pura, a conviverem com seus parceiros sem terem antes legalizado a relação. Impedimentos insuperáveis, entraves sociais, obstáculos legais ou financeiros: a preocupação com os custos, nem sempre baixos, que cercavam as dispensas para a cerimônia, impensáveis para aqueles que não haviam visto ainda se concretizar a esperança de melhoria econômica que os empurrara para o trópico – falta de recursos "para almejar uma vida conjugal minimamente alicerçada segundo os costumes sociais e a ética oficial".[77] Com as mancebias, por vezes, uniam-se almas e misérias comuns.

É certo, por outro lado, que não interessava à Igreja impedir matrimônios, dada a sua necessidade de aumentar o apelo aos fiéis em região onde o chamado e a vigilância católicos tinham menos força do que no reino. Pelo contrário: legalizar casamentos era uma forma de manter controle sobre seu rebanho. Exagerando as facilidades da situação real, Catarina Morena afirmava a Heitor Furtado: "tanto uma pessoa estava nestas partes do Brasil, logo nelas podia casar, sem embargo de ser casado em outra parte", isso para justificar seu próprio exemplo, mulher casada que fugira do marido na Espanha para casar-se de novo em Olinda.[78] Chamam a atenção os casos de bigamia em que homens e mulheres casavam-se novamente

---

Heitor Furtado na Bahia e seu despacho para a sede daquela Inquisição, no Castelo do Rossio. Inexistem informações que deem conta do paradeiro de Francisca Ferreira: se fora para a Bahia atrás do companheiro preso; se seguira à mesma época que ele, ou mais tarde, para Lisboa; se voltaram a viver juntos – legalizando ou não a situação do casal, tentando evitar novos problemas – após o fim do processo e libertação do comerciante que escolhera como marido de fato, embora não de direito. Mas as pistas sobre o paradeiro de Nunes após a saída do Santo Ofício apontam o envolvimento de nosso personagem com outra mulher, como veremos adiante.

77 *Apud* VAINFAS, Ronaldo. *Op. cit.*, 1997, p. 94.
78 *Idem*, p. 93.

sem que o relacionamento anterior houvesse comprovadamente chegado ao término, alegando celibato ou notícias, muitas vezes forjadas, do falecimento do antigo parceiro desaparecido por motivo desconhecido. Contudo, poderiam se encontrar diante de uma realidade diversa e conflitante, com a confirmação ou simples possibilidade de que o outro membro do casal não estivesse morto. Se alguns mentiram ou não procuraram maiores provas sobre o falecimento do ser amado para se entregarem à nova oportunidade conjugal, outros correram ao visitador pedindo perdão pelo erro cometido – embora não fosse crime da alçada do Tribunal – e sem saber que decisão tomar, dizendo terem cumprido todas as normas e obrigações legais, pagando as custas da circulação dos chamados pregões para confirmar a morte do antigo amor, recebendo autorização para o casamento, sendo surpreendidos depois de certo tempo com a informação de que o cônjuge anterior ainda pertencia ao mundo dos vivos.

A atitude de João para conquistar a desejada companheira causou indignação e revolta em toda a vila, mas o mercador relutava em assumir o erro. Chegara a dizer ao cristão velho Gaspar Carneiro, provedor-mor da Capitania de Pernambuco, em conversa acerca do envolvimento que mantinha com Francisca, que ele, João Nunes, não tinha pecado mortal! Indagado pelo provedor sobre a afirmação que acabara de fazer, Nunes

> lhe respondera que isso era pecado venial, havendo muitos anos que estava amancebado com a dita mulher, sendo público que para efeito de ficar com ela lhe mandara o marido para Lisboa dirigido a seu irmão para dela o mandar a Angola.[79]

O seu comportamento era uma verdadeira afronta ao catolicismo. Também o era, por outro lado, ao judaísmo que alguns julgavam que seguia ocultamente: feria as regras da religião que oficialmente professava e as da fé condenada pelos cristãos. Se não tinha comportamento

---

79 "Antonio Batalha contra João Nunes", em 05/02/1591. *Denunciações e Confissões de Pernambuco*. Op. cit., 1984, p. 203-205.

de católico, da mesma forma não obedecia as regras judaicas. Cometia heresia por amancebar-se, ferindo a sagrada instituição do matrimônio. Praticava adultério por ser ela mulher casada. Desrespeitava igualmente o casamento por separar o antigo casal e desejar a mulher do próximo: infringia a um só tempo o Sexto e o Nono Mandamento da Lei de Deus. Francisca também não era inocente, sendo passível de punição por ter escolhido a Nunes como companheiro em detrimento do compromisso que assumira perante a Igreja com o esposo anterior, negando "ao dito seu marido de marido".

Condenado por católicos e judeus, o adultério era dos pecados considerados mortais.[80] Pelas leis da época, as mulheres adúlteras podiam ser sentenciadas a penas que chegavam à morte por sua traição, e a Barreta era casada com o oleiro Manoel quando decidira ir morar sob o teto do rico comerciante: traíra o marido, as bênçãos que recebera da Igreja e as leis dos homens e de Deus. O que aconteceria com a mulher amancebada e com Nunes caso a sua união anterior não fosse anulada e se não houvesse sido feito um acordo entre o mercador e o marido abandonado consolado pelo dinheiro?... As Ordenações Manuelinas previam as traições em seus detalhes e diferenças:

> Estabelecemos que todo homem que fizer adultério com alguma mulher casada, e que em fama de casada estiver, morra por ele (...).
> E toda mulher que fizer adultério a seu marido, morra por ele; *e se a dita mulher para fazer adultério se for com alguém por sua vontade da casa de seu marido, ou*

---

80 Alan Unterman define: "o adultério, proibido no Decálogo, é considerado um dos três pecados que, a cometê-los, um judeu deve preferir a morte (os outros dois são a idolatria e o assassínio)". UNTERMAN, Alan. *Op. cit.*, 1992, p. 14. Vainfas elucida sobre o ponto de vista católico: "Gravitando em torno do casamento, sem necessariamente negá-lo, o adultério representava para a Igreja a relação concubinária por excelência, a mais desonesta das 'conversações' sexuais que podia travar um homem e uma mulher, a mais grave ofensa ao sacramento do matrimônio". VAINFAS, Ronaldo. *Op. cit.*, 1997, p. 97.

> *donde a seu marido tiver, Mandamos, que se o marido dela querelar, ou a acusar, que morra; e aquele com que ela se foi morra por isso, sem mais No-lo fazerem saber (...).*
>
> *E se o marido algum dano por esta razão receber em sua fazenda, seja corrigido pelos bens daquele, que lha assim levar.*[81]

Outros exemplos coloniais dão-nos, na prática, a noção das consequências reais que poderiam encontrar pelo condenável ato. Alguns homens traídos não esperavam o auxílio da lei, apesar de tê-la ao seu lado,[82] e procuraram fazer justiça por conta própria, lavando a honra com o sangue traidor. Bento Teixeira, por exemplo, matara a mulher, Felipa Raposa, de linhagem nobre, acusada de uma série de adultérios, colecionados durante anos, ódio talvez somado ao medo de que ela o acusasse de judaísmo ao Santo Ofício: vingou-se a facadas. Após o crime, encontrou refúgio junto a religiosos, no Mosteiro de São Bento de Olinda: ganhara aval para o seu crime. De modo igual agiu Salvador da Maia, o mesmo homem velho e manco que esfaqueara

---

81 *Ordenações Manuelinas. Collecção da Legislação antiga e moderna do Reino de Portugal.* Livro v, Título xv, "Do que dorme com mulher casada". O grifo é meu. *Op. cit.*, 1984, *p.* 54-59.

82 "Achando algum homem casado sua mulher em adultério licitamente poderá matar assim a ela como a aquele que achar com ela em o dito adultério. (...) E não somente poderá o marido matar sua mulher, e o adúltero que achar com ela em o dito adultério, mas ainda os pode licitamente matar sendo certo que lhe cometeram adultério, e entendendo-o assim provar; e provando depois o dito adultério por prova lícita e abastante, segundo o Direito quer, será livre sem pena alguma. (...) E declaramos que no caso onde o marido pode matar sua mulher, ou o adúltero como em cima dissemos, que poderá levar consigo as pessoas que quiser para o ajudarem, contanto que não sejam inimigos da dita adúltera por outra causa afora a causa do dito adultério; e estes que consigo levar se poderão livrar como se livraria o marido provando o matrimônio e adultério. Porém, sendo inimigos como dito é, em tal caso serão punidos segundo Direito, posto que o marido se livre". *Idem*, Livro V, Título xvi, "Do que matou sua mulher pola achar em adulterio", *p.* 59-61.

uma figura de Jesus crucificado, também acusado perante Heitor Furtado de manter um crucifixo embaixo da cama, ou sob o colchão, ou ainda debaixo do corpo de sua mulher quando das relações sexuais. Descoberta a traição, castigara com a morte a esposa cristã velha que adulterara. Teria usado a mesma arma com que ferira a imagem sagrada? Talvez esta também fosse a vontade de Manoel Ribeiro – ou, pelo menos, o que se esperava dele –, expectativa dos que conheciam o fato e desejavam a ruína do incômodo comerciante pecador, "por esta obra ser como de quem sente mal do sacramento do matrimônio", misturando-se desavenças pessoais com a indignação cristã: uma das poucas chances de se verem livres do jugo do impiedoso onzeneiro.

A falta de atenção às leis católicas não era, contudo, prova concreta de criptojudaísmo em Nunes sendo, como era, comportamento bem difundido entre cristãos velhos e novos, no aquém e além-mar. O respeito ao casamento, vale lembrar, era condição básica para que fosse alguém considerado judeu entre judeus.[83] Mais correto seria entender o desacato

---

83 Unterman explica no verbete *casamento*: "É um dever para o judeu casar e procriar. Esse dever recai em primeiro lugar sobre o homem e em segundo sobre a mulher. A única escusa válida para que um homem não se case é ele querer dedicar sua vida ao estudo da Torá, mas tal celibato é fortemente desencorajado. (...) Como o casamento é uma ligação santificada, só pode ser dissolvido por um divórcio religioso ou pela morte. Depois do casamento o casal é considerado como tendo nascido de novo, e todos os seus pecados anteriores são perdoados". Já com relação ao divórcio, em certos casos permitido no Judaísmo, o autor esclarece em verbete próprio algumas das situações em que se faz possível: "A escola conservadora de Shamai o proibia, exceto em casos de má conduta sexual da mulher, quando o marido é obrigado a se divorciar dela. A escola de Hilel o permitia se a mulher se comportasse de maneira imprópria, por exemplo, estragando a comida do marido, e a ulterior halachá seguiu a opinião de Akiva de que um homem pode divorciar-se de sua mulher até por ter encontrado outra que ele prefira àquela", nenhum dos casos servindo a Nunes, visto não ser ele o marido da Barreta, mas o que a cobiçava o que também, pelas lei judaicas, conforme visto, era grave pecado. UNTERMAN, Alan. *Op. cit.*, 1992, p. 58 e 82. Apesar de o divórcio ser aceito em determinadas situações na lei judaica, é impossível pensar que o arrogante mercador onzeneiro enfrentasse as autoridades do arcebispado da Bahia para fazer valer seus desejos (hebraicos), assim como é inconsistente admitir que os religiosos fariam sua vontade.

ao matrimônio como falta de apego às regras morais da religião que, ao menos oficialmente, seguia: negava-o não por judaizar, mas quem sabe por ser uma característica do catolicismo imposto, do qual discordava, ou simplesmente porque desejava Francisca, pouco importando se isto agradava a Deus, a Iaweh, à Igreja, ou a quem quer que fosse.

Na realidade, o amancebamento do rico comerciante é mais uma característica do "abrasileiramento" do qual fora vítima. Longe das pressões do reino, e com poder suficiente para que as críticas a seu respeito não lhe trouxessem maiores incômodos, acabou despreocupando-se das regras sociais, o que o levou a desprestigiar, sem maiores hesitações, o casamento alheio. A forma como os Nunes compreendiam o relacionamento com mulheres também é, aliás, reveladora para entendermos o enlace ilegal e não abençoado do rabimordomo: o irmão de João, Diogo, fora acusado ao visitador e processado pela Inquisição por haver afirmado algumas vezes que "a fornicação de dormir carnalmente um homem com uma negra ou com uma mulher solteira não era pecado" logo que fosse devidamente paga pelo 'serviço',[84] ideia que, ao contrário de lhe ser exclusiva, compartilhava não só com a colônia mas com todo o mundo cristão, generalizada entre os homens:

> discutia-se o assunto em todas as horas, lugares e circunstâncias, conversando-se com amigos ou parentes à mesa, no alpendre das casas, na sesta, antes ou depois da missa dominical, no trabalho, nas fazendas, nos engenhos, nos caminhos. Ou bem se discutia o assunto em geral e por princípio, ou bem o tema afluía a propósito de certa aventura ou encontro amoroso.[85]

O próprio João, certamente, não pensava diferente do irmão e do restante dos homens. Comprava a todos com sua riqueza, logo, muitas

---

84 "Lopo Soares contra João Nunes e Diogo Nunes", em 23/11/1593. *Denunciações e Confissões de Pernambuco. Op. cit.*, p. 117-119.

85 VAINFAS, Ronaldo. *Op. cit.*, 1997, p. 63.

mulheres devem ter frequentado seus aposentos, sem que o poderoso mercador tivesse um mínimo de remorso cristão por isso. Igual escândalo causava o comerciante da Rua Nova pelos conhecimentos religiosos que possuía e comentários fora de hora. Mesmo os inimigos que o denunciavam ao visitador reconheciam que era astuto, "largo no saber": fora visto algumas vezes com livros nas mãos. Certamente era dos poucos homens de negócio que possuía livros e se dedicava à leitura. O cristão velho Lopo Soares, dizendo ter muita amizade a João Nunes e a seu irmão Diogo, indo certa vez à casa do mordomo onzeneiro,

> o achou só, estando lendo por um livro latim: lhe disse ser o Concílio Tridentino. E estando assim lendo o dito João Nunes algumas partes do dito livro, fez uns gestos e movimentos, e disse umas palavras, (...) que dos ditos gestos e palavras, entendeu ele denunciante que o dito João Nunes não aprovava aquelas determinações ou lugares do dito sagrado concílio que ele então lia.[86]

Homem crítico, letrado, conhecedor de português e latim, Nunes tinha acesso – malgrado sua sina de mau cristão – aos mandamentos da Igreja Católica bem mais do que boa parte dos cristãos que viviam na colônia. Duarte de Sá afirmou a Heitor Furtado sobre João que "ele mesmo lhe disse que tinha a Bíblia em latim, e que a dera ao Padre Frei Melchior, comissário dos Capuchos deste Brasil".[87]

---

86 "Lopo Soares contra João Nunes e Diogo Nunes", em 23/11/1593. *Denunciações e Confissões de Pernambuco. Op. cit.*, 1984, p. 117-119.

87 "Duarte de Sá contra João Nunes", em 08/02/1594. *Idem*, p. 228-229. Simão Mattos, a quem Wiznitzer identificou erroneamente como irmão de Nunes, tinha um comportamento tão condenável quanto o do "falso parente", pois que também gostava de livros judaicos. Simão, "que diziam possuidor de um Sefer Torah, (...) também foi acusado de ter posto uma moeda de ouro na boca de Gaspar Dias de Moura, que residira no engenho de açúcar de Mattos

Na época em que João Nunes foi preso na Bahia, o notário da Inquisição, Manoel Francisco, a pedido de Heitor Furtado, fizera declaração, no traslado do despacho de Nunes para Lisboa, indicando a lista dos bens apreendidos com o mercador:

> quando foi preso o réu João Nunes, entre os seus papéis lhe foi achado *Proverbia Ecclesiastes* e *Cantica Canticorum Salomonis, Liber Sapientiae Ecclesiasticus Jesu Filli Siracha*, tudo isto em um livrinho de um só volume, pequeno, do tamanho de umas horas de Nossa Senhora. E não lhe foi achado nenhum livro outro nem horas de Nossa Senhora, nem livro de rezar, senão somente o dito livrinho.[88]

A obra encontrada em poder de João dá-nos noção do que conhecia em termos de textos sagrados. Provavelmente, os textos do livrinho apreendido em poder de Nunes são algumas publicações de pequenas partes escolhidas do texto bíblico, leituras específicas do Antigo Testamento na versão latina, a *Vulgata*, usada pelos padres, livro proibido para leigos, exceto se obtivessem licença, o que não parece ser o caso de nosso leitor rabi. A *Proverbia Eclesiastes* pode ser uma referência ao livro *Provérbios* ou ainda, o mais provável, aos livros *Provérbios*[89]

---

e era membro da Nação, logo depois que este último falecera, cinco anos antes". Caso o parentesco entre Simão e João se confirmasse, teríamos uma verdadeira e grande linhagem de judaizantes. Além do próprio Simão, outros membros de sua família viviam práticas judaicas e mantinham ainda ligações mais graves com o Tribunal Inquisitorial: "Manoel Nunes irmão do dito Simão Nunes, o qual Manoel Nunes morreo judeu em Flandez", e que fora casado com uma mulher queimada pelo Santo Ofício em Lisboa. Confissão de Manoel Homem de Carvalho, em 24/02/1620. *Livro das Confissões e Ratificações da Bahia 1618-1620. Op. cit.*, 1963, *p.* 507-510.

88 "Traslado do despacho". Arquivos Nacionais da Torre do Tombo, Inquisição de Lisboa, processo 885.

89 "O livro dos Provérbios é o mais típico da literatura sapiencial de Israel. Ele se formou em torno de duas coleções: 10,1-22,16, intitulada "Provérbios

e *Eclesiastes;*[90] O *Cantica Canticorum Salomonis* é certamente *O Cântico dos Cânticos,*[91] para alguns, o mais erótico dos livros do Antigo Testamento. Jacques Le Goff assim o definiu: "O Cântico dos Cânticos é um hino ao amor conjugal palpitante de febre amorosa e mesmo erótica". A Igreja deu ao Cântico uma interpretação alegórica, dizendo que o livro – que, no fundo, tratava da união

de Salomão" (375 sentenças), e 25-29, introduzida por "Também estes são provérbios de Salomão, transcritos pelos homens de Ezequias" (128 sentenças). A estas duas partes são acrescentados dois apêndices: à primeira, as "Palavras dos sábios" (22,17-24,22) e "Também estes são dos sábios" (24, 23-34); à segunda, as "Palavras de Agur" (30, 15-33) e as "Palavras de Lamuel" (31, 1-9). Este conjunto é precedido de uma longa introdução (1-9), na qual um pai faz a seus filhos recomendações de sabedoria e a própria Sabedoria toma a palavra. O livro termina com um poema alfabético, que louva a mulher perfeita (31,10-31). (...) O ensinamento dos Provérbios foi, sem dúvida, bem superado pelo de Cristo, Sabedoria de Deus, mas certas máximas anunciam já a moral do Evangelho. Deve-se também recordar que a verdadeira religião não se edifica senão sobre uma base de honestidade humana, e o uso freqüente que o Novo Testamento faz do livro (catorze citações e umas vinte ilusões) impõe aos cristãos o respeito por estes pensamentos dos velhos sábios de Israel". *A Bíblia de Jerusalém*. São Paulo: Edições Paulinas, 1985, *p*. 1115-1116.

90 "O livro tem o caráter de uma obra de transição. As certezas tradicionais são abaladas (...). O livro não representa mais do que um momento no progresso religioso e não deve ser julgado abstraindo daquilo que o precedeu e do que o seguirá. Sublinhando a insuficiência das concepções antigas e forçando os espíritos a enfrentar os enigmas humanos, abre caminho para uma revelação mais alta. Dá uma lição de desapego dos bens terrestres e, negando a felicidade dos ricos, prepara o mundo para entender que 'bem-aventurados são os pobres' (Lc 6,20)". *Idem*, p. 1166.

91 "O Cântico dos Cânticos, isto é, o Cântico por excelência, o mais belo cântico, celebra numa série de poemas o amor mútuo de um Amado e de uma Amada, que se unem e se perdem, se buscam e se encontram. (...) Pode-se buscar a origem do Cântico nas festas que acompanham a celebração do matrimônio (...). Ensina a seu modo a bondade e a dignidade do amor que aproxima o homem e a mulher, exorciza os mitos que se lhe associavam então e livra-o tanto dos vínculos do puritanismo como das licenciosidades do erotismo". *Idem, p*. 1182-1184.

de Javé com Israel – sugeria metaforicamente a união de Deus com a alma fiel e de Cristo com a Igreja. Pelos idos do século XII, quando o Cântico passou a exercer muita atração nos que compunham trovas de amor (o amor cortês), São Bernardo insistiu em que só valia concebê-lo como metáfora;[92] O *Liber Sapientiae Ecclesiasticus Jesu Filli Siracha* alude, na realidade, a dois outros livros: *Sabedoria*[93] e *Eclesiástico* (Sirácida).[94] Todas essas obras fazem parte do conjunto dos *Livros Poéticos e Sapienciais* do Antigo Testamento. Intrigante, de qualquer modo, que nosso ganancioso mercador onzeneiro tivesse em mãos obras que se notabilizam pela divulgação de máximas do ensinamento divino – só para ficar no Eclesiástico – a respeito da paciência, retidão, humildade, pudor e respeito

---

92 LE GOFF, Jacques. "A recusa do prazer". *In*: LE GOFF, Jacques *et alii*. *Amor e sexualidade no Ocidente*. Porto Alegre: L&PM, 1992, p. 150-162.

93 "Na primeira parte, o livro, que é chamado simplesmente *Liber Sapientiae* na Vulgata, mostra o papel da Sabedoria no destino do homem e compara a sorte dos justos e a dos ímpios durante a vida e após a morte (1-5). Uma segunda parte (6-9) expõe a origem e a natureza da sabedoria e os meios de adquiri-la. A última parte (10-19) exalta a ação da sabedoria e de Deus na história do povo eleito, insistindo unicamente, salvo uma breve introdução, que se refere às origens, no momento capital desta história, a libertação do Egito; uma longa digressão (13-15) contém uma crítica à idolatria". *A Bíblia de Jerusalém. Op. cit.*, 1985, p. 1200.

94 "Seu título latino *Ecclesiasticus* (*liber*) é uma denominação recente (São Cipriano), que sublinha sem dúvida o uso oficial que dele fazia a Igreja. Em contraposição com a Sinagoga. Em grego o livro chamava-se 'Sabedoria de Jesus, filho de Sirac' e o autor é ainda mencionado em 50,27. Os modernos o chamam Ben Sirac ou o Sirácida (segundo a forma grega Sirac) (...). Os mais diversos temas são abordados sem ordem e com repetições, são tratados como pequenos quadros que se agrupam, de modo livre, máximas curtas. (...) Ben Sirac é a última testemunha canônica da sabedoria judaica na Palestina. É o representante por excelência daqueles *hasidim*, os 'piedosos' do Judaísmo (1Mc 2,42+), que em breve defenderão sua fé contra a perseguição de Antíoco Epífanes e que manterão em Israel núcleos fiéis, onde germinará a pregação de Cristo. Embora não tenha sido aceito no cânon hebraico, o Eclesiástico é freqüentemente citado nos escritos rabínicos; no Novo Testamento, a epístola de são Tiago busca nele muitas expressões; o evangelho de são Mateus a ele se refere diversas vezes e ainda hoje a liturgia faz eco a essa antiga tradição de sabedoria". *Idem, p.* 1240-1241.

humano (inclusive às mulheres), amizade, prudência e reflexão, não confiar em falsas aparências, evitar as riquezas e a avareza, o comércio e os empréstimos, guiar-se pelo temor a Deus. O comportamento de Nunes, afamado como digno de reprovação, torna estranho que tal conteúdo pudesse merecer sua atenção: sinais de desavenças a pintarem com tintas fortes as reais atitudes do odiado comerciante cristão-novo?

Tendo possuído uma bíblia em latim que depois dera de presente, acusado de ler em casa as publicações do Concílio Tridentino, com Nunes só foram encontrados quando foi preso pelo visitador o pequeno livrinho contendo textos do Velho Testamento. Mas, se os textos encontrados com Nunes fazem ver que lia (ou ao menos, possuía noções) em latim, a língua sagrada do catolicismo, usava seu conhecimento do idioma, pelo visto, tão somente em textos do Antigo Testamento, ou seja, os textos da lei dos judeus: da lei 'velha' ou mosaica, como diziam à época. Talvez fosse um desses textos que Lopo Soares tenha visto em poder de João julgando ser as determinações de Trento, e que apontava como causa dos resmungos e desagrados do confrade marrano do Santíssimo. Se o Santo Ofício só encontrou em poder de João o tal "livrinho" com os textos bíblicos, ou bem Nunes livrou-se de alguma forma das obras contendo as determinações de Trento, ou podemos pensar que a denúncia de Lopo Soares seja falsa – equivocada, talvez –, empenhada em incriminar ainda mais ao mercador que dizia ser seu amigo, ao sugerir que este discordava e criticava as decisões da Igreja em seu principal concílio do século XVI.

O Cristo conspurcado: a laicidade da heresia

Apesar da infinidade de críticas e acusações sobre os mais diversos comportamentos heréticos que supostamente mantinha, o que mais incriminou a João Nunes e se tornou determinante para a sua prisão pelo visitador do Santo Ofício ainda durante sua estada na Bahia fora, sem dúvida, o malsinado episódio do crucifixo, ocorrido às vésperas da chegada de Heitor Furtado ao Brasil. Afamado como rabi, a atitude de repúdio e desacato ao símbolo cristão mostraria ser outro forte indício de criptojudaísmo em Nunes, que a todo instante dava provas de desarmonia com o catolicismo dominante.

Religião letrada, baseada no verbo e na palavra escrita, o judaísmo renegava qualquer espécie de adoração idolátrica. Atacando o principal símbolo do martírio cristão, o comportamento herético do poderoso comerciante parecia encaixar-se com as práticas da antiga lei.

Corria a fama que, em Olinda, o pedreiro Pero da Silva, ao fazer obras de retelhamento no sobrado de João situado à Rua Nova, vira o comerciante que lhe contratara cometendo ofensas contra uma imagem de Cristo crucificado, coberta com panos sujos e teias de aranha, dependurada na parede em ambiente imundo, onde Nunes faria suas necessidades corporais. Perto do crucifixo, haveria um bacio para fins excretórios. O sagrado objeto encontrava-se em local impróprio e recebia tratamento humilhante. Incomodado com o que vira, Pero da Silva chamou a atenção do comerciante, que lhe repetia que o crucifixo fora ali posto por algumas negras escravas, mas que o guardaria e providenciaria um local mais digno para a respeitosa imagem, mandando um carpinteiro construir um oratório para abrigá-la, enquanto determinava ao pedreiro que retomasse o trabalho, "e que o dito pedreiro fora denunciar isto no Juízo Secular do ouvidor da terra e que não se procedera nisso". Pela importância de Nunes e interesse que despertava, não é difícil entender que os boatos sobre o caso se espalharam rapidamente, tomando novas proporções e contornos agigantados que iam crescendo conforme ganhavam a vila.

Durante a Visitação do Ordinário feita em Pernambuco no ano de 1591, quando João "esteve preso dois ou três dias" por causa de seu amancebamento com Francisca, aconteceram as primeiras acusações sobre o tal caso. Manoel Soares dava conta dos boatos que corriam em Olinda: a prisão de Nunes pelo ouvidor do Eclesiástico fora entendida na vila como sendo consequência do que vira o pedreiro, e não por causa do relacionamento de João com a Barreta. O próprio Pero da Silva compareceria perante a Mesa do Ordinário para contar sua versão do ocorrido: a mando do ouvidor, "o pedreiro referido, em um dia estando visitando na igreja desta vila", fora convocado para responder perguntas sobre o caso. O licenciado encarregado dos trabalhos, Diogo do Couto, buscando esclarecer os fatos, acabou resumindo as denúncias feitas pelo pedreiro naquele primeiro dia a depoimentos orais, mas deteve o acusador para que fizesse diligência em sua memória, procurando melhor averiguar o caso.

Enquanto o pedreiro era preso, Diogo do Couto soltava o comerciante acusado do crime – "porquanto ele é muito poderoso e tem muito dinheiro e todos em Pernambuco fazem o que ele quer e manda" –, invertendo-se a lógica do problema: o pedreiro, aos poucos, ia percebendo a importância e poder do desafeto que arrumara. Lutando contra um inimigo de monta, se via obrigado a desmentir a acusação contra o mercador sacrílego. No dia seguinte, depois da reflexão aconselhada e temendo represálias, Pero da Silva, natural de Sintra, homem alvo e ruivo, "barbiloiro", com boubas, solteiro, "de idade que disse ser de quarenta anos até quarenta e quatro", retificou a versão conhecida nas ruas limitando-se a repetir o que contara no dia anterior, aliviando a gravidade da denúncia,

> e que na prisão onde estivera o cuidara muito divagar, e era que andando concertando umas casas ao dito João Nunes, achara um servidor cheio de imundície e coberto com uma capa de baeta velha, e que pela casa estavam uns painéis de Flandres. E que vindo ter o dito João Nunes, ele testemunha lho estranhara muito, dizendo-lhe que estando ali um oratório, não estava ali bem aquilo. E ele lhe dissera que eram descuidos das negras, mas que o crucifixo não estava naquela casa, que em outra de fora, em uma cantareira tinha posto um crucifixo. E que isto era o que passava na verdade, e isto dissera em algumas partes, que seria causa de o referirem.[95]

Solto o pedreiro, começava sua *via crucis*, sofrendo os danos da acusação que espalhara. Nos locais onde fazia obras, mostrava rancor pelo ocorrido. Perguntado "por que não gritara pela Santa Inquisição, pela honra de Deus",

---

95 Denúncia de Pero da Silva contra João Nunes, em 23/05/1591. Arquivo Nacional da Torre do Tombo, Inquisição de Lisboa, processo 885.

respondeu consciente: "não ousara porque tinha medo de o matarem, mas que saindo fora achara na rua uns homens aos quais o contara logo, o que eles lhe aconselharam que se fosse à Justiça". Guardava ódio do mercador que o prejudicara e ainda continuava a ameaçá-lo: "aquele cão do João Nunes deveria ser queimado, e que os seus lhe diziam que o haviam de matar".[96] Repetira a ofensa a Antonio Corrêa,

> as quais palavras lhe disse mostrando bom zelo e mágoa de lhe aquilo parecer mal.
> (...) e depois disto ouviu ele denunciante dizer por esta terra que o dito pedreiro dissera que o dito João Nunes lhe dava dinheiro para que ele se calasse ou desdissesse.[97]

Para Maria de Azevedo, diria de suas desconfianças com relação ao seu desafeto por haver presenciado o crucifixo no local imundo: "o dito João Nunes era um grande judeu"![98]

Temendo uma vingança do rico comerciante, o pedreiro explicava a Mateus de Freitas, enquanto concertava uma fornalha a este, os motivos do seu silêncio sobre o ocorrido, "jurando-lhe que assim passava tudo na verdade":

> era como lhe tinha dito, mas que como ele o prenderam e era pobre, e preso não ganhava de comer nem tinha que gastar, lhe fora necessário desdizer-se por remir sua necessidade, porém que sempre havia de

---

96 "Christovão Vaz de Bom Jesus contra João Nunes", em 05/02/1594. *Denunciações e Confissões de Pernambuco. Op. cit.*, 1984, p. 199-200.

97 "Antonio Corrêa contra João Nunes", em 01/04/1594. *Idem*, p. 250-251.

98 "Maria de Hesedo [Azevedo] contra João Nunes, Victoria, Maria de Lucena, Margarida e Fernão Soares", em 04/11/1593. *Idem*, p. 36-39.

dizer a verdade, que era ter-lhe visto o dito crucifixo e servidor como tinha dito.[99]

A história contada pelo pedreiro ganharia novo fôlego e proporções quando delatada à Mesa Inquisitorial. Assustado com os crimes que via desfilar nos depoimentos colhidos, Heitor Furtado acabou sendo testemunha do fim das sociabilidades na colônia, vendo nas páginas que preenchia o descontentamento geral em relação a determinados indivíduos, dura e seguidamente acusados ao Santo Ofício. E João Nunes era um deles.

A levar-se em conta o ambiente imundo que caracterizava a colônia, é de se admirar a repercussão agigantada que ganharam os acontecimentos, numa época em que ainda a Europa vivia a transição entre o arcaísmo medieval e a modernidade nascente, vendo-se desenhar aos poucos as regras mínimas de etiqueta e higiene para a elite social – aí incluindo-se a nobreza –, talvez, em parte, fruto do avanço obtido nos estudos sobre Medicina e conhecimento do funcionamento do corpo. Surgiam várias publicações tratando das boas maneiras, assim como leis proibitivas a certos comportamentos até então comuns, consequência do que Norbert Elias chamou de "novo padrão de vergonha e repugnância que começa a se formar lentamente na alta classe secular". Apesar do esforço, os bons costumes não haviam devidamente sido definidos e sua prática era às vezes desencontrada, variando conforme a região. Discutindo a atitude correta de comportamento e discrição quanto às noções de higiene e educação, um escrito italiano de 1558 aconselha:

> Não ofereça o lenço a ninguém, a menos que ele esteja recém-lavado...
> Tampouco é correto, após assoar o nariz, abrir o lenço e olhar dentro dele como se pérolas e rubis pudessem ter caído de sua cabeça.
> ... O que direi, então... daqueles que enfiam o lenço na boca?

---

99 "Mateus de Freitas [de Azevedo] contra João Nunes e Bento Teixeira", em 12/11/1593. *Idem, p.* 67-69.

Quando as regras dizem respeito às necessidades corporais, ensina:

> não fica bem a um homem decoroso e honrado preparar-se para se aliviar na presença de outras pessoas, nem erguer as roupas, depois, na presença delas. Analogamente, não lavará as mãos ao voltar para a sociedade decente vindo de lugares privativos, uma vez que a razão para lavá-las provocará pensamentos desagradáveis nas pessoas.

Discussão semelhante se encontra entre os regulamentos da Corte de Brunswick que, em 1589, ordenavam:

> Que ninguém, quem quer que possa ser, antes, durante ou após as refeições, cedo ou tarde, suje as escadas, corredores ou armários com urina ou outras sujeiras, mas que vá para os locais prescritos e convenientes para se aliviar.[100]

Se nem na Europa as noções de limpeza se encontravam definidas e como parte integrante das regras de boa educação, sendo necessária a promulgação de leis de comportamento que hoje nos soariam absurdas, o que dizer então da colônia, onde a improvisação era a norma e a população se achava ainda fortemente preocupada com a sobrevivência pura e simples no ambiente inóspito? Numa região em que predominava a indistinção dos espaços e a carência material em boa parte das habitações, onde a ideia de privacidade se fazia bastante limitada, tudo leva a crer que os ambientes perdessem suas atribuições iniciais, inexistindo, em boa parte das casas, cômodos específicos para preparar a comida, descansar ou assear-se. Desse modo, causa estranheza que a história do crucifixo visto pelo pedreiro em local impróprio tenha despertado tamanho rebuliço e condenação pública, até pelo fato de não ser tal atitude exclusividade de João Nunes.

---

100 *Apud* ELIAS, Norbert. *Op. cit.*, 1990, p. 136-149.

Os conceitos de sujeira e limpeza não haviam ganhado até aquele momento significados radicalmente opostos na vida cotidiana, visto a precariedade de condições em que se desenrolava a vida no trópico. Na prática, eram separados por uma fronteira tênue e maleável, convivendo indistintamente. A mistura de espaços na colônia ocorria a toda hora, e devemos levar em conta não apenas que a residência do odiado comerciante estava em obras quando supostamente ocorrera o comentado incidente – fator que colabora ainda mais para o agravamento dessas indistinções espaciais –, mas também que o bacio encontrado perto do crucifixo costuma ser um objeto pequeno e de pouco peso, projetado para fins excretórios e que podia ser levado de um canto a outro sem maiores dificuldades, seja o quarto de dormir ou outro local mais privativo dentro da residência, conforme pedisse o momento. Mesmo que compactuemos com a declaração do pedreiro de ter visto o crucifixo na situação indesejada, não se pode afirmar que o "vaso imundo" permanecesse todo o tempo ao lado da imagem de Cristo ou, por outro lado, que ali fora colocado por alguém temporariamente – aí sim, "descuido das negras", conforme alegava Nunes.

Por outro lado, pressupondo singular a situação vivida pelo onzeneiro da Rua Nova, reflitamos: onde se encontravam os objetos sagrados nas outras casas? Existiam quartos próprios em que eram postos para serem adorados? Eram ornados em meio à mobília de uso diário ou ganhavam lugar de relevo em altar especial? Ficavam à exposição e ao alcance de todos, misturavam-se à mobília e demais objetos da casa, ou lhes eram destinados oratórios reservados? Ocupavam local de destaque inclusive para a adoração de visitantes? Luiz Mott dá-nos algumas pistas, informando que "os mais esnobes e elitistas" construíam seus próprios locais de culto – capelas, ermidas e até igrejas no interior ou anexas às suas moradias. As famílias mais abastadas possuíam um quarto especial, o "quarto dos santos", de tamanho variável, onde conservavam as imagens sagradas, fossem de Cristo, fossem de santos. "Tal era a tradição da oratória do Nordeste brasileiro".[101]

---

101 MOTT, Luiz. "Cotidiano e vivência religiosa; entre a capela e o calundu". *In*: Souza, Laura de Mello e (org.). *Op. cit.*, 1997, *p*. 155-220.

Se Mott tem razão, nosso João Nunes era realmente um profanador, apesar da relativa indistinção entre sujeira e limpeza ou entre espaços profanos e sagrados vigente naquele tempo. Seria possível, no entanto, generalizar a "tradição do oratório" indicada por Luiz Mott a todo o período colonial?

De todo modo, a vivência popular da religião também colaborava para que o contato com santos e divindades os humanizassem, aproximando-os do mundo terreno, dando novo aspecto à noção de respeito: o profano e o sagrado não se opunham de forma tão direta quanto pensava (e desejava) a Igreja. Ao manter o crucifixo em ambiente imundo, Nunes rebaixava-o, mostrando descontentamento com a religião dominante – em grau nem sempre muito diverso das outras ofensas cometidas contra os símbolos do catolicismo por parte da população colonial. Ideia ainda mais perceptível se considerarmos os depoimentos que o acusavam de urinar e escarrar sobre a imagem, além de dirigir-lhe palavras ofensivas.

Porém, não fora nosso personagem exceção. Outros na colônia, embora escolhendo tática diversa, cometeram desacatos tão ou mais graves do que aqueles de que ele era acusado, fazendo a ligação entre o sagrado e o profano através da materialização dos símbolos cristãos, em que se realizava a valorização do que Mikhail Bakhtin denominou "baixo corporal".[102] Na cultura popular europeia, os orifícios do corpo, suas proteções naturais e os excrementos dele derivados ganhavam destaque e faziam a interligação entre os mundos: revitalizados, passariam a responder pela sobrevivência corporal e fertilidade dos homens e da terra, perdendo o teor negativo que os cercavam. Gerariam a recusa e o repúdio da cultura dominante, sentido mais fortemente na relutância dos inquisidores em aceitar como inofensivo o envolvimento das imagens sagradas com as partes pudentas do corpo e o que delas é expelido. Mas, segundo Laura de Mello e Souza, essa relação era de total estranhamento: "ante a vitalidade da presença corporal, ante a importância dos excrementos, ficava evidente que o juiz e réu

---

102 BAKHTIN, Mikhail. *Op. cit.*, 1996.

não poderiam travar senão uma relação *dialógica*, assentada na total incompreensão mútua dos significados que se enunciavam".[103] Não sofreriam o mesmo fenômeno na colônia? Relembremos as acusações contra Bento Teixeira, denunciado ora graças às indecorosas juras pelo pentelho da Virgem Maria e "pelas partes vergonhosas da humanidade de Nossa Senhora", ora por contestar sua santificada virgindade, que acabou sendo preso pela Inquisição, só conseguindo a liberdade quando sua saúde se encontrava já bastante comprometida, reconciliado com a Igreja e obrigado ao uso de hábito perpétuo e a fixar residência em Lisboa.[104] Cerca de cinquenta anos antes, Pero do Campo Tourinho, primeiro donatário de Porto Seguro, também fora preso pela Inquisição por sua linguagem pecaminosa: certa vez, desgostoso com a fuga de alguns escravos, botara a culpa da tragédia em Santo Antonio, oferecendo-lhe uma candeia de merda. Em outro momento, dissera ser papa, ironizando a excomunhão de que poderia ser vítima: "limparia seu ânus com a excomunhão papal". Preso e processado, viu-se livre do cárcere, mas acabaria, como o autor da *Prosopopéia*, impedido pelo Santo Ofício de retornar ao Brasil.[105]

Durante a visitação seiscentista comandada pelo inquisidor Marcos Teixeira, pululavam denúncias contra os cristãos-novos Mateus Lopes Franco e Duarte Alvares Ribeiro, mercadores reinóis radicados na Bahia. De Mateus dizia-se que ao cumprimentar o irmão pela manhã, perguntado sobre como fora a noite anterior ou que vai, respondia: "vai Sujidade, vai trampa, vai merda, vão cornos, vão bêbados, vão desavergonhados", isso quando não "metiam juramento por Jesus Cristo". Chamado a depor, Mateus diria "que muito borrado vai o Cristo". Sobre Duarte, pesava a acusação de zombar dos santos, mas sempre mantendo intacta a imagem de Judas. Ambos os mercadores seriam presos e remetidos para a Inquisição de Lisboa, acusados de pronunciar o seguinte juramento: "por Cristo merda, pela hóstia merda, pelo parto da Virgem Maria merda"! Contra os réus, ainda grassavam vários depoimentos que davam notícia dos maus

---

103   Souza, Laura de Mello e. *Op. cit.*, 1993, p. 117.

104   Siqueira, Sonia A. *Op. cit.*, 1972.

105   Souza, Laura de Mello e. *Op. cit.*, 1993, *pp.* 47-48.

costumes característicos de serem judaizantes, como vestir camisas limpas em certos dias. O rumo dos processos de cada um seria diferente. Mateus, mesmo negando todas as culpas contra si e o fato de ser judaizante, acabaria queimado na fogueira inquisitorial como "herege, apóstata da Santa Fé Católica". Já Duarte, confessando haver proferido os desacatados juramentos e deles pedindo perdão, abjuraria de *levi* em auto-de-fé. Solto, de volta à colônia, retomaria os negócios, expandindo-os.[106]

Mas seriam as ofensas contra os representantes máximos da Igreja prova concreta de judaísmo? No Monitório da Inquisição, documento-mestre a dirigir os trabalhos de Heitor Furtado no comando da visitação, encontramos enumeradas algumas das práticas que definiam perante o Santo Ofício o comportamento tido como judaizante, a bem dizer, "o grande destaque" desta documentação.[107] Contudo, nenhuma referência direta existe quanto a agressões verbais ou físicas contra imagens sagradas do catolicismo. Apesar de não serem considerados prova cabal de cripto-judaísmo, os desacatos não eram entendidos como atitudes totalmente alheias a este comportamento: passavam a ser vistos como tal quando seu praticante era de origem cristã-nova, quanto mais se este já fosse acusado de manter outras práticas consideradas judaizantes. Assim, a ofensa ao crucifixo, aliada à origem neoconversa e conduta irregrada de João,

---

106 *Apud* NOVINSKY, Anita. *Op. cit.*, 1972, *p.* 63-71 e 144-149.

107 Lista desenvolvida dos fatos considerados delituosos pela Inquisição e dos indícios de judaísmo, destinada a esclarecer as culpas próprias a serem confessadas ou as alheias a serem denunciadas". LIPINER, Elias. *Santa Inquisição: terror e linguagem*. Rio de Janeiro: Documentário, 1977. Segundo Vainfas, "o monitório utilizado foi, provavelmente, o baseado no Regimento de 1552 ou no Edital da Fé de 1571, elaborados no tempo em que o cardeal d. Henrique, irmão de d. João III e tio-avô de d. Sebastião, era o inquisidor-mor do Santo Ofício português. Monitório muito calcado, é verdade, no de 1536, porém acrescido das culpas que, nesse *intermezzo*, passaram à jurisdição inquisitorial". *Confissões da Bahia. Op. cit.*, 1997, p. 21. Angela Maia complementa: "Ele era útil tanto para orientar os delatores quanto para facilitar o exame de consciência de quem confessa. Chamava os católicos à delação sob pena de excomunhão e estendia as denúncias mesmo aos ausentes e aos suspeitos". MAIA, Angela Maria Vieira. *Op. cit.*, 1995, p. 64.

tendiam a transformá-lo perante os olhos da sociedade em suspeito de criptojudaísmo, ou mesmo "grande judeu", conforme o apelidara o pedreiro que espalhara a triste história.

No entanto, o excesso de acusações contra João Nunes Correia é fruto não apenas de seus decantados crimes contra a fé cristã, mas também das ameaças que causava por seu poder. O mercador-onzeneiro incomodava a sociedade da qual fazia parte. A isso deve-se a ressonância que ganhou o caso, multiplicado nas ruas e retratado em detalhes e com tintas fortes à Mesa Inquisitorial. O descontentamento com os abusos praticados por João, odiado por quase todos, fora denunciado por ultrapassar os limites da aceitação popular: a comunidade exigia a punição do desregrado homem de negócios. Apesar de todo o ódio e inimizades que despertava por sua força e da indignação generalizada pelos atos heréticos que cometia, e não obstante as evidências e rumores que tomaram Pernambuco e de lá se espalharam por uma área que abrangia da Bahia até a Paraíba, a sociedade brasílica evitou rotular os desacatos à religião católica cometidos por Nunes como uma possível crença deste na Antiga Lei. Poucos foram os que se referiram textualmente ao comerciante da Rua Nova como sendo propriamente judeu: o que era unânime, isso sim, era a sua fama de mau cristão. Certamente para tal pesou o medo geral em fazer denúncias sem provas suficientes, calcadas quase sempre nas conversas e boatos de "fama pública". Afinal, o Santo Ofício também punia com rigor os que tentavam se aproveitar da máquina inquisitorial para resolver problemas pessoais levantando acusações inverídicas, se assim ficasse provado.

O elevado número de denúncias sobre crimes variados envolvendo o rabi-mordomo acabou por despertar a atenção de Heitor Furtado de Mendonça: se a população colaborava com a Inquisição, entregando suas vítimas, o Tribunal deveria fazer a sua parte. Achando-se inatingível, o onzeneiro protegido por diabrete não conseguiria resistir à investida do Santo Ofício, e veria o seu poder minado. Apesar do ambiente dantesco e da falta de privacidade e especificidade dos espaços, a população colonial acusa a João Nunes e se choca com seus atos, tanto pelo ódio que sentia por ele, como por ser, o povo, provocado e incentivado pela Inquisição. Assim, como não pode ser rotulado de judaizante, acusam-no dos mais diversos crimes, procurando, pela variedade de denúncias, criar um liame entre Nunes e um comportamento, senão comprovadamente criptojudaico, ao menos que apresentasse sintomas que pudessem identificá-lo com a fé proibida. Embora muito representados nestes casos de ofensa às imagens sagradas, os cristãos-novos não eram totalidade. Era considerável o número de cristãos velhos agindo da mesma forma. Sem limitar-se a extratos sociais ou à origem religiosa de seus praticantes, a materialização do Céu cristão repetia no trópico o que já ocorria na Metrópole. Humanizando os santos, aproximavam-lhes do dia-a-dia, gerando intimidade entre o mundo divino e a população. Longe estavam de significar uma atitude restrita dos cristãos-novos descontentes com a nova fé ou, quando mesmo, apontar para sinais típicos de judaísmo ou irreligiosidade: refletiam, segundo Laura de Mello e Souza, "traços característicos da religiosidade popular nos primeiros tempos da colonização, quando era freqüente o hábito de blasfemar, ironizar os dogmas da fé, desacatar o clero, os santos e até Deus".[108]

Analogamente, o alegado desrespeito de Nunes ao crucifixo poderia lembrar-nos o célebre tratamento que deu Rabelais em *Gargantua* ao episódio dos "limpa-cus", em que objetos a princípio estranhos àquela função, ganhavam um novo uso. Rebaixando-os, eram renovados, e "a sua imagem apagada ressurge sob uma luz nova". Para Bakhtin, "no terreno novo do rebaixamento, todas as características particulares da sua matéria e da sua forma podem ser apalpados. Assim, a imagem do objeto se renova", embora quase sempre ridicularizado em seus propósitos. Ato constante, o rebaixamento dos representantes máximos do catolicismo representava apego popular à religiosidade; aproximação do divino:

> A conquista familiar do mundo destruía e abolia todas as distâncias e interdições criadas pelo medo e pela piedade, reaproximava o mundo do homem, do seu corpo, permitia tocar qualquer coisa, apalpá-la de todos os lados, penetrá-la nas suas profundezas, virá-la do avesso, confrontá-la com não importa

---

108 SOUZA, Laura de Mello e. *Op. cit.*, 1993, p. 48.

qual fenômeno, por mais elevado e sagrado que fosse, analisar, estimar, medir e ajustar, tudo isso no plano único da experiência sensível e material.[109]

Quem inaugurou as desconfianças do inquisidor com a lista de acusações em relação a Nunes foi Belchior Mendes de Azevedo, a contar em detalhes a história do crucifixo logo no início da etapa baiana da visitação. Apresentava a heresia que seria fartamente repetida ao intrigado visitador:

> Nesta quaresma passada, pouco mais ou menos, no tempo que o Licenciado Diogo do Couto, ouvidor da vara eclesiástica, fez visitação neste ano presente, foi fama pública havida por verdadeira geralmente em toda a vila de Olinda e seu termo, que João Nunes, cristão-novo mercador, morador na mesma vila, tinha um crucifixo em um quarto de uma sua casa onde ele fazia suas necessidades corporais, e que um pedreiro por nome Pero da Silva, andando lhe concertando as casas onde morava o dito João Nunes, lhe achara no dito lugar.[110]

O próprio acusador, porém, passaria em breve a acusado, devido a seus atos oportunistas. Às vésperas da chegada de Heitor Furtado e de sua comitiva inquisitorial à Olinda, Belchior andara pela cidade ameaçando a certas pessoas e tentando extorquir-lhes algum dinheiro às custas do Santo Ofício. Dizia trazer da Bahia papéis que incriminavam como judaizantes a Cibaldo Lins e a Tomás Lopes, chamado de "Maniquete" por ter fama de andar pelas ruas com um sino atado ao calcanhar, alertando

---

109 BAKHTIN, Mikhail. *Op. cit*., 1996, p. 334.

110 [Belchior Mendes de Azevedo] contra João Nunes, Branca Dias, Diogo de Meireles, Phehelipe Cavalgante, Fernam de Magalhães", em 24/08/1591. *Denunciações da Bahia. Op. cit*., 1922-1929, *p*. 448-453.

e convidando para os dias de esnoga. "Chantagista de marca", Belchior Mendes apresentava-se como primo do visitador, sobre quem dizia ter influência. O pagamento que exigia, "uma pipa de vinho e dez cruzados em dinheiro", serviria para dar fim à papelada incriminadora que enganara reunir, livrando as assustadas vítimas de suas mentiras das acusações e penas de judaísmo impostas pelo Tribunal da Inquisição caso fossem descobertas por Heitor Furtado.[111]

Seguidas denúncias davam maiores detalhes e novos contornos ao possível desrespeito do onzeneiro mau cristão com o objeto sagrado, tornando-se assunto dos preferidos: o quase nada que se conhecia sobre o caso reproduzia-se nas falas públicas sem a menor cerimônia ou cuidado com as acusações. Inaugurava-se o campo das hipóteses nos relatos sobre a história contada pelo pedreiro, movido pelas intrigas sociais de pessoas que, na maior parte das vezes, não tinham contato de nenhuma espécie, nem com João Nunes, nem com Pero da Silva, nem com a história do crucifixo, mas eram impulsionadas pela pujança social do rico comerciante, a fazerem suposições que explicitavam detalhes, baseando-se nos relatos colhidos nos "ouvi dizer", "faz escândalo", "é fama pública", que traziam novidades sobre o possível pecado de Nunes e de outros indivíduos, denunciados de vários erros por pessoas que desconheciam, reprodutoras das conversas das ruas, praças, igrejas e tavernas.

Boatos e murmurações multiplicaram-se em Pernambuco e chegaram ao conhecimento do inquisidor na Bahia, incriminando ainda mais ao onzeneiro sem escrúpulos: acusavam-no de ter dito palavras depreciativas ao crucifixo, dialogando com a imagem sagrada, ofendendo-a de variadas formas. Cristóvão Pais afirmava que o pedreiro delator não teria visto o crucifixo dependurado na parede, mas achara-o "metido em um servidor, onde o dito João Nunes fazia suas necessidades corporais". Não satisfeito com a informação que prestava ao Santo Ofício, piorava a situação do mercador companheiro de confraria: "E juntamente, logo se disse também, em pública fama geralmente que, quando o dito João Nunes se assentava no dito servidor a fazer seus feitos, dizia contra o dito crucifixo,

---

111 COSTA PÔRTO, José da. Op. cit., 1968, p. 183-184.

tomai lá esses bofidos".[112] Felippe Luis, por sua vez, afirmava ter ouvido notícias de que, em determinado dia, João "se pusera a urinar sobre o dito crucifixo dizendo as palavras seguintes: *lavai-vos lá*".[113] Domingos Carvalho também recordava ter ouvido em Pernambuco, quando lá esteve na quaresma passada, "que o dito crucifixo estava meio coberto com o pano que tapava o dito vaso".[114]

Cativa do Ouvidor-geral do Brasil Antonio Coelho de Aguiar, Beatriz Nunes repetia ao visitador o que escutara na casa de seu senhor: o crucifixo era de "vulto" e ficava na "boca de um servidor (...) e tinha o dito crucifixo com o rosto virado para baixo, para a sujidade".

A escrava – que possivelmente não só recebeu permissão de seu amo para denunciar o que sabia como pode ter sido incentivada por este, interessado em alimentar a ruína de Nunes sem se envolver diretamente no caso – ainda afirmava que João botara preço no silêncio do pedreiro: "dava quarenta mil réis ao dito pedreiro, que se calasse e desdissesse, e que o dito pedreiro não quis aceitar tal". Beatriz parecia conhecer bem a acusação que fazia. Relatava detalhadamente o episódio da prisão do pedreiro e negociatas com Nunes. Saindo João da cadeia, solto a pedido dos padres jesuítas,

> fez meter nela ao dito pedreiro, e estando o dito pedreiro na cadeia, o dito João Nunes o cometeu com muitas promessas e dádivas que se desdissesse. E o dito pedreiro se não quis desdizer. E um dia, passando ela denunciante por junto da cadeia, viu ao dito pedreiro estar dizendo que ele não havia de desdizer do que viu, por mais peitas que lhe dessem.

---

112 "[Cristovão Pais d'Altero] contra João Nunes e outros", em 20/12/1591. O grifo é meu. *Denunciações da Bahia. Op. cit.*, 1922-1929 *p.* 555-560.

113 "Felippe Luis contra João Nunes", em 23/11/1593. O grifo é meu. *Denunciações e Confissões de Pernambuco. Op. cit.*, 1984, *p.* 124-125.

114 "Denunciação de Domingos Carvalho contra João Nunes", em 10/02/1592. Arquivo Nacional da Torre do Tombo, Inquisição de Lisboa, processo 885.

Estranhara também o final da querela: "depois de quinze ou vinte dias de prisão, soltaram ao dito pedreiro, e não se viu nenhum castigo ao dito João Nunes".[115]

O depoimento do cristão velho Antonio de Almeida tornar-se-ia revelador. Criado do senhor de engenho Ambrósio de Abreu, era acostumado a visitar a casa de Nunes, onde "foi e ia muitas vezes (...) com recados do dito seu amo sobre papéis e mercadorias". Aproveitara as visitas a trabalho para tentar apurar alguma pista sobre a história do crucifixo: "e notou nele que sempre lhe viu a porta de sua câmara fechada com chave, a qual ele trazia consigo e não deixava entrar nela ninguém, porém, ele denunciante não sabe a causa disto".[116]

Ainda mais importante se mostraria o depoimento do licenciado responsável pela Visitação do Ordinário. Diogo do Couto seria bombardeado pelo inquisidor com perguntas sobre o que realmente ocorrera e pequenos detalhes que julgava necessários para resolver a questão. O depoimento do ouvidor se mostra em alguns pontos mais esclarecedor que o próprio depoimento de Pero da Silva; preocupado em negar o que pudesse, Diogo do Couto, sem que se desse conta, disse mais do que queria. Primeiro, sobre o local onde se encontrava o crucifixo:

> foi perguntado pelo senhor visitador se declarou perante ele licenciado o dito pedreiro que distância havia da casa da cantareira que em seu dito diz, à casa onde estava o vaso imundo onde diz a testemunha que estava o crucifixo, respondeu que (...) o crucifixo estava na cantareira da sala e o vaso imundo estava na câmara, parede de meias da mesma sala, na qual sala está a porta para a mesma câmara.

---

115 "Denunciação de Beatriz Nunes contra João Nunes e outros", em 27/01/1592. *Idem.*

116 "[Antonio de Almeida] contra João Nunes cristão-novo", em 23/09/1592. *Idem.*

O visitador insistia também sobre o que fora exatamente encontrado pelo pedreiro perto da sagrada figura: "que forma tinha a cantareira, se estava ornada e despejada e com oratório, respondeu que não lhe fez pergunta disto nem ele lho declarou por entender que seria uma cantareira como se usa nesta terra". Ainda com dúvidas, o inquisidor buscava induzir o licenciado ao tropeço, enredando-o pelo excesso de perguntas que era levado a responder. Agora, tentava desvendar também detalhes sobre o crucifixo:

> perguntado se lhe declarou o dito pedreiro se estava a cantareira em ordem onde estava o crucifixo para o adorarem e lhe rezarem, ou se estava desmanchado e o crucifixo de mistura com coisas sujas, e se o crucifixo era de vulto, se pintado, e de que grandeza era, respondeu que o dito pedreiro não declarou nada disto.

Heitor Furtado queria esclarecer tudo. Partiu para os painéis de Flandres que o pedreiro dizia existir no ambiente herético, "se eram painéis de devoção e se estava ali oratório particular". Como a resposta do licenciado lhe parecia incerta, o inquisidor mudava a forma da pergunta:

> se declarou que distância havia da casa onde estavam os painéis à casa onde estava o vaso imundo, respondeu (...) que os ditos painéis e o dito vaso estavam em uma mesma casa.
>
> Perguntado se declarou o dito pedreiro se os painéis eram de santos e se estavam na parede pregados ou no chão, e de mistura com mais coisas enxovalhadas, respondeu (...) que o que entendeu de seus ditos é estarem os ditos painéis pregados pelas paredes da mesma casa donde estava o vaso imundo.

Procurando aliviar as culpas do amigo João Nunes, Diogo do Couto informava ao inquisidor o que, acreditava, causara o espanto de Pero da Silva:

> conforme o dito do pedreiro, o crucifixo estava na cantareira da sala e os painéis e o vaso imundo estavam na câmara próxima e imediata à dita sala, por onde entendeu que o seu estranhar e repreender foi condicionalmente, estranhando que não estava aquilo bem se ali estivera na dita câmara um oratório.

Toda a grita do pedreiro no caso, queria fazer crer Diogo, seria por uma situação suposta, e não real! Segundo o ouvidor, a causa da prisão de Nunes naquela época fora unicamente pelo seu envolvimento com Francisca Ferreira, visto ser "contumaz e reincidente neste caso", e não por causa do crucifixo, e que o não prendera nas outras tantas vezes que ouvira notícias do tal amancebamento "porque lhe esperava as admoestações do Concílio Tridentino". Seria esta não só a prova mas o motivo que levou Nunes a ler as determinações de Trento, segundo a denúncia de Lopo Soares? E fecharia com chave de ouro seu depoimento, numa reviravolta que tentava fazer de Nunes a vítima e, de Pero da Silva, o culpado por toda a confusão: diria do pedreiro "que lhe parece que ouviu dizer que ele se tomava algumas vezes do vinho", embora não o conhecesse, assim como também não conhecia qualquer tipo de diligência feita pela Justiça Secular na tentativa de resolução do episódio.[117]

A pedido de Heitor Furtado de Mendonça, os depoimentos colhidos por Diogo do Couto durante a visitação que comandara em Olinda lhe foram enviados para que pudesse tomar maior tenção no assunto. Ao lado da denúncia do pedreiro ao ouvidor trasladada por Manoel Francisco, lê-se o interesse e a preocupação do inquisidor com o caso: "nestas palavras parece que estava já esta testemunha subornada e pei-

---

117 "Licenciado Diogo do Couto contra João Nunes", 23/07/1594. *Denunciações e Confissões de Pernambuco. Op. cit.*, 1984, p. 300-306.

tada que se desdissesse, e assim dizem que foi peitado para se desdizer. Tanto que eu chegar a Pernambuco, averiguarei isto".[118] Heitor Furtado parecia seguir a opinião geral. Depoimentos à Mesa Inquisitorial davam conta de que o pedreiro havia aceitado dinheiro de Nunes para desmentir o acontecido, ou ainda, que Pero da Silva fora ameaçado por João, que o obrigou a se calar sobre o que vira. Aproveitaria a futura estada do Tribunal em Pernambuco para tomar novos depoimentos e esclarecer os fatos. Mas já tinha suspeitas suficientes para prender a Nunes, aproveitando sua visita a Salvador para tratar de negócios. Temendo que o poderoso mercador escapasse das garras do Santo Ofício, decretou seu arrestamento e dos criados que lhe seguiam, assim como tratou da posterior transferência do onzeneiro acusado para Lisboa, enquanto continuava a ouvir novos relatos.

O visitador não chegaria a interpelar pessoalmente a Pero da Silva sobre a história: falecera às vésperas da visitação alcançar Pernambuco. Estava o pedreiro na fazenda de Fernão Soares, quando adoeceu, sendo levado para o hospital da vila, onde morreu a 24 de julho de 1593. Encomendada ou não pelo aviltado rabi da Rua Nova, a morte do pedreiro longe estava de lhe trazer o esquecimento público que esperava: ocorrera poucos meses antes da chegada da visitação à Nova Lusitânia, gerando outra onda de denúncias indignadas contra Nunes, acusado de novo crime: "logo então se presumiu mal de sua morte, dizendo-se e presumindo-se geralmente que ao dito pedreiro deram peçonha por parte do dito João Nunes pelo sobredito respeito".[119]

Mais tarde, já em Olinda, seria convocado por Heitor Furtado a prestar esclarecimentos sobre a morte de Pero da Silva o cirurgião Gaspar Rodrigues de Covas, médico que o atendera no Hospital da Misericórdia. Assim explicaria o problema de saúde sofrido pelo indiscreto pedreiro:

---

118 "Traslados de certos testemunhos das visitações do ordinário feitas em Pernambuco pelo licenciado Diogo do Couto, ouvidor da vara eclesiástica, pertencentes ao Santo Ofício, contra João Nunes". Arquivo Nacional da Torre do Tombo, Inquisição de Lisboa, processo 885.

119 "Alvaro Velho Barreto contra João Nunes", em 19/11/1593. *Denunciações e Confissões de Pernambuco. Op. cit.*, 1984, *p.* 91-92.

este dito pedreiro esteve no dito hospital, doente de uma opilação,[120] da qual se lhe causou hidropisia,[121] e que desta enfermidade de opilação e hidropisia o curou ele. E curando-o, assim morreu o dito pedreiro dela.

Desconfiado da possível participação do ardiloso onzeneiro no envenamento de Pero da Silva, o inquisidor insistiria com o cirurgião sobre a *causa mortis*:

> e perguntado mais se viu na dita doença de que morreu o dito pedreiro alguns sinais de peçonha, respondeu que na dita cura que fez ao dito pedreiro até que morreu, não lhe viu sinais de se lhe haver dado peçonha, e que ele não atribui segundo seu parecer a morte do dito pedreiro a peçonha, senão à dita hidropisia. E que esta é a verdade do que entende.[122]

Desgastado pela prisão na Bahia, acuado pelo visitador e sem poder tomar a frente de seus variados negócios, Nunes sentiria o quanto era indesejado. Mesmo depois de remetido à Lisboa, continuaria a ser acusado por todos os lados, principalmente sobre o caso do crucifixo. A presença do Santo Ofício em Olinda incentivava o acirrar dos ânimos. Em geral, as denúncias repetiam a velha história sem apresentar novos detalhes, com pequenas variações que não serviam para incriminar de fato ou inocentar o mercador preso nos Estaus. Mas havia exceções. João da Rosa, que ouvira de Nunes que "já hoje do porteiro até o Papa e do Papa até o porteiro todos vivem já disso", quando reclamava dos infortúnios e roubos em seu trabalho de

---

120 "Obstrução de um ducto natural", como o fígado ou outros órgãos. *Novo Dicionário Básico da Língua Portuguesa Folha/Aurélio. Op. cit.*, 1994/1995, p. 467.

121 "*Patol.* Acumulação anormal de líquido seroso em tecidos ou em cavidade do corpo". *Idem*, p. 341.

122 Depoimento de Gaspar Rodrigues de Covas, em 16/06/1594. Arquivo Nacional da Torre do Tombo, Inquisição de Lisboa, processo 87.

tabelião, parecia disposto a aumentar – ou mesmo dobrar – as culpas de seu mau conselheiro. Afirmara perante Heitor Furtado ter ouvido que o mercador "tinha um crucifixo (não diziam se de vulto se de pintura) entre dois servidores vasos imundos em que fazia suas necessidades corporais"![123]

Já Lourenço Teixeira, meirinho da alfândega da vila de Olinda, informava ter ouvido do próprio pedreiro que o crucifixo ficava "dentro da parede, em um buraco cheio de sujidades". Perguntado pelos presentes por que não ia acusar ao mercador, respondera "que algum dia viria o Santo Ofício à terra" – mais um motivo para aumentar as desconfianças públicas sobre o interesse de Nunes em eliminar o pedreiro? –, dando sinais de que pretendia ver João Nunes pagar pelo seu erro.[124]

Um carpinteiro que trabalhara com Pero da Silva em outra obra concordava com o depoimento de Diogo do Couto: também achava que este era pouco confiável, "homem maldizente". Soubera da história do crucifixo enquanto almoçavam juntos, mas não levara a sério as acusações, posto "que o dito pedreiro no dito almoço quando isto lhe disse estava tomado de vinho".[125]

Agindo sem limites, Nunes contrariou o Decálogo por seus comportamentos. Remetendo-nos às evidências, encontramos um homem destruidor de regras, do qual traçamos o quadro:

O mordomo sacrílego transgrediu ao Primeiro Mandamento ao adorar outros deuses: possuía um diabrete, 'um espírito familiar', que habitava no anel que recebera da feiticeira Borges, usado para resolver os problemas que tivesse no cotidiano, livrando-o dos perigos e impedindo que fosse ferido. Caso tenha realmente participado da esnoga de Camaragibe, terá ferido o mesmo mandamento em sua versão cristã por seguir a Lei Judaica ao reverenciar a *toura*, corruptela a que foi transformada a *Torá*. Ao desrespeitar o crucifixo, ou ao dizer

---

[123] "João da Rosa contra João Nunes, Bento Teixeira, Manoel Dias e Francisco de Faria", em 05/11/1593. *Denunciações e Confissões de Pernambuco. Op. cit.*, 1984, p. 41-43.

[124] "Lourenço Teixeira contra João Nunes", em 27/06/1594. *Idem, p.* 308-309.

[125] "Pero Lucas contra João Nunes", em 27/06/1594. *Idem, p.* 306-308.

que nem Jesus Cristo havia de valer para que devolvesse os bens e a esposa ao oleiro Manoel Ribeiro, desprezou o Segundo Mandamento, visto ter tomado em vão o nome do Senhor, ofendendo-o. O Terceiro Mandamento foi desrespeitado pelo fato do ganancioso mercador onzeneiro não santificar o domingo e os dias de festa, usando-os para resolver suas contas. Se for verdade que mandou envenenar com peçonha ao pedreiro que o denunciara no caso do crucifixo, agira contra o Quinto Mandamento, "não matarás". Infligira conjuntamente o Sexto e o Nono Mandamento: o Sexto, por pecar contra a continência, cometendo adultério com Francisca Ferreira; o Nono, por desejar a mulher do próximo, no caso, de Manoel Ribeiro. Considerado fazedor de onzenas com "ardis e sutilezas", nelas "cobrando altos juros", além de se apossar da fazenda do oleiro Manoel e de Diogo, "seu irmão que nunca nascera", João renegava ao Sétimo e ao Décimo Mandamento, por desejar os bens que pertenciam a outros e deles tomar posse injustamente.

Ao contrário dos cristãos-novos tão bem caracterizados em seu dúbio equilíbrio por Anita Novinsky,[126] divididos entre o mundo judeu que recusavam e o mundo cristão que os recusava, sem se enquadrarem em nenhum dos dois extremos, mas na desconfortável posição de cristãos-novos – o que eram e sentiam ser, antes de tudo –, João Nunes Correia, ele próprio, renegava aos rótulos: era judeu e cristão ao mesmo tempo – não os sendo por escolha própria. Circulava entre os grupos conforme suas necessidades. Desrespeitava os excessos do catolicismo, com os quais não concordava, mas longe estava de praticar um judaísmo perfeito ou de fato consciente. Não traía os dogmas da Igreja por ser judeu, nem descumpria as leis judaicas por ser cristão: não era nenhum dos dois, sendo ambos. Escolhera, ao invés da Bíblia ou do Talmud, um novo messias: a riqueza e o poder que conquistara, o medo e a admiração que causava transformados em respeito – moedas com que comprava a tudo e a todos. Era visto como ruim cristão, mas não era bom judeu. Andava nos limites, desordenando-os. Mostrava-se moderno e arcaico ao mesmo tempo: homem do tráfico, comerciante

---

126 NOVINSKY, Anita. Op. cit., 1972.

João Nunes, um rabi escatológico na Nova Lusitânia   211

poderoso, queria as insígnias da nobreza, mas as utilizava para contestar e desprezar o catolicismo que o oprimia.

Assim como muitos neoconversos, João Nunes tinha na religião um problema, motivo de estigma e discriminação, enveredando por um *ethos*, um modo de ser que colaborava com a laicização do mundo moderno que, no seu caso, se favorece por ser ele mercador, envolvido em diversos ramos da economia, numa sociedade que despreza tanto a sua origem considerada impura quanto as atividades que exercia. Não concordando com as regras da sociedade em que vivia – mas com dinheiro para enfrentá-las –, o poderoso sacrílego destacou-se no ambiente miscigenado pelo sangue, culturas e sonhos. Transformava-se em bom cristão se o momento pedisse; virava grande judeu se os negócios o chamassem mais alto. Como os cristãos-novos de Anita Novinsky, era um homem dividido entre duas fronteiras geográficas e sociais. Homem de Pernambuco, o era também de Portugal e do ultramar. Letrado e da elite, mantinha condutas comuns como o mais vil dos habitantes. Católico de batismo, tratava com o alto clero brasílico; descendente do sangue hebreu, com ele negociava nos mercados do Norte da Europa. Ia às missas e financiava os neoconversos, controlando a bolsa dos judeus. Frequenta confrarias em ambos os lados: era rabi e confrade a um só tempo. "Rabilaico", mordomo idem: apesar de homem letrado e de muito saber, mostrava desconhecer as duas crenças, desrespeitando-as simultaneamente. Mau católico e presumido judeu, João Nunes era mesmo um cristão-novo que punha a religião (ou as religiões) a serviço de seus interesses pessoais. Tangenciava, como indivíduo, a mentalidade laica, mais fiel ao "tempo do mercador" do que ao tempo de Deus. A religião hostil que permitira sua gestação era sua principal vítima. Homem dividido, conseguira unir a colônia para criticá-lo.

Capítulo 4
A incúria inquisitorial
a serviço do colonialismo

Mas se Deus Nosso Senhor foi servido que meu pai fosse cristão-novo e eu seu filho, que culpa tenho eu?

Bento Teixeira

Sociologia das denúncias

HEITOR FURTADO DE MENDONÇA concentrou considerável atenção e boa parte do tempo em que esteve representando o Santo Ofício na visitação de final dos Quinhentos às capitanias açucareiras do Nordeste ouvindo acusações relativas ao mercador cristão-novo João Nunes Correia, que se tornou figura das mais visadas, acusado seguidamente de diversos crimes perante a Mesa do Tribunal. Sem poder reagir ao poder e influência do odiado comerciante, descontente com seus constantes abusos e pressões, foi necessário esperar o momento certo para enfrentar Nunes e fazer justiça. A visitação inquisitorial possibilitava esta reação: a população pernambucana valeu-se do momento oportuno gerado pela prisão de Nunes na Bahia e da situação desfavorável que este enfrentava para se livrar do mercador amancebado por meios legais, agravando suas culpas perante o Tribunal.

Levando em conta o momento específico e o local onde ocorreram as denúncias envolvendo o afamado onzeneiro de Olinda encarcerado em Salvador pela Inquisição lisboeta, podemos dividi-las em três grupos: na etapa baiana do Tribunal, foram feitas vinte acusações, ocorridas entre agosto de 1591 e novembro de 1592. A elas o visitador mandou que fossem anexados mais seis testemunhos, colhidos pelo Licenciado Diogo do Couto quando este atuava como encarregado da visitação do ordinário na vila de Olinda e no Recife, respectivamente, em maio de 1591 e abril de 1592, depoimentos esses que foram tomados quando a história do crucifixo vivia seu instante de maior ebulição, causando escândalo e indignação em toda a capitania. Entre as interpelações feitas por Diogo do Couto na tentativa de esclarecer os fatos, encontra-se o registro do único depoimento tomado a Pero da Silva que vem a constar da documentação contra João, visto que o pedreiro viria a falecer antes que o séquito inquisitorial alcançasse a segunda fase da visitação, onde Heitor Furtado almejava convocar-lhe para prestar maiores explicações sobre o que afirmara ter presenciado na casa do comerciante que o contratara para obras. Nem mesmo a prisão de Nunes e a sua posterior transferência para Lisboa, mantido distante do palco armado para o bom funcionamento dos trabalhos do Tribunal e onde seria processado, corroboraram para uma diminuição da frequência de denúncias, prática que ocupou todo o largo espaço de tempo em que o Santo Ofício esteve aqui presente. Em Pernambuco, capitania em que residia Nunes e onde teria ocorrido a mal fadada visão do pedreiro, outros vinte e um depoimentos colhidos por Heitor Furtado entre outubro de 1593 e setembro de 1595 juntaram-se ao já avantajado número, sendo mandados posteriormente à sede da Inquisição no reino, onde seriam anexados aos processos que investigavam o errôneo comportamento do mordomo herético.

A quantidade de acusações a darem conta dos desvios do onzeneiro habitante da Rua Nova – quarenta e sete ao todo – é um dos maiores índices a constar nos autos da Visitação, singularizando-o em relação à maioria dos denunciados. Dentre o grupo de mercadores acusados perante o Santo Ofício, Nunes é certamente o mais rico e poderoso, assim como o possuidor de maior destaque – o que se comprova pelo alto número de acusações que recebera –, sendo este um dos motivos para que seus atos despertassem em igual medida o interesse popular e a atenção do inquisidor. Levando em conta todas as etapas da visitação inquisitorial, e não apenas o caso específico pernambucano, podemos afirmar que o nosso mercador rabi é uma das figuras mais importantes da sociedade colonial – embora não seja exceção entre eles – a estar presente na papelada trasladada sob a orientação de Heitor Furtado. É também dos poucos a possuir vários sumários em seu nome movidos pela Inquisição de Lisboa, todos em bom estado, passíveis de consulta e que se encontram, atualmente – como os demais processos da Inquisição Portuguesa –, sob o controle do Arquivo Nacional da Torre do Tombo. São cinco os códices conhecidos que têm João Nunes como réu, ainda que em parte repetitivos: 87, 88, 885, 1491 e 12464, todos relativos à Inquisição de Lisboa, responsável pelos domínios do Brasil. Em linhas gerais, os de número 885 e 12464 correspondem às

João Nunes, um rabi escatológico na Nova Lusitânia 217

denúncias da etapa baiana da visitação, enquanto os demais dizem respeito às informações colhidas em Pernambuco.

A papelada despachada juntamente com Nunes para os Estaus com certeza foi toda ela reunida no códice 885, onde se encontram também correspondências internas dos inquisidores reinóis e destes, com o visitador. A este processo seria anexado o traslado das demais denúncias despachadas da fase baiana da visitação por Heitor Furtado e o acórdão que livraria Nunes da prisão sob fiança. O códice 12464 contém o original das mesmas denúncias presentes no códice 885, mas devem ter seguido para Lisboa somente com o fim da visitação, provavelmente sob os cuidados do próprio licenciado e de seu notário. Assim como o códice 12464, o de número 88 igualmente contém o original das denúncias, só que, no caso, daquelas colhidas durante o período em que Heitor Furtado esteve em Pernambuco. O códice 87, além de depoimentos da fase pernambucana, contém o traslado das denúncias colhidas na visitação do Ordinário comandada por Diogo do Couto e a confirmação da morte do pedreiro pelo escrivão da Casa da Misericórdia de Olinda, mais o depoimento do cirurgião Gaspar Rodrigues de Covas, responsável pelo tratamento do pedreiro. No códice 1491, por sua vez, encontram-se trasladadas várias denúncias da fase pernambucana, além dos pedidos de autorização e suas respectivas licenças feitas pelo Conselho Geral para que Nunes saísse de Lisboa em direção à Madri. Também fazem parte deste códice os originais do parecer final e do despacho do processo contra o réu.

Nas denúncias contra o mercador de escravos possuidor de diabrete reunidas pelo visitador, encontramos uma maioria de acusadores cristãos velhos, o que denuncia a preocupação destes com o crescimento da importância do grupo cristão-novo na vida colonial. Do total de acusações no caso João Nunes temos:

condição religiosa dos denunciantes	Denunciações da Bahia	%	Denunciações de Pernambuco	%	Visitação do Ordinário	%	% total
cristãos velhos	16	80	16	76	2	33	72
cristãos-novos	1	5	5	24	—	—	13
desconhecida	3	15	—	—	4	67	15
total	20	100	21	100	6	100	100

Principais acusadores de João Nunes, os cristãos velhos demonstravam o temor que lhes causava o avanço dos neoconversos na terra brasílica e o consequente crescimento de sua participação em áreas importantes da sociedade e economia coloniais. Após quase um século de presença portuguesa na Terra de Santa Cruz, o convívio entre cristãos velhos e novos encontrava rigorismos e desavenças que, embora comuns em solo reinol, não haviam ainda se manifestado com igual gravidade no território português de além-mar. Pelo menos, até o desembarcar do séquito inquisitorial no trópico.

Adaptados à nova vida, desfrutando o enriquecimento gerado pelo trabalho mercantil, muitos fixavam-se à terra – promovendo uma transição da predominância cristã velha para o domínio neoconverso –, enquanto os de origem pura, quando podiam, preferiam o regresso ao reino. Comprando terras, os descendentes do sangue de Israel passavam a produzir e beneficiar o produto que antes se limitavam a vender ou transportar para o mercado internacional. Fechava-se o ciclo: passavam a dominar toda a fase produtiva, acompanhando o périplo do açúcar, por vezes desde o plantio da cana até os porões das embarcações e sua revenda em portos de Lisboa ou do norte europeu. Enriquecidos, ganhavam prestígio, participavam dos mandos e desmandos da administração local, interferiam nos destinos da política e da economia. O contato com o poder tornava-os dele cada vez mais próximos.

Admirados como grandes personagens da colonização, aristocratizavam-se e – na falta de títulos oficiais – se enobreciam por conta própria e com certo respaldo e reconhecimento popular, solidificando-se como um contingente forte e respeitável. Porém, eram muitas vezes invejados ou odiados por seu progresso, e o sangue maculado era sempre lembrado por aqueles que não concordavam com o fortalecimento do grupo neoconverso. Ameaçados em seus domínios e interesses, os cristãos velhos utilizavam a origem pura como garantia de ombridade na defesa da fé cristã e manutenção de seu espaço de atuação na região brasílica. Com o amparo legal da Inquisição, não perderiam, dentro do possível, a oportunidade dada por essa instituição de se livrar dos que, julgavam, eram os causadores de seus males. Promotor da pureza religiosa, seria o Santo Ofício, através de seus representantes enviados ao Brasil, responsável por uma nova faceta nesta disputa, agora em sua versão colonial, contra o perigo cristão-novo.

Embora os cristãos velhos comparecessem com mais constância à Mesa do Tribunal para fazer denúncias contra o mercador da Rua Nova, é sensível o aumento de denunciantes cristãos-novos na visitação ocorrida em Pernambuco sob o comando de Heitor Furtado, onde a média de acusadores neoconversos atinge um patamar desconhecido para a fase baiana dos trabalhos. Entre as causas desta mudança, certamente encontramos o temor de alguns cristãos-novos de alguma forma ligados a Nunes de acabarem confundidos com acobertadores ou parceiros do onzeneiro sacrílego em seus atos desrespeitosos ao catolicismo e, no limite, serem apontados como criptojudeus. Por isso, tentavam mostrar boa vontade e colaboração com o Santo Ofício, indicando fidelidade e real entrega ao cristianismo.

Apesar de alguns indivíduos não revelarem a sua condição religiosa, ou de a terem feito de maneira questionável, é possível traçarmos um provável perfil de alguns deles. Diogo do Couto, por exemplo, dizia não saber se seu pai era cristão-novo ou velho, e que sua mãe era tida como de sangue puro: com isso, tentava sugestionar o inquisidor a enxergar-lhe como livre de mácula. Terminada a sua sessão com o visitador do eclesiástico, todavia, Heitor Furtado mandou que o notário escrevesse abaixo do depoimento prestado por Diogo uma "declaração em que declara que o dito licenciado dizem que é cristão-novo da parte de seu pai". Já Manoel Soares, um dos que emudecera no depoimento que prestara à visitação do licenciado cristão-novo quanto ao grau de pureza de seu sangue, seria identificado pelo próprio João Nunes como sendo cristão velho. Do pedreiro Pero da Silva, algumas denúncias também dão conta de que era cristão velho. Talvez por sua própria condição maculada, Diogo do Couto não tenha dado maior importância à origem sanguínea dos que o procuravam para denunciar a Nunes: deixando de pesquisar a pureza de sangue alheia, o licenciado se desobrigava de revelar a mancha que ele próprio possuía.

Da mesma forma que os cristãos velhos são maioria entre os denunciantes de João Nunes, também não é de se estranhar o silêncio das mulheres sobre os boatos que tomaram a vila, visto que os denunciantes eram quase sempre do sexo masculino, fato explicável não apenas pela carência de mulheres na colônia, mas também pela estrutura patriarcal que reduzia as mulheres a uma posição secundária na hierarquia.[1] Além disso, foram os homens os principais envolvidos nas negociatas com o mercador onzeneiro e, obviamente, os mais prejudicados, tendo então maior interesse na ruína do rabi sacrílego. Dentre as poucas mulheres que se apresentaram como denunciantes no caso de João Nunes, apenas a espanhola Caterina Vasques, moradora à época em Pernambuco e que tinha "casa de comer e doutras mercadorias" revelaria possuir origem cristã velha.

---

1 Porém, o pequeno número de mulheres denunciantes contrasta com a elevada quantidade de mulheres denunciadas ao Santo Ofício, cifras bem maiores, que dizem respeito principalmente a acusações de envolvimento com magia e judaísmo.

Sexo dos denunciantes	Denunciações da Bahia	%	Denunciações de Pernambuco	%	Visitação do Ordinário	%	% total
homens	18	90	20	95	6	100	94
mulheres	2	10	1	5	—	—	6
total	20	100	21	100	6	100	100

São essencialmente os habitantes de Pernambuco – componentes da mesma sociedade da qual João Nunes fazia parte, conhecedores de sua fama e vítima de seus interesses e negócios –, os principais responsáveis pelas numerosas acusações sofridas pelo afamado possuidor da bolsa dos judeus. Já durante a etapa baiana dos trabalhos comandados por Heitor Furtado, dezesseis dos vinte denunciantes indicavam a moradia em Pernambuco, aproveitando a estada na capital colonial para dar ciência ao inquisidor dos abusos praticados pelo rabi amancebado. Na fase pernambucana da visitação, a proporção aumenta, desnudando a reprovação que o onzeneiro sacrílego despertava. O total dos denunciantes vivia na capitania e, ao menos onze entre eles, moravam na mesma Olinda em que habitava o mercador que acusavam, certamente conhecedores de seu cotidiano. Indesejado em seu próprio *locus* pelos que conheciam suas práticas heréticas e falta de limites, João Nunes fora vítima do descontentamento geral por seu comportamento irregrado. A pressão social refletia-se no elevado número de denúncias que acabaram por despertar a atenção do inquisidor, fazendo com que Furtado de Mendonça desse a importância que a comunidade pedia ao caso.

Em relação ao local de nascimento dos denunciantes, temos uma gritante maioria de indivíduos vindos do reino, o que devemos, em parte, por serem as áreas visitadas pelo Santo Ofício no Brasil importantíssimas para a manutenção e controle dos interesses da metrópole, além de bastante atrativas economicamente, regiões de destaque na Luso-América, visto que as possibilidades de lucros da produção açucareira em alta incentivavam uma incessante migração de reinóis.

origem dos denunciantes	Denunciações da Bahia	%	Denunciações de Pernambuco	%	Visitação do Ordinário	%	% total
Nascidos em Portugal	17	85	15	71	1	17	70
nascidos no Brasil	1	5	4	19	—	—	11
de outras áreas	1 (Valladolid)	5	2 (Ilha da Madeira e Ilha Terceira)	10	—	—	6
origem desconhecida	1	5	—	—	5	83	13
total	20	100	21	100	6	100	100

Muitos cristãos velhos oriundos da metrópole repetiam na colônia o mesmo tratamento depreciativo aos neoconversos que estavam acostumados a manter em Portugal, diferentemente daqueles aqui nascidos ou acostumados com a vida brasílica, para quem o convívio com os cristãos-novos se fazia mais ameno. Talvez aqui esteja um dos motivos para a pouca frequência de indivíduos nascidos no Brasil entre os denunciantes. Dos reinóis que acusaram Nunes na visitação baiana, cinco eram provenientes de Lisboa; dois, do Porto; dois, de Viana, Foz de Lima; um, de Avis; um, de Sardoal; um, de Bragança; um, de Aveiro; um, do Algarve; um, de Monte Alegre; um, de Braga; um, de Ponte de Lima; um, de Monção e, de regiões próximas à terra natal da família Nunes Correia, dois naturais da Guarda e um, de Lamego. Da mesma Castro Daire de Nunes era o seu criado Fabião Rodrigues. Já na etapa pernambucana da visitação, os denunciantes reinóis assim se dividiam: cinco vindos de Lisboa; três, do Porto; três, de Braga, sendo que dois, do termo de Barcelos; um, de Ponte de Lima; um, de Viana, Foz de Lima; um, de Leiria e um, de Lamego. Da ilhas atlânticas pertencentes ao império português vinham dois denunciantes: um, da Madeira e outro, da Ilha Terceira. As denúncias que citam o nosso comerciante de grosso trato são feitas por um grupo bastante heterogêneo. Entre os que colaboraram para a decadência das liberdades que vivia João no Trópico estão personagens atuantes em várias frentes da vida colonial, de senhores de engenho a mercadores; de cativos a cristãos velhos participantes da administração; de religiosos a devedores nas onzenas; de cristãos-novos querendo amenizar suas culpas ao apontar falhas alheias a simples colaboradores da Inquisição. Mostra-se claramente, através da leitura das denúncias, o desconforto que causava a atuação de Nunes para tantos e tão variados. Dentre os seus acusadores, enfim, desfilam representantes de todas as classes:

posição social e/ou dos denunciantes	Denunciações da Bahia	%	Denunciações de Pernambuco	%	Visitação do Ordinário	%	% total
religiosos / clérigos	3	15	3	14	—		13
da governança	2	10	—	—	—		4,5
alcaides			1	5	—		2
escrivães	1	5	—	—	—		2
mercadores	1	5	—	—	—		2
comerciantes	1	5	—	—	—		2
senhores de engenho	1	5	1	5	—		4,5

profissão							
mestre de açúcares	—	—	1	5	—	—	2
lavradores	—	—	3	14	—	—	6
vinhateiros	—	—	1	5	—	—	2
oleiros	—	—	1	5	—	—	2
pedreiros	—	—	—	—	1	17	2
capitão / piloto de nau	—	—	—	—	2	33	4,5
feitores	—	—	1	5	—	—	2
escravos / forros / criados	4	20	—	—	—	—	9
sem ofício	—	—	2	9	—	—	4,5
sem informação	7	35	7	33	3	50	36
total	20	100	21	100	6	100	100

Investindo em várias frentes da economia brasílica; monopolizando alguns dos principais contratos comerciais; aumentando sua força social e os lucros da família; envolvendo-se com a camada dominante e fazendo parte dela, João Nunes gerou inimigos e invejosos, tornando públicas desavenças e situações particulares, mais tarde levadas ao Santo Ofício. Apesar de manter contatos e amizades com religiosos, recebendo destes favores e rogos por sua liberdade, é deste grupo o maior índice de acusadores, sinal de que não conseguia convencê-los de seu bom zelo cristão nem mesmo tendo ingressado em respeitada confraria religiosa: muitos ainda repreendiam seu comportamento. A pouca importância que demonstrava dar à religião, ausente das missas e negociando em dias santos, desrespeitando o matrimônio e o símbolo do tormento de Cristo, levou os representantes da Igreja a vê-lo como ameaça ao catolicismo na colônia: a punição de Nunes seria exemplo do poder eclesiástico, assim como, para o Santo Ofício, representaria sua imparcialidade e justiça ao punir o poderoso comerciante que se achava acima do bem e do mal. Acima de tudo e de todos, era precisa deixar claro, estava não Nunes, mas a Inquisição.

Boa parte dos denunciantes não explicitaram suas ocupações durante o depoimento. Dos dezessete que assim agiram, chama a atenção o caso do cristão velho Manoel Chorro Dinis, que informou apenas estar cumprindo degredo de morte no Brasil. Outros indicavam não possuir ofício, como Mateus Lopes – embora fosse criado de João Nunes – e Belchior da Rosa, caso único que, apesar de se afirmar sem ofício, dizia viver "per sua fazenda limpamente com quatro cavalos na estrebaria", sendo, ao lado de João Nunes, dos homens mais ricos de Pernambuco. Dos que o acusaram perante o Santo Ofício, encontramos apenas dois senhores de engenho, Cristovão Pais d'Altero que, além de senhor de engenho, era cristão-novo e seu companheiro na Confraria do Santíssimo Sacramento, e Christóvão Vaz de Bom Jesus, este, cristão velho. Mostra-se igualmente irrelevante o número de mercadores e comerciantes que compareceram para acusá-lo: sintoma da incerteza quanto à punição a Nunes, ou então, consequência da dependência em relação àquele que, ora atuava como onzeneiro a financiar créditos nos momentos necessários; ora, como traficante e mercador a abastecer a estrutura colonial com mão-de-obra escrava e produtos dos mais diversos vindos do reino; ora, como comerciante e "senhor de engenho" a beneficiar a produção de cana nas fazendas da família e a despachar o açúcar produzido através de seus contatos europeus. Não menos possível era o temor de uma suposta reação de Nunes – apesar do anonimato que cercava os denunciantes –, ou o pressentimento do excesso de acusações de que este seria vítima, fazendo com que boa parte de seus inimigos tenham julgado desnecessário ou imprevidente um envolvimento direto com a causa; ou ainda, por não quererem demonstrar que as querelas que viviam com o poderoso fazedor de onzenas podiam ser as reais motivações que os levaram a procurar o visitador, muitos interessados na prisão de João mandavam terceiros cumprirem o seu papel. O certo é que o rabi mordomo da Rua Nova tinha inimigos até que desconhecia, muitos mais do que talvez imaginasse.

Devemos, por conseguinte, ficar atentos com relação aos dados. Embora não apareçam como acusadores diretos, certamente muitos comerciantes, mercadores, senhores de engenho e demais homens ligados à elite econômica, política e social em geral, parecem ter procurado proteção atrás de seus subordinados, serviçais ou dependentes, que denunciavam Nunes à Inquisição, evitando que figuras importantes demonstrassem qualquer tipo de ligação com o traficante amancebado. É bem possível que entre os mestres de açúcar, oleiros, feitores, lavradores, criados e escravos denunciantes, muitos tenham sido incentivados – provavelmente, uma troca de favores de alguma forma recompensada – por senhores de engenho e homens de negócios para que acusassem o onzeneiro que muitas vezes mal conheciam, mas era fonte de problemas aos principais de Pernambuco. Esta parece ter sido a solução encontrada pelo ouvidor geral do Estado do Brasil Antonio Coelho d'Aguiar, possivelmente, um dos fortes inimigos de Nunes, interessado em ver a sua condenação pelo Santo Ofício. O ouvidor não procurou pessoalmente Heitor Furtado para acusar o traficante de escravos tido como rabi mas, nas denunciações ocorridas na Bahia, aparecem três pessoas ligadas a ele: Beatriz Nunes, sua escrava, Domingos Carvalho e Alvaro Rodrigues, ambos moradores na casa de Antonio Coelho. É provável que o ouvidor, mantendo contatos frequentes com os principais da colônia, presumivelmente também com o próprio João Nunes, com quem poderia ter negócios ou dever favores, quisesse evitar escrever seu nome entre os acusadores de João: instruiria seus dependentes para que fizessem por ele o serviço, livrando-se de maiores embaraços ou comprometimentos com a justiça inquisitorial.

João Nunes, por sua vez, daria sinais de não conhecer a fundo a totalidade das inimizades que provocava. Mas sabia que os empréstimos a altos juros e o contrato de arrecadação da fazenda real tornavam-lhe odiado por muitos. Em uma das sessões que teve com o visitador durante o tempo em que foi mantido preso na Bahia, ao ser perguntado se suspeitava das causas da sua prisão, o comerciante colonial declarou ter "inimigos capitais" em Pernambuco, "por ele arrecadar sua fazenda deles" e que estes o acusaram e "falsamente lhe levantaram uma grande infâmia e aleive". Era praxe da cerimônia inquisitorial esconder do réu o nome dos que o denunciaram e as informações adequadas sobre as acusações que lhe eram feitas: cabia ao preso descobrir uma e outra coisa, o que podia terminar com o agravamento do problema vivido por confessar desavisadamente crimes que não aqueles indicados pelas testemunhas, aumenta o rol de suas culpas. Nesta caçada interior aos seus acusadores e desvios morais, Nunes chegou mesmo a citar nominalmente os que desconfiava lhe tinham armado a história, acusando-o perante o Santo Ofício. Dos nomes que aponta, apenas Manoel Soares aparece entre os seus verdadeiros denunciantes; mesmo assim, só comparecera para acusá-lo diante da Visitação do Ordinário feita por Diogo do Couto: nenhum dos demais apontados por João como seus "inimigos capitais", responsáveis pela "velhacaria" que sofrera o incriminou perante Heitor Furtado. Sinal de que a prisão prematura que sofrera na Bahia e o consequente afastamento do seu campo de atuação contribuíram para que sofresse menos acusações do que se permanecesse livre em Pernambuco à época em que o inquisidor lá permaneceu a colher novos depoimentos. A notícia de sua prisão – inversão dos fatos, uma vez mais –, talvez, tenha sido providencial para que se livrasse de sina mais grave...

João Nunes na teia da intriga

Durante sua longa permanência na Bahia, Heitor Furtado de Mendonça já dava mostras de não estar familiarizado o bastante com a situação brasílica e as permissividades do trópico, além de faltar-lhe, em alguns aspectos, suficiente preparo para a importância do cargo que ocupava: "a lógica híbrida e tortuosa do colonialismo", afirma Vainfas, "escapava completamente ao olhar arguto do visitador".[2] Recebia, com alguma frequência, cartas de advertência do Conselho Geral da Inquisição lisboeta em relação às atitudes que tomava. Procurando pôr ordem na vida colonial, acabou por cometer precipitações quanto à aplicação do Regimento inquisitorial, tudo fazendo e desfazendo ao seu modo, abusando de poderes que nem ao menos possuía: dava ordens para que não fosse possível a nenhum indivíduo ausentar-se da colônia sem seu consentimento – ordem que, por competir à jurisdição do rei, só poderia ser dada por

---

2   VAINFAS, Ronaldo. *Op. cit.*, 1995, p. 170.

este; apurava casos que não pertenciam à alçada da Inquisição; prendia e encaminhava suspeitos ao Rossio sem provas bastantes de suas culpas ou autorização do Conselho Geral para tanto; quando bem entendia, julgava na colônia os que deveriam ser enviados para Lisboa; inocentava outros que, de acordo com o Conselho, mereceriam castigos mais severos; organizava autos-de-fé onde desfilavam os que sofriam penas administradas pelo inquisidor de plantão. Cautelosos, os membros do Santo Ofício no Reino exigiam do visitador Furtado de Mendonça redobrada prudência, advertindo-o severamente:

> deve V. M. guardar o Regimento da Inquisição e o seu particular que levou, e não proceder à prisão de pessoa alguma sem ter pelo menos uma testemunha legal e digna de crédito (...). Porque prender pessoas que se hão de soltar e seqüestrar seus bens em que recebe muita perda, não se deve fazer em nenhuma maneira.[3]

Cobrava-se do licenciado um maior critério nas prisões que efetuava, condenando a perigosa mistura que moldava a visitação entre a falta de limites de Heitor Furtado e as vinganças pessoais levadas à Mesa do Santo Ofício, visto que o próprio crédito da instituição que representava estava em jogo devido a seus descomedimentos: "tereis advertência que daqui por diante não façais semelhantes prisões sem ter prova bastante para isso, pelo muito que importa não se desacreditar o procedimento do Santo Ofício".

Os dois anos de demora na fase inicial da visitação já haviam repercutido na confiança depositada sobre Mendonça: fora ordenado pelo Inquisidor Geral que se apressasse em seu embarque rumo a Pernambuco. Os trabalhos na Bahia deveriam ser concluídos o mais rapidamente possível, seguindo de imediato para Olinda – onde seu tempo de permanência, antes mesmo da chegada, já se encontrava comprometido –, visto a dimensão da tarefa que ainda tinha por

---

3   Carta de 24 de outubro de 1592. *Apud* LIPINER, Elias. *Op. cit.*, 1969, p. 19.

João Nunes, um rabi escatológico na Nova Lusitânia   229

desempenhar. Outras áreas programadas para receberem sua comitiva, todavia, foram irremediavelmente descartadas, devido aos altos gastos já cometidos e o (cada vez mais) curto tempo disponível:

> Porque creio deveis ter já acabado a visitação nessa Bahia, vos mando que vades visitar logo a capitania de Pernambuco, a qual visitareis mais breve que fôr possível, e acabada vos embarcareis para êste reino sem irdes visitar S. Tomé e Cabo Verde, como levastes por instrução.[4]

Seus superiores tinham motivos para agirem com veemência e limitarem-lhe o poder e os passos. Parece que Heitor Furtado se deixou levar pela situação ímpar e diversidade de certos casos com que aqui se deparara, e para os quais não tinha conhecimento da atitude a tomar, às vezes mais espantado com as acusações que ouvia do que seus próprios denunciantes. Fernão Cabral de Taíde, por sua presumível proteção à santidade indígena, a matriarca Branca Dias e seu marido Diogo Fernandes, denunciados seguidamente à Mesa Inquisitorial estavam, neste primeiro momento, entre os que mais tomaram o tempo do atônito representante do Santo Ofício. João Nunes Correia, porém, não ficou atrás. Impressionara ao licenciado da Inquisição o fato de que o ardiloso onzeneiro, fixado em outra capitania relativamente distante da Bahia, lá tivesse pública fama e fosse insistentemente acusado de uma tão grande variedade de crimes: as histórias sobre o mordomo herético ultrapassavam as tortuosas fronteiras da precária comunicação entre as áreas coloniais. Reconhecendo a importância de Nunes

---

4   Carta de 1 de abril de 1593. *Idem*, p. 21. Além dos domínios africanos, é possível que outras capitanias brasílicas estivessem nos planos do Santo Ofício naquela visitação, ou mesmo que tenha chegado aos ouvidos de Heitor Furtado apelos de representantes dessas áreas para que se deslocasse até elas, fazendo valer a ordem e investigando crimes de interesse da Inquisição. Elias Lipiner cita as evidências com relação a São Paulo: "nas atas da Câmara da vila de São Paulo, consignou-se uma vaga notícia de que em 1593 se esperava a vinda, em São Paulo, de Heitor Furtado de Mendoça". *Idem*, p. 20.

e o poder que desempenhava, temendo a sua fuga e aguardando uma situação mais propícia para melhor apurar os fatos – a chegada da visitação a Pernambuco –, o inquisidor acabou por manter o comerciante da Rua Nova encarcerado nas casinhas do colégio jesuítico de Salvador, casa de morada do visitador e sede temporária do Tribunal.

O representante da Inquisição no trópico encontraria o momento certo para ouvir João Nunes a respeito das acusações que pesavam contra ele. Preso em 22 de fevereiro de 1592, o mercador que lutara pela conquista da Paraíba seria por duas vezes interrogado por Furtado de Mendonça. O intervalo entre a sua prisão e o primeiro depoimento, e deste para o segundo – pouco mais de três meses ao todo –, colaborou para que o visitador esclarecesse, através das novas denúncias que recebia, mais fatos sobre o rabi de Olinda; também servia para que Nunes refletisse sobre a melhor forma de enfrentar o Santo Ofício e construir sua defesa. Prova do interesse de Heitor Furtado em apurar os acontecimentos envolvendo o nome do odiado homem de negócios é que, no dia 24, dois dias após a prisão do "rabi" da Rua Nova, buscando mais detalhes sobre o rico comerciante, mandou que também fossem presos seus dois criados que o acompanhavam na viagem à Bahia, ordem imediatamente acatada pelo meirinho Francisco de Gouveia, detendo-os – assim como fora feito com o próprio Nunes – nos troncos do colégio jesuítico. No dia seguinte, ambos seriam ouvidos pelo encarregado do Santo Tribunal. Tomando cuidado para não comprometer ainda mais a já difícil situação do patrão, procuravam em seus testemunhos exaltar sua conduta.

Admoestado pelo visitador para que falasse a verdade "contra qualquer pessoa que seja, sem ter respeito de nenhuma pessoa mais que somente do que a Deus", Fabião Rodrigues – que "se pôs com o dito João Nunes para o servir, como serviu, até sua prisão" – explica em seu depoimento, para a surpresa de Heitor Furtado, ter ouvido a história do crucifixo apenas durante a atual estada à negócios ao lado de Nunes na Bahia, logo repreendendo-o "que olhasse lá o que lhe cumpria", e que este, em desabafo, assustado com a grande quantidade de pessoas que corriam ao Santo Ofício para relatar o caso, visto ser, de acordo com Fabião, "homem de pouco porfiar", lhe havia dito que se tratava de patifaria de seus inimigos. E completa, abonando-o: "em todo o dito tempo que serviu e conheceu ao dito João Nunes, não lhe viu fazer outras cousas que lhe parecessem contra nossa Santa Fé Católica (...) e nunca teve má suspeita do dito João Nunes". Talvez procurando justificar a falta de críticas ao procedimento de João, ou antes, evitar indícios de cumplicidade com o chefe considerado mau cristão, lembrava que, em todo esse tempo, "andou a maior parte fora de sua casa e em outras partes, fora de Pernambuco, em serviços de negócios do dito João Nunes por seu mandado".[5] Sem se dar conta, Fabião invalidara sua tentativa de elogiar o comportamento do responsável pela bolsa dos judeus: se havia realmente passado fora a maior parte do tempo, sem manter contato diário com seu senhor, conforme frisava, como afirmar que o onzeneiro para quem trabalhava não agia contra a fé em suas ausências constantes? O próprio aliado de Nunes, pensando ajudá-lo, traíra-se.

O outro criado, Mateus Lopes Sampaio – forro, solteiro, de idade de vinte e dois anos, e que esteve ao lado do fidalgo Diogo Homem Quaresma na "guerra dos pitiguares" – manteria a mesma linha de defesa e aprovação dos atos do profano mordomo. Após receber "juramento dos Santos Evangelhos, sob o cargo do qual prometeu dizer em tudo verdade", fora admoestado sobre a história do crucifixo.

Partindo de alguém tão próximo ao mercador onzeneiro, sua resposta era também surpreendentemente: alegava impressionante falta de familiaridade com o ocorrido que gerara a enxurrada de denúncias contra Nunes: apenas uma vez teria ouvido de um certo alfaiate o boato envolvendo a imagem sagrada, "e não no ouviu nunca mais a outrem ninguém". Nada acrescentaria de inédito ao quebra-cabeças montado por Mendonça. Do patrão, informava apenas estranhar a forma como fazia seus juramentos, sem nunca referir-se aos "Santos Evangelhos" ou à "hóstia consagrada", o que não chegava a ser motivo para que duvidasse da boa índole de Nunes: Afirmava que apenas uma única vez fora informado – em conversa particular com Bento Simões, morador na mesma Rua Nova em que morava João – sobre as possíveis agressões de seu patrão ao crucifixo, "e não no

---

5 "Denunciação de Fabião Rodrigues contra João Nunes", em 25/02/1592. Arquivo Nacional da Torre do Tombo, Inquisição de Lisboa, processo 885.

ouviu nunca mais a outrem ninguém, e a ele denunciante lhe pareceu que não podia ser aquilo verdade e que o dito seu amo não fazia tal".[6]

Os depoimentos dos criados, embora trouxessem detalhes sobre o comportamento de Nunes, caracterizavam-se pelas evasivas em relação às suas possíveis culpas heréticas, remetendo o caso do crucifixo a um plano secundário da narrativa. O visitador, contudo, se daria por satisfeito com as declarações de Fabião e Mateus e os mandaria soltar do tronco, sendo postos em liberdade. Heitor Furtado passaria a ater-se ao personagem principal da trama. Assim, em 15 de março, cerca de três semanas após sua prisão, o comerciante acusado de múltiplos crimes seria chamado para dar explicações ao Santo Ofício. Foi logo advertido "da parte de Cristo Jesus que ele confesse toda a verdade de todas suas culpas que tem cometido contra nossa Santa Fé Católica, pelas quais está preso, e que delas peça misericórdia", ao que respondeu João Nunes, segundo transcrição do notário Manoel Francisco, "que ele é bom cristão e muito amigo de Deus Cristo Nosso Senhor e de sua santa mãe".

Mesmo em desvantagem por estar na condição de réu, Nunes não perderia a petulância que o tornara famoso e bem sucedido nos negócios, embora mal visto no campo da fé. O "amigo" de Cristo e da Virgem Maria enfrentava o Santo Ofício sem demonstrar medo, repetindo ao visitador com palavras mais brandas o que afirmara perante o provedor-mor de Pernambuco: se pensava ainda um homem sem pecados,

> e que não tem culpa alguma cometida contra a Santa Fé Católica, *nem ainda de pensamento*, e que por isso não tem do que pedir misericórdia, quando é de culpa judaica, nem herética, nem lutera, nem apostática, mas que é cristão pecador e muito amigo de Deus.

O inquisidor insistia, procurando desvendar os conceitos que balizavam a religiosidade presente no comerciante pretensamente afidalgado: "e perguntado quem entende ele por Deus, respondeu que entende a Cristo

---

6 "Denunciação de Mateus Lopes contra João Nunes", em 25/02/1592. *Idem.*

Jesus Crucificado". Os motivos que o levaram à clausura, Nunes fazia soarem estranhos para si, aparentando ser vítima de injustiça ou engano: perguntado se sabe ele ou suspeita as causas de sua prisão pelo Santo Ofício: respondeu ele que a não sabe, nem sente qual seja, por que não acha em si culpa para isso, como dito tem.

Depois da tentativa inicial de dissuadir o inquisidor, procurando enaltecer suas qualidades – homem sem culpas, nem mesmo em pensamento –, João Nunes admitia, enfim, ter desconfianças em relação às causas de sua prisão. Explica então sua versão dos fatos, não sem antes salientar a trama que lhe fora armada:

> seus inimigos em Pernambuco falsamente lhe levantaram uma grande infâmia e aleive, levantando-lhe que ele Réu tinha uma imagem de Jesus crucificado de trás de um servidor onde ele fazia suas necessidades, divulgando publicamente que um pedreiro chamado Pero da Silva, estante ou morador em Pernambuco lhe vira o dito crucifixo.

Os inimigos que acolheram e alimentaram as intrigas, dando-lhes formas avantajadas, eram indicados por João como a causa provável das intemperanças que enfrentava. Tentando persuadir o inquisidor da "infâmia e aleive" arquitetada por seus adversários, acabava por nomear a alguns deles em seu depoimento. Note-se que os possíveis causadores das angústias de Nunes por ele citados durante o interrogatório eram todos de sangue puro, e que, apesar da fortuna por ele acumulada, continuava a enfrentar preconceitos em consequência de sua origem cristã-nova, o que, por sua vez, aponta para as intrigas entre cristãos velhos e neoconversos que se tornaram mais públicas com a chegada da Inquisição e das transformações que esta causa, ratificadas no domínio de cristãos puros entre os denunciantes do influente rabi amancebado. Segundo afirmava, a fama lhe fora lançada por seus desafetos:

> Manoel Soares, cristão velho, genro de Antonio
> Fernandes de Almeida e Manoel Rodrigues, cristão
> velho, escrivão do alcaide, e Francisco Correia, cristão velho, taverneiro, e Manoel Ribeiro, cristão velho,
> oleiro, e um parente que diz ser do dito oleiro que foi
> escrivão na Paraíba, e outros que são seus inimigos
> capitais, por ele arrecadar sua fazenda deles.

A seu favor, Nunes usava as investigações feitas à época pelo visitador do ordinário sobre o caso, das quais saíra ileso:

> soube ele réu que o Licenciado Diogo do Couto,
> ouvidor da vara eclesiástica da dita capitania de
> Pernambuco na visitação do ano passado, fez diligência sobre isso e se achou ser tudo falsidade e maldade que lhe levantaram, e por isso se não procedeu
> contra ele. E perguntado se deu algum castigo aos
> sobreditos pela dita falsidade, respondeu que não
> lhes viu dar nenhum castigo nem ele os acusou porque se embarcou para esta cidade ele Réu.

Para surpresa de Heitor Furtado, procurava João Nunes inverter os papéis, fazendo-se de vítima das intrigas dos seus adversários: nomeando os inimigos, denunciava as ameaças que dizia sofrer apresentando testemunhas, algumas bastante respeitáveis:

> Rui Lopes, escrivão da vila de Olinda e Antonio da
> Fonseca Cabral, juiz ordinário deste ano na mesma vila, lhe disseram a ele Réu que o dito Manoel
> Soares perante ele o ameaçara, que lhe havia de fazer muito mal. E que assim também João Mendes
> de Olivença, cristão-novo, mercador na dita vila
> lhe disse que a parteira velha, mãe de uma mulher
> que teve ruim fama com Vasco Pires, moradora na

Rua da Misericórdia, lhe disse que o mesmo Manoel Soares o ameaçara perante ela, a qual é sogra de Jorge Mendes.

O inquisidor continuava obstinado na existência do crucifixo em situação desprestigiada a mando de João. Buscando um tropeço do mercador afamado como senhor de engenho, insistiria na famosa história antes de terminar a sessão. Desmentindo o pedreiro, querendo fazer valer a sua versão dos fatos, daria ainda o réu detalhes a Mendonça sobre o local onde tinha por costume deixar o "bacio imundo":

> sendo perguntado de que era a dita imagem do crucifixo que ele tinha de trás do dito servidor, se era de vulto, se de pintura, respondeu que nunca tal imagem teve em tal lugar. Perguntado se estava a dita imagem no dito servidor em casa, onde fossem mais pessoas que o dito pedreiro, respondeu que tudo é falsidade e que o dito pedreiro lhe não viu tal, e que o seu servidor está na sua câmara e no seu escritório onde entram todos os seus criados, e foi tornado ao cárcere.[7]

Mesmo mantido preso, o comerciante rabi daria provas de sua audácia e que, mesmo preso, continuava a cuidar de seus interesses e negócios. O inquisidor convocaria Fabião Rodrigues para mais esclarecimentos, em 16 de maio, pois fora informado pelo governador-geral que o tal criado mandara a ele governador, por intermédio de seu filho Antonio, um recado de João Nunes: "que mandasse arrecadar per assim a Pernambuco uns setecentos e quarenta e tantos mil réis de Miguel Fernandes e João Paes, de umas cento e doze peças de escravos".[8] Furtado de Mendonça também

---

7   "Primeira sessão com João Nunes", em 15/03/1592. *Idem*.

8   Para Gonsalves de Mello, o valor especificado aos escravos "indica que estes eram indígenas, pois os de África custavam consideravelmente mais".

comunicava a Fabião ter recebido de Diniz Bravo notícias dos recados que este recebera de Nunes por seu intermédio, e o criado confirmava:

> é verdade que o dito João Nunes lhe disse que perguntasse ao dito Diniz Bravo ou a Diogo Lopes Ulhoa, cristãos-novos, mercadores nesta cidade, se era já vinda a provisão que diziam que el-Rey havia de passar para os cristãos-novos presos pela Santa Inquisição não perderem suas fazendas nem lhas confiscarem, (...) e Diniz Bravo lhe respondeu que não sabia nada disso.

O rico comerciante certamente temia o arrestamento de seus bens pelo Santo Ofício, e convivendo com a expectativa da transferência para o reino, desejava assegurar e defender seus bens e as possas da família das garras inquisitoriais. O visitador ainda esclareceria a Fabião ter conhecimento da maneira como este mantivera os contatos com Nunes e ouvira dele as ordens: "lhe deu os ditos recados estando o dito Fabião Rodrigues também preso no cárcere do Santo Ofício por um buraco do tronco em que ele estava, que ia dar no (...) corredor do outro tronco onde estava o dito João Nunes". Mais uma vez, procurando amenizar a má fama que vitimava Nunes, o prestimoso criado relatava uma conversa em que o astuto fazedor de onzenas lhe teria confidenciado suas esperanças:

> depois de estar no dito tronco alguns dias, ouviu falar ao dito João Nunes no dito tronco pelo dito buraco, e lhe dissera (...) que estava preso sem culpa e que tudo se saberia e que eram falsidades que lhe levantaram seus inimigos.[9]

GONSALVES DE MELLO, José Antônio. *Op. cit.*, 1996, p. 58.

9 "Traslado das sessões que tiveram com Fabião Rodrigues pertencentes a estas culpas de João Nunes", em 16/05/1592. Arquivo Nacional da Torre do Tombo, Inquisição de Lisboa, processo 885.

João Nunes, um rabi escatológico na Nova Lusitânia 237

João Nunes seria novamente levado à presença de Heitor Furtado em 27 de maio. Mais de dois meses de intervalo entre os interrogatórios seriam suficientes, pensava o visitador, para que pudesse refletir o réu sobre os erros que cometera, citá-los ao deputado do Santo Ofício e deles pedir misericórdia. Todavia, Nunes se mostraria cuidadoso. No novo depoimento, mais acanhado que o anterior, não faria menção às supostas culpas que o teriam levado àquele impasse. Atento, desejoso de ouvir confissão plena, "porque lhe aproveitará isto muito para sua alma e para seu bom despacho", Heitor Furtado usava todo o peso da bem medida, porém ameaçadora, linguagem inquisitorial, buscando acuar o réu e conseguir as cobiçadas respostas:

> foi logo admoestado pelo senhor visitador com muita caridade que ele faça confissão inteira e verdadeira de todas as suas culpas e erros que tem contra nossa Santa Fé Católica, e que entenda que todas as suas culpas por muito ocultas que ele cuida que são, todas estão sabidas e descobertas nesta mesa, e todas estão testemunhadas e escritas nestes autos, e que tenha isto por certo, pelo que todas confesse e peça delas misericórdia.

Apesar da advertência, Nunes resistiria, insistindo em sua boa conduta cristã. Desprezara o grande número de inimizades e as ameaças com que o visitador lhe chamava à razão e continuava a negar as culpas das quais era acusado: "respondeu que ele tem bem e verdadeiramente Santa Fé Católica e que tem dito a verdade na primeira audiência que lhe foi feita e que não sabe de si culpa por que possa estar preso pelo Santo Ofício".

O visitador não desistia. Buscando nos familiares de Nunes comportamentos desviantes a marcarem possíveis influências ou meras tendências que ajudassem a provar suas culpas, foi por Heitor Furtado "perguntado se sabe ou ouviu dizer que algum seu parente ou parenta fosse já preso ou penitenciado em alguma parte pela Santa Inquisição: respondeu que tal não sabe nem nunca tal ouviu".

Incansável, o representante do Santo Tribunal tencionava reconstruir as origens da crença vivida por Nunes que, por sua vez, mostrou suficiente zelo e conhecimento cristãos para agradar ao licenciado. O notário reproduz o decorrer da sessão:

> disse logo a doutrina cristã, *Pater Noster*, Ave Maria, mandamentos da Lei de Deus, pecados mortais e os mandamentos da Santa Madre Igreja, salvo que o quinto mandamento da Santa Madre Igreja, que é pagar dízimos, e primícias, lhe não lembrava. E no credo, lhe faltaram dois pontos que não disse: *descendeu aos infernos* e *creio no Espírito Santo*, que parece que se tornou e deixava de dizer estas palavras. E todas as mais orações disse bem e assim disse bem de per si os quatorze artigos da fé e persignou-se e benzeu-se. Porém, no benzer, usa de modo diferente do que a Igreja costuma, porque se benzeu dizendo em nome do Padre, descendo com a mão da testa até baixo do peito, e nomeando o Filho, pondo a mão no ombro direito e nomeando o Espírito Santo, pondo a mão sobre o ombro esquerdo. E sendo perguntado quem lhe ensinou o dito modo de benzer, respondeu que o abade de Castro Daire, Francisco Rodrigues, ensinava desta maneira a benzer na doutrina, e dele aprendeu. E por não dizer mais, foi mandado para o cárcere.[10]

Nunes não seria mais interrogado por Heitor Furtado, que dava por encerrados os diálogos com o réu. Porém, o visitador mandaria que fosse anexado às culpas de João o depoimento da sessão final que teve com Fernão Cabral de Taíde. Na ocasião, indagado o senhor de engenho de Jaguaripe sobre os motivos de não haver realizado confissões completas nos depoimentos anteriores perante a Mesa do Tribunal,

---

10 "Segunda sessão com João Nunes", em 27/05/1592. O grifo é meu. *Idem*.

afirmava este "não saber o estilo deste Santo Tribunal, e lhe aconselharem que era bom negar". E explicava ao visitador:

> quando nos troncos do corredor não havia mais presos que ele réu em uma casa, e João Nunes, cristão-novo mercador de Pernambuco em outra casa, que posto que estavam distantes e, entre ambos, outra casa de vago, (...) sem se verem, mas ouvindo-se um ao outro, falavam-se e se davam conta. E que então lhe disse o dito João Nunes que o bom era neste juízo da Santa Inquisição negar sempre a verdade.

Nunes explicava a sua lógica ao companheiro de sofrimento:

> dava-lhe esta razão: que, se cá no processo estaria prova da culpa, que se o réu confessava, que confirmava o que estava provado contra ele. E que quando a culpa não estava provada inteiramente no processo, se o réu a confessava nas perguntas, que ficava então condenando-se.

Ainda de acordo com Fernão Cabral, outro preso, de nome Gaspar Afonso, após este afirmar que "negara tudo cá nesta mesa", teria ouvido de João que "era filho e Deus, pai, louvando-o". Porém, ao perceber o temor deste em relação às falsidades que pronunciara, de "que lhe dessem tratos, respondeu o dito João Nunes que se calasse, que não fosse parvo".[11]

Considerando suficiente a documentação reunida para despachá-lo em direção à prisão dos Estaus – os cárceres do Santo Ofício em Lisboa –, enquanto colhia novos depoimentos durante a visitação, Furtado de Mendonça assinaria contrato com um mestre de navios, em vinte e quatro de setembro, para a transferência de João, enviado a Portugal juntamente

---

11 "Derradeira sessão que se teve com Fernão Cabral de Taíde", em 18/08/1592. *Idem*.

com suas culpas, para serem melhor apreciadas. Assim dizia o acordo firmado entre o inquisidor, o mestre da caravela São João, Antão Maio, e os fidalgos responsáveis pelo preso durante o longo percurso:[12]

> lhe foi mandado levar pelo meirinho e oficiais do Santo Ofício dentro à dita caravela, preso em um grilhão de ferro, para nela o levar preso dentro na câmara que para ele foi comprada e já é paga, donde não sairá nem terá nenhuma comunicação com gente alguma, e lhe administrará nela, todo o serviço de sua pessoa (...) e o entregar em Lisboa a quem os senhores inquisidores apostólicos da dita cidade e seu distrito mandarem. E juntamente com ele, entregar os seus vestidos, e cama, e fato de seu uso e serviço, que lhe foi entregue (...) que vão dirigidos ao juiz do fisco da dita cidade.

Heitor Furtado ainda orientaria Antão Maio sobre a forma como deveria se comportar o réu e seus responsáveis durante o trajeto marítimo: "leve sempre o dito preso fechado na dita câmara, [e] o não deixe comunicar com ninguém, nem lhe dê, nem deixe dar papel, nem tinta, nem pena, nem aparelho para poder escrever, e ele assim o prometeu de fazer".[13]

---

12   "E logo foram presentes os senhores Julião da Costa de Souza e Rui Boto de Souza, ambos fidalgos da casa de Sua Majestade, e Lourenço Varella da Gama, outrossim fidalgo da casa de Sua Majestade, capitão mor desta frota, que vão na dita caravela (...). E lhes deu autoridade que prendam e façam prender quaisquer pessoas que com o dito preso comunicarem, assim em secreto como em público. E presas, as fazer entregar com ele aos ditos senhores inquisidores (...). E, enquanto não for entregue, não entrar a ninguém na dita caravela, nem dela sair, salvo a pessoa que ordenarem que vá dar o recado, e a Santa Inquisição. E eles assim prometeram de fazer pelo juramento dos Santos Evangelhos que por ele senhor lhes foi dado. E assinaram aqui todos com o senhor visitador". Arquivo Nacional da Torre do Tombo, Inquisição de Lisboa, processo 12464.

13   *Idem.*

João Nunes parecia derrotado aos olhos do visitador. Depois de sete meses, saía ainda preso da colônia, seguindo enjaulado para o novo cárcere na metrópole, acusado por diversos crimes contra a Igreja. Contudo, o mercador humilhado encontraria maior apoio em território luso, onde mostraria novamente seu grande poder e influência, e a Inquisição, mais uma vez, reprovaria seu precipitado representante nos trópicos.

Interesses abrangentes, culpas partilhadas

A influência do "rabi enobrecido" na sociedade pernambucana ecoava tão intensamente que Heitor Furtado de Mendonça não se limitaria a colher informações que pudessem ser somadas às já diversas acusações que sofrera Nunes: alguns indivíduos, ligados mais diretamente ao círculo de contatos do onzeneiro da Rua Nova, acabariam também sendo vítimas do braço inquisitorial. Diogo Nunes, o irmão "que nunca nascera", seria julgado por declarações que corrompiam as leis divinas. Os criados de João sofreriam igualmente processos por não haverem denunciado de livre vontade e na época devida o que sabiam sobre as práticas anticristãs do amancebado comerciante de grosso trato.

Apesar de podermos encontrar indícios de desrespeito a certas normas do catolicismo, o que os transformava em potenciais réus do Santo Ofício, passíveis de investigação a respeito de suas culpas, é certo que também pesou para o maior interesse do inquisidor sobre os acusados o parentesco ou relacionamento próximo com o mercador sacrílego. Percebendo o prestígio e as ligações de João, e pressionado pela reprovação popular aos abusos do rabi-mordomo-possuidor de diabrete, Heitor Furtado insistiria em dizimar a estrutura herética do núcleo dos Nunes Correia no trópico – estratégia imprescindível na tentativa de impedir que o odiado onzeneiro voltasse a perpetrar seus excessos pela capitania então dirigida por Jorge de Albuquerque. Diluir o poder do mercador supostamente heresiarca e suas pretensas ramificações "familiares" mostraria o apoio da elite ao licenciado e seu séquito, assim como o poder de controle e alcance social da Inquisição, ratificando o rigorismo no seu funcionamento, além de servir de exemplo e advertência àqueles que não respeitavam os mandamentos da Igreja e não partilhavam, segundo esta, de sincera fé.

Os processos envolvendo os criados de Nunes que o acompanhavam à Salvador eram peças movidas basicamente pela própria máquina inquisitorial, sem que estes tenham sido acusados perante a Mesa de qualquer culpa herética durante o período em que a visitação frequentou a Terra de Santa Cruz.[14] Considerados pelos que atestavam seus comportamentos como de boa fé e verdadeiros, incorriam, segundo Mendonça, na ocultação de informações importantes ao bom andamento das investigações do Santo Ofício. Escondendo dados facilitadores das averiguações sobre os acusados, tornavam-se cúmplices do mordomo herético. Diogo Nunes, por sua vez, seria denunciado por cinco vezes perante o Tribunal – número ínfimo, se comparado ao fervilhar de delações contra o irmão poderoso, mas já bastante revelador com relação às suas culpas. Os processos teriam desenrolar na própria colônia, local onde se formariam os autos, seriam julgados, ouviriam as sentenças e cumpririam as penas impostas. Nestes três casos, o licenciado daria mostras de seu relativo destempero para o exercício do cargo.

O visitador abriria processo contra os criados de João Nunes alegando o desinteresse destes em procurar a mesa inquisitorial para denunciá-lo e as intrigantes demonstrações que davam de pouco conhecimento do suspeito

---

14   Existe, porém, um depoimento de Bento Teixeira, datado de dezembro de 1597, em que este insinua o criptojudaísmo de Mateus Lopes e do próprio João Nunes. Após participarem de um jantar em que o criado de Nunes se recusou a comer carne de vaca e chouriço, obrigando o dono da casa a oferecer-lhe peixe, Bento Teixeira teria perguntado a Mateus o porquê de não haver ele se servido de carne como os demais, ao que "o dito Mateus Lopes disse que não quisesse saber a causa, porque se temia que ele confidente o fosse dizer à visitação do Santo Oficio que naquele tempo estava no Brasil. (...) Um cristão-novo mercador na Bahia lhe tinha ensinado que não comesse carne de porco, nem cousa de sangue, nem peixe de couro, e que o seu amo João Nunes com quem estivera, lhe ensinara o mesmo, e outras coisas". Depoimento de Bento Teixeira, em 12/12/1597. Arquivo Nacional da Torre do Tombo, Inquisição de Lisboa, processo 5206. Agradeço a Elias Lipiner a gentileza de me enviar, de Israel, cópia deste depoimento. A ele, minha homenagem póstuma.

comportamento do patrão. Relativamente curtas, as papeladas contendo acusações contra Fabião e Mateus começariam a ser reunidas à época em que ficaram presos nas instalações da Inquisição em Salvador para deporem sobre Nunes.

Fabião Rodrigues compareceria várias vezes à presença de Heitor Furtado de Mendonça. Após o depoimento inicial que dera quando preso pelo inquisidor para esclarecer dúvidas sobre o caso do crucifixo, e logo depois, acusado de ser portador dos recados de João aos que poderiam ajudá-lo a sair da situação difícil que enfrentava, Fabião fora novamente chamado para interrogatório em 22 de junho de 1592. O réu afirmava "que não tem mais nem sabe mais que dizer que o que dito tem", mas começaria a sofrer com as perguntas do visitador. Furtado de Mendonça procurava entender por que o criado – mesmo tendo recebido os juramentos dos Santos Evangelhos – não confessara de início haver levado os recados de Nunes ao governador-geral e a Dinis Bravo, mas somente depois de ser novamente repreendido. Acuado, Fabião justificava-se: "na verdade, não lhe veio à memória ter dado os ditos recados, mas que, quando ele, senhor visitador, lhe tornou a dizer, (...) logo confessou os ditos recados". O licenciado não se dava por satisfeito e, conhecendo a fama do "fazedor de ardis e sutilezas", procurava o dedo autoritário de Nunes por detrás do silêncio do criado:

> perguntado se o avisou o dito João Nunes alguma vez que não viesse denunciar a esta mesa o que dele sabia, ou se quando lhe deu os ditos recados o avisou também que os não descobrisse nesta mesa, respondeu que nunca o avisou de nada do sobredito.[15]

---

15 "Primeira sessão" com Fabião Rodrigues, em 22/06/1592. "Processo de Fabião Rodrigues, cristão velho, solteiro, natural de Castro Daire, detido no tronco do Santo Ofício". Arquivo Nacional da Torre do Tombo, Inquisição de Lisboa, processo 16062. Agradeço a Ronaldo Vainfas a gentileza de me trazer cópia deste processo de Lisboa.

Três dias depois, voltaria a ser convocado por Heitor Furtado. Após desfilar sua genealogia, "foi perguntado pela doutrina cristã, e logo se persignou e benzeu, e disse a doutrina cristã bem", pedindo ao visitador "que o despache com brevidade". Sem mais delongas, o licenciado do Santo Ofício daria por conclusos os autos. Analisadas em mesa as culpas de Fabião Rodrigues pelo inquisidor e demais encarregados, fora considerado culpado:

> pareceu a todos os votos que, visto como o réu não veio denunciar no tempo do Monitório Geral, [mas] antes avisou a João Nunes do que dele tinha ouvido, e visto como nesta mesa jurou falso, negando o recado que levou a Dinis Bravo, sobre matéria de que resultava indício contra o dito João Nunes, seu amo, respeitando porém a ele ser cristão-novo e a outras considerações de misericórdia que se tiveram.

Na aplicação da pena estabelecida ao breve processo, o inquisidor procurava mostrar sua autoridade e a misericórdia do Tribunal, sendo a sentença lavrada em seis de julho daquele ano.

> em penitência de tão graves culpas vá ao ato público da fé descalço, despido da cinta para cima, cingido com uma corda e com a cabeça descoberta, onde estará com uma vela acesa na mão enquanto se celebrar o ofício divino da missa e ouvir ler sua sentença. E faça abjuração de *levi* e seja absoluto da excomunhão maior em que ocorreu. E o degredam para todo o sempre para fora desta capitania e das mais capitanias da banda do norte deste Brasil. E, usando com ele de muita misericórdia, o escusam e relevam dos açoites e degredo de galés que de rigor merecia. E confessar três vezes neste ano. E receberá o san-

João Nunes, um rabi escatológico na Nova Lusitânia 245

tíssimo sacramento de conselho de seu confessor. E pague as custas.[16]

Não parece que Fabião Rodrigues tenha cumprido fielmente a pena de degredo que lhe havia sido imposta, visto ainda se encontrar na Bahia meses depois de sua sentença promulgada. Atendendo a pedido dos réus, de acordo com as justificativas apresentadas – doenças, impossibilidade de ausência na manutenção do sustento familiar, entre outros –, o Santo Ofício não raras vezes retificava os castigos impostos, substituindo-os por penas que mantivessem o condenado perto de sua região. Fabião, contudo, não teria ainda paz. Lavrado o acórdão e cumpridas as penitências espirituais da sentença, seria de novo acusado, agora por Henrique Nunes – o primo viúvo de João morador em Matoim, que fora casado com Isabel Antunes, neta de nossa já conhecida judaizante Ana Rodrigues –, a quem teria procurado para explicar o ocorrido com o patrão sobre o caso do crucifixo, dizendo manter contatos com Nunes, e pedindo favores a ele, Henrique, para livrar o patrão onzeneiro da cadeia. O denunciante entregaria uma carta em duas laudas ao Santo Ofício explicando o ocorrido, fato que obrigaria o inquisidor a convocar novamente Fabião, que compareceria à Mesa nos dias vinte e oito de novembro e primeiro de dezembro de 1592. Na primeira oportunidade, negaria toda a versão contada pelo morador de Matoim, dizendo sobre a tal carta, que "tudo o contido nela é falso e que nunca tal fez, nem contou a ninguém". Mas novamente frente ao visitador, na sessão seguinte, tendo antes o cuidado de fazer diligência com sua memória, voltaria atrás, lembrando-se do acontecido:

> no mês passado de julho ou de agosto, ele réu, por estar em necessidade, falou nesta cidade com Henrique Nunes, (...) e para ele lhe dar alguma coisa o enganou, dando-lhe recado da parte do dito João Nunes, preso, e dizendo-lhe que ele réu falava com o dito João Nunes pela rua, e lhe dava papéis para ele

---

16 "Sentença" de Fabião Rodrigues, em 06/07/1592. *Idem*.

réu lhe enviar para o reino, e outras muitas mais, todas mentirosas e falsas. Tudo isso a fim de meter em cabeça ao dito Henrique Nunes como ele réu corria com o dito preso João Nunes, mas o dito Henrique Nunes não lhe deu mais que uma pataca.[17]

Fabião Rodrigues terminaria seu depoimento pedindo perdão por suas culpas, e Heitor Furtado daria o caso por encerrado, sem maiores consequências. Na folha de rosto de seu processo, enviado mais tarde ao Conselho Geral do Santo Ofício, onde seria relido e analisado, um dos representantes lisboetas da Inquisição escreveria: "não sei com que fundamento se prendeu este réu e se procedeu contra ele", criticando a importância que o licenciado dera ao caso.

Com Mateus Lopes não seria diferente. Preso inicialmente em fevereiro de 1592 nos troncos do colégio jesuítico, seria indagado pelo visitador a explicar o porquê de não haver denunciado o que sabia sobre as culpas de seu amo nos trinta dias em que era obrigado conforme o Monitório Geral, ao que respondeu "que então não advertiu a elas, nem lhe lembraram, e desta culpa de seu descuido, pedia misericórdia".

Solto do cárcere, seria convocado novamente em junho – nas mesmas datas em que depusera Fabião – para novos esclarecimentos. Nas duas sessões com Heitor Furtado, reafirmaria não ter recebido conselhos de outrem para que negasse os desvios que pudesse conhecer no comportamento de Nunes. O licenciado parecia desconfiar de que Mateus tivesse, como o outro criado, servido de portador dos recados do patrão aos seus contatos fora da cadeia. Diferentemente de Fabião, porém – e ainda tentando inocentá-lo –, negaria haver mantido qualquer tipo de conversa com Nunes enquanto este esteve preso, afirmando que "nunca falou com ele nem ele sabe outrem que com ele falasse". Após citar sua genealogia, fora perguntado pela doutrina cristã. Como resposta, "benzeu-se e persignou-se e disse a doutrina cristã bem. E, em fim de tudo, pediu ele

---

17   Sessão de 01/12/1592. *Idem.*

ao senhor visitador o despache com brevidade e com misericórdia, para se poder ir para Pernambuco". O inquisidor daria por conclusos os autos. Vistas as culpas do réu, "e porquanto se teve respeito a ele dar mostras de arrependimento e outras considerações", receberia Mateus Lopes pena parecida àquela imposta ao seu companheiro Fabião Rodrigues, porém sem sofrer condenação de degredo perpétuo, em sentença lavrada na mesma data, e que seria publicada na Sé de Salvador no dia doze de julho de 1592. No dia seguinte, "abjurou o réu de *levi* nesta Mesa (...) e foi nela absoluto de excomunhão maior em que incorreu". Em sua abjuração, declarou

> que de minha própria e livre vontade anatematizo e aparto de mim toda a espécie de heresia e apostasia que for ou se levantar contra Nossa Santa Fé Católica e Sé Apostólica (...) e juro e prometo de sempre guardar a Santa Fé Católica que tem e ensina a Santa Madre Igreja de Roma, e que serei muito obediente ao nosso mui Santo Padre Papa.[18]

Também quanto a Mateus os inquisidores reinóis explicitariam sua discordância com relação aos abusos de Heitor Furtado, o que mais uma vez deixariam claro na capa do processo: "injusta prisão e injusta sentença".

O caso de Diogo Nunes Correia seria distinto dos anteriores. Irmão de João Nunes, o fardo do parentesco com o avaro mercador roubador das fazendas dos homens lhe trazia problemas. Era proprietário dos engenhos na Paraíba em sociedade com outro irmão morador em Lisboa, e tornara-se famoso pelos juramentos descabidos e ideias pouco cristãs a respeito das mulheres. A documentação existente a seu respeito aponta – guardadas as proporções com o irmão rabi – para um certo desdém com relação às leis dos homens e da Igreja.

---

18 "Processo de Mateus Lopes, homem pardo, forro, cristão-novo de Pernambuco detido no tronco do Santo Ofício". Arquivo Nacional da Torre do Tombo, Inquisição de Lisboa, processo 4303. Agradeço a Giana Cláudia de Castro Araújo a gentileza de me trazer cópia deste processo de Lisboa.

O responsável por boa parte do constrangimento de Diogo Nunes, repetindo o ocorrido no caso de João, seria um pedreiro, de nome Adrião de Góis, que teria ouvido de Diogo enquanto conversavam, que manter relações sexuais com mulheres solteiras, desde que recompensadas, não configurava pecado mortal. O primeiro a acusá-lo da história seria Lopo Soares, na oportunidade em que havia comparecido perante o Tribunal para contar o que também sabia a respeito de João. Dizia que tinha ouvido do próprio pedreiro, então preso na cadeia pública da vila, "que a fornicação de dormir carnalmente um homem com uma negra ou com sua mulher solteira não era pecado". Acusava também Diogo – apesar de declarar-se um dos maiores amigos deste – de castigar até a morte um escravo, usando requintes de crueldade: mantivera "um negro amarrado, açoitando-o", ao qual dissera: "Jesus Cristo lhe não havia de valer"![19]

O próprio pedreiro, cristão velho natural de Lisboa, confirmaria com detalhes, em seu depoimento, a narrativa de Lopo Soares. Trabalhara cerca de três anos antes nas casas das caldeiras do engenho de Diogo na Paraíba. Certo dia, estando ambos sós durante o almoço, vieram a praticar sobre o pecado da carne, quando o senhor de engenho lhe dissera que

> bem podia ele dormir carnalmente ali com qualquer negra da aldeia e que não pecava nisso com lhe dar uma camisa ou qualquer cousa. Então, ele denunciante lho contradisse, dizendo que sim, era aquilo pecado mortal, e o dito Diogo Nunes lhe respondeu que não era pecado mortal, e que dormir carnalmente com uma mulher solteira não era pecado mortal pagando-lhe seu trabalho.

Adrião insistiria na tentativa de fazer Diogo mudar de pensamento, contando com a ajuda de alguns carpinteiros que se aproximaram, mas

---

19 "Testemunho de Lopo Soares", em 22/11/1593. "Processo de Diogo Nunes, cristão-novo, solteiro, preso nesta vila pelo Santo Ofício". Arquivo Nacional da Torre do Tombo, Inquisição de Lisboa, processo 6344.

este "repetiu as ditas palavras mais de dez vezes", tudo sustentando e afirmando, "fazendo escárnio e rindo-se dele denunciante, dizendo que não sabia ele denunciante o que dizia. E por mais que ele denunciante sempre lhe contradisse, contudo, ele ficou em seu dito, sem se desdizer".

Estranhando tal comportamento, o inquisidor indagara ao pedreiro se, por acaso, encontrava-se Diogo "bêbado ou fora de seu juízo, com alguma perturbação", ao que o denunciante afirmava que este estava "em seu siso, e é homem que se tem em conta de discreto". Adrião de Góis atestava também o descaso religioso que percebera em Diogo, nada insólito se comparado ao seu irmão herético: "nunca lhe viu contas de rezar nas mãos, nem rezar, e muitas vezes dando *ais* por ser enfermo, nunca lhe viu nomear a Jesus, as quais cousas ele notava e lhe pareciam mal". De outra feita, continuava Góis, ouvira do carpinteiro Gerônimo Mateus sobre a crueldade aplicada pelo senhor de dois engenhos na Paraíba para com seus escravos, dando novos detalhes do fato anteriormente denunciado por Lopo Soares: "pendurado um negro, lhe dizia: *não te há de valer Deus*, e que teve assim dependurado o dito negro até que morreu".[20]

Chamados pelo inquisidor, os carpinteiros presentes à cena compareceriam para denunciar Diogo, sendo um pouco mais reticentes com o senhor que outrora os empregara. Mestre de fazer engenhos, Miguel Pires Landim, daria sua versão dos fatos. Segundo conta, a discussão rodava em torno de uma declaração de Diogo afirmando "que não era pecado mortal dormir carnalmente com uma mulher solteira pagando-lhe (...) e que isto era pecado mas que não era pecado mortal, porquanto as ditas mulheres solteiras viviam daquilo".[21] Irmão de Miguel, o mamaluco Pedro Álvares, filho de "homem branco e dos da governança desta terra e de uma sua escrava brasila", descreveria o mal-estar gerado devido à insistência dos presentes em condenar as palavras do "discreto" profanador: "já que todos eles diziam

---

[20] "Traslado do testemunho de Adrião de Góis, cristão velho, pedreiro", em 29/01/1594. *Idem*. O grifo é meu.

[21] "Traslado do testemunho de Miguel Pires Landim", em 26/02/1592. *Idem*.

contra ele em contrário do que ele dizia, que não queria porfiar com eles e que se queria calar".[22]

A história se espalhava, chegando a terceiros. Dessa forma, o Padre Antonio André compareceria à Mesa para dar conta do que ouvira de Gerônimo Fernandes, então carcereiro da cadeia pública da vila: Diogo Nunes fizera o infeliz comentário sobre ser pecado dormirem um homem e uma mulher solteiros, "em uma roda de homens". O depoimento, porém, nada de novo acrescentava ao que já fora dito pelos que testemunharam o ocorrido.

As culpas seriam reunidas a mando de Heitor Furtado. "Doente de boubas", o senhor de dois engenhos seria notificado, em quatorze de fevereiro, a não sair da vila sem sua autorização, "curando-se em sua casa e reconvalescendo", visto que "estava de caminho para Paraíba". Em quinze de julho, teriam início as sessões com o réu. Interrogado pelo inquisidor sobre suas faltas, Diogo afirmava haver feito muita diligência com sua memória, aconselhando-se com religiosos, mas "que não acha em si culpa nenhuma contra Nossa Santa Fé Católica, nem contra Cristo Nosso Redentor, no qual ele crê bem e verdadeiramente como bom e verdadeiro cristão que é e sempre foi e será até a morte".

O licenciado questionar-lhe-ia sobre ser ou não, na opinião dele, réu, pecado mortal dormir um homem solteiro com mulher solteira caso fosse paga pelo trabalho. Diogo, sem titubear e ratificando as acusações contra ele, dava sinais de pouco conhecimento das leis católicas, como de resto, boa parcela da sociedade colonial, divulgando – "simples e ignorantemente" – ideia por muitos compartilhada: "ele réu ora não sabe nem entende se é pecado mortal ou não a dita fornicação pagando-se o trabalho, e que algumas vezes já lhe aconteceu ter ajuntamento carnal com algumas mulheres e negras solteiras, pagando-lhes seu trabalho".

Diogo Nunes voltaria à Mesa Inquisitorial cinco dias após. Dizia haver se confessado e aconselhado com seu padre espiritual, o jesuíta Pero Leitão, que confirmara ser pecado mortal e heresia o tal ajuntamento que erroneamente defendera, motivo pelo qual agora pedia

---

22 "Traslado do testemunho de Pedro Álvares", em 21/02/1594. *Idem*.

misericórdia ao Santo Tribunal. Terminado o depoimento, o visitador concluiria os autos e julgaria o caso. Em 4 de agosto, Heitor Furtado de Mendonça daria a sentença:

> o réu Diogo Nunes, em pena e penitência de tão grave culpa, vá ao auto público da fé em corpo com a cabeça descoberta, cingido com uma corda e com uma vela acesa na mão, e faça abjuração de *levi* suspeito na fé. E que trinta dias receba e ouça de um religioso que lhe será nomeado instrução e doutrina do que lhe releva para salvação de sua alma. E que nas quatro festas principais do ano seguinte, do Natal, Páscoa, Espírito Santo e Nossa Senhora de Agosto se confesse e comungue de conselho de seu confessor. E pague cem cruzados para as despesas do Santo Ofício e as custas.[23]

Novamente discordantes de Heitor Furtado, os representantes da Inquisição lisboeta escreveriam no processo movido contra Diogo o que pensavam do valor definido como castigo para o réu: "foi muita a pena pecuniária". A Justiça e Misericórdia, emblemas do Santo Ofício, pareciam ecoar mais fortes no reino.

O inquisidor não receberia aprovação do Conselho Geral pelo resultado de nenhum dos casos aqui citados, embora nem sempre o Conselho tivesse noção exata das adversidades por que passava Heitor Furtado no trópico. De todo modo, é inegável que, processando e punindo a Diogo Nunes e aos criados do rabi-mordomo, o encarregado da visitação atingiu frontalmente o poder do clã dos Nunes Correia na colônia brasílica. Se, por um lado, Furtado de Mendonça cometeu abusos de poder e erros de interpretação, também é certo que tenha captado a lógica colonial ao tentar desmontar a "entourage" que mais estreitamente gravitava em torno de João Nunes, o que nos permite relativizar o seu destempero nas lides de visitador. Compreendendo a azeitada rede de relações montada em torno

---

23 *Idem.*

do comerciante profanador e a necessidade de desmontá-la para tornar mais indefesa sua vítima, Mendonça procurava desbaratar a "quadrilha" que cercava João Nunes. Atuando sobre a "gendarmeria" do fazedor de onzenas, enfraquecia-o, limitando suas ações e deixando-o à mercê do Santo Ofício. Não bastava prender Nunes: era preciso minar toda a rede de poder que o sustentava.

As penas impostas, mesmo que "misericordiosas", enfraqueciam a pujança social da família – já irreversivelmente marcada pelo sangue impuro –, envolvida com a Inquisição e criticada socialmente por isso. O maior prejudicado com o rigor do licenciado seria, contudo, o próprio João Nunes, preso e transferido para a metrópole, afastado da supervisão de seus variados negócios enquanto esperava a resolução do processo. Para sorte do suposto rabi, seu caso seria julgado na metrópole, onde estaria paradoxalmente a salvo das pressões populares por sua desgraça e da demonstração de força realizada pelo visitador Mendonça. Longe do trópico e de seus inimigos, a eloquência dos fatos empalidecer-se-ia em Lisboa...

Poderes coniventes e eloquências empalidecidas

Entregue aos fiadores de sua transferência para os Estaus em 24 de setembro de 1592, João Nunes esteve no mar por bastante tempo. O conforto que sua condição financeira poderia lhe oferecer, e a boa sorte nas viagens que costumava realizar sempre a negócios não se fizeram claros desta vez. A falta de pressa que certamente apresentara Nunes em avistar o seu destino, ciente das dificuldades que o esperavam quando deixasse a caravela, tornariam mais incômodo o trajeto realizado na câmara para ele comprada com este fim – viajara trancafiado conforme ordem do inquisidor –, agravado pela precariedade das viagens entre o Brasil e a metrópole: comida e água racionadas e de má qualidade, além da falta de higiene a bordo, a estimular uma vasta gama de doenças.

A documentação inquisitorial oculta informações mais precisas sobre a data em que João aportou no reino, mas, pelas evidências que temos – os acórdãos feitos na sede do Tribunal e as viagens não raras vezes demoradas

—, a chegada a Lisboa provavelmente aconteceu em dezembro do mesmo ano, num périplo que duraria por volta de dois meses. Se, de acordo com o que fora tratado entre Heitor Furtado e Antão Maio, o desembarque em Portugal deveria significar a entrega imediata do preso ao Santo Ofício, não parece ter sido este o ocorrido, pelo menos é o que se pode deduzir pelas palavras de outro preso enviado para o exame do Conselho Geral: em carta aos inquisidores, Bento Teixeira, que lançaria sua *Prosopopéia* no reino em 1601, recomendava "muita vigilância e cuidado com os presos que vierem de fora do reino, e principalmente do Brasil", devido às negociatas que eram realizadas para burlar a justiça inquisitorial. E dizia possuir como fonte "os homens da Nação de Pernambuco" que a ele, Bento, tinham "por homem em que seguramente podiam depositar qualquer coisa, por mais grave e imperativa que fosse". Mostrava então os frutos desta confiança entre os da *Nação*:

> me disseram que João Nunes, quando veio de lá preso, peitara trezentos cruzados ao mestre do navio em que veio, que o deixasse andar quatro ou cinco dias por Lisboa negociando seus papéis e pondo suas coisas em ordem. E que, para segurar o dito mestre da suspeita que tinha de ele dito João Nunes lhe poder fugir, trouxera o dito mestre consigo todos estes dias, sem o largar da sua ilharga. E depois de negociar à sua vontade tudo, dissera ao dito mestre que o entregasse a esta Santa Casa, o que me disseram os da Nação em Pernambuco ser causa dele sair solto e livre.[24]

---

24 Carta de Bento Teixeira aos "Ilustríssimos Senhores Inquisidores", em 22/12/1597. Arquivo Nacional da Torre do Tombo, Inquisição de Lisboa, processo 5206. Devemos, porém, levar em conta o momento e as circunstâncias em que Bento Teixeira falava de Nunes, em seu próprio benefício, ele que também era acusado pelo Santo Ofício de práticas heréticas. Verdadeiras ou não, todavia, as palavras de Bento mostram, quando menos, o elevado prestígio que João conquistara e a ideia que dele se fazia.

Presumindo serem verdadeiras as palavras de nosso poeta inaugurador, temos uma clara noção do poder de Nunes: subornou o responsável por entregá-lo ao Santo Ofício, mantendo-o ao seu lado, num claro sinal de que não pretendia fugir, mas antes preparar sua saída pela porta da frente do Santo Ofício. Aproveitaria o tempo em que permaneceria oculto em Lisboa a convocar aqueles que poderiam trabalhar por sua liberdade. O fato é que teve sucesso, embora não possamos saber se de fato peregrinou pelas ruas da capital do reino antes de ser enviado aos Estaus.

Em Portugal, João Nunes seria entregue aos inquisidores juntamente com os autos reunidos por Heitor Furtado: denúncias feitas contra o réu, as duas sessões de depoimento realizadas pelo visitador na Bahia e os papéis com ele encontrados quando da prisão, aos quais se juntariam mais tarde novas denúncias coletadas no restante da visitação. Entre os papéis encontrados em poder do rabi-mordomo, duas cartas: uma, de seu irmão Diogo Nunes – a mesma em que se havia identificado como sendo o "irmão que nunca nascera" – e a outra, de Francisco Madeira, com quem mantinha negócios. A carta de Diogo mostrava um grande rancor entre os dois irmãos, que se agrediam incentivados pelas dívidas nos tratos, longe os resquícios dos laços fraternais que os uniam. Depois de lamentar sobre as muitas desonras que o irmão poderoso lhe causava, parecia reclamar do diabrete que Nunes teria recebido como seu protetor pessoal, e alertava-o:

> lembro-lhe como amigo que um homem que anda com os demônios e apartado de Deus e com as esperanças perdidas de tão cedo tornar para ele, não lhe faça o demônio fazer cousas com que o diabo ande com Vossa Mercê e com ele e, contudo, não tem necessidade de se doer de mim, nem há para quê, nem eu quero remédio se da sua mão me há de vir.

Indignado, o verdadeiro senhor dos engenhos na Paraíba parecia disposto a acabar de uma vez por todas com as perseguições e afrontas que sofria de João, e procurava livrar-se dele, pedindo condições para quitar suas dívidas com justiça:

> O que só quero é que Vossa Mercê, com muita diligência, faça suas contas e mas mande trasladadas de tudo o que deve em Portugal e eu devo no Brasil, e do que lhe entreguei e do que me deixou. E feito isso, se achar que há dinheiro para eu pagar o que devo no Brasil, me dê dívidas para as eu cobrar e com elas pagar a quem devo.

Apesar de João responder pela parte de Henrique, morador em Lisboa, na sociedade dos engenhos da Paraíba, o excessivo rancor de Diogo contra o mercador da Rua Nova pode também significar um possível envolvimento de Diogo nas onzenas praticadas pelo irmão, que o escorchava sem nenhum vestígio de sentimento fraternal. E novamente dava mostras da abalada relação que mantinha com o irmão mercenário, cobrando pressa no acerto de contas:

> não quero de Vossa Mercê outra coisa, nunca a pretendi. Pesa-me fazer Vossa Mercê a tantos verdadeiros, assim em Portugal como no Brasil, mas como sempre me defendi com todos, com dizer que não lhe queria nada, nem na pretendia, me satisfaço isso: faça Vossa Mercê com muita brevidade, porque não havendo com que eu possa pagar o que devo, saberei o que hei de fazer.[25]

Já a correspondência que lhe fora enviada por Francisco Madeira, tratava dos interesses de João que, enquanto permanecia na Bahia, os

---

25 "Traslado de uma carta que mandou Diogo Nunes, irmão do réu João Nunes, ao mesmo réu, a qual se achou entre os papéis do réu quando se fez o inventário de sua fazenda depois de preso". Arquivo Nacional da Torre do Tombo, Inquisição de Lisboa, processo 885.

deixara sob os cuidados deste. Dava sinal do prestígio de Nunes junto ao Governador-geral D. Francisco de Sousa, de quem nosso onzeneiro poderia conseguir favores, por gozar de certa "privança". Também discorria sobre a ameaça feita a Cristóvão Lins de pôr em protesto seu engenho por falta de certo pagamento. Mais reveladora, contudo, se mostra a parte em que Francisco clamava pela volta de João a Pernambuco para cuidarem da captura e comércio de escravos indígenas, de que tinha o monopólio, já em certa parte ameaçado: "querem ir ao sertão a buscar alguns desses negros, e que o deixam de fazer por seu respeito, porque dizem, todos os negros são seus pelo contrato".

Diferentemente de Diogo, despedir-se-ia respeitosamente: "guarde o Senhor Deus a Vossa Mercê, e Lhe dê o que pode. Beijo as mãos a Vossa Mercê".[26]

Uma outra carta seria endereçada a Nunes – esta, por seu irmão Henrique –, que nem chegaria a recebê-la, pois já se encontrava nos cárceres do colégio jesuítico quando, em 13 de maio de 1592, foi entregue em Pernambuco, e então encaminhada a Heitor Furtado na Bahia. Tentava avisar a João do perigo que ele corria com a chegada do Santo Ofício. Mas já era tarde. Henrique alertava:

> tenho escrito o necessário para vos aviardes do Brasil, que é tempo, e dentro de seis meses estais despedido do Brasil e todas as vossas cousas feitas e tudo trespassado em mim, sem fazer nenhuma memória de vós em nenhuma cousa, porque assim convém e é necessário para colhermos alguma coisa do Brasil e vir e estar fora dele dentro de seis meses.

---

26 "Traslado do capítulo final de uma carta que se achou nos papéis de João Nunes fazendo-se-lhe o inventário depois de preso, a qual lhe mandou de Pernambuco Francisco Madeira a esta Bahia, aonde ele ora estava", em 22/12/1591. Arquivo Nacional da Torre do Tombo, Inquisição de Lisboa, processos 87 e 885.

Henrique não parecia medir limites para livrar o irmão com fama de mau cristão das intempéries que se anunciavam com a visitação próxima: "se parecer vender o engenho, venda-se. E se parecer traspassá-lo em mim, traspasse-se. E o dito basta por ora". Comunicava ainda das expectativas dos cristãos-novos no reino sobre o aguardado perdão geral aos de sangue impuro, notícia que João tanto ansiava e havia procurado saber de Dinis Bravo através de mensagem da prisão de que fora portador Fabião Rodrigues, e que acabou por gerar o processo contra este. O perdão geral significava, em última instância, a dispensa aos cristãos-novos do confisco de bens pelo Santo Ofício para proverem o sustento dos réus no cárcere – confisco este sem volta no caso de condenação do acusado: "vai haver perdão geral para a Nação[27] (...) e logo haveremos licença para as urcas (...) mas, não nas havendo, venha-se Vossa Mercê dentro de seis meses".

Esta troca de correspondências mostra, por outro lado, a bem azeitada e providencial rede de contatos montadas pelos comerciantes portugueses, em especial, os neoconversos, e que permitia a circulação de notícias vindas dos quatro cantos do mundo – Europa, América, África, Oriente –, informando, por exemplo, quem havia sido preso ou denunciado pela Inquisição, as ameaças de perseguição, os falecimentos, os pedidos

---

[27] Em cartas ferinas ao Santo Ofício, Bento Teixeira mais uma vez apontaria claramente para o poder de Nunes – embora sem citar nomes – em peitar a Inquisição: "o messias que hoje estorva e depura aos que estão negativos nesta Santa Casa de confessarem suas culpas e a muitos lá fora não se virem reconciliar à esta santa mesa é o perdão que esperam impetrar de Sua Majestade. E assim, *há homens no Brasil da Nação de duzentos mil cruzados, a quem eu notei cartas para esse reino* que diziam nelas o seguinte: 'mostrem este capítulo *aos que vão para Madri* e diga-lhe que não reparem com Sua Real Majestade em dinheiro, inda que seja dar-lhe um milhão e meio d'ouro, porque, pelo capítulo desta, me obrigo a dar, eu só, trinta mil cruzados de letras passadas à vista. E mais, me obrigo, só no Brasil, [a] tirar quatrocentos mil cruzados, e isso mais depressa do que eles o hão de fazer em Portugal na demasia'". Carta de Bento Teixeira aos "Ilustríssimos Senhores Inquisidores", em 22/12/1597. O grifo é meu, apontando trechos na escrita em que, podemos supor, não seria de admirar se Bento estivesse a referir-se ao próprio João Nunes. Arquivo Nacional da Torre do Tombo, Inquisição de Lisboa, processo 5206.

de auxílio, as possibilidades de comércio, enfim, uma valiosíssima ferramenta de proteção aos cristãos-novos temerosos com os futuros lances do onipresente xadrez inquisitorial. Para facilitar os contatos do responsável pela bolsa dos judeus com o governador nomeado para a Bahia – D. Francisco de Souza, que viera na mesma nau que trouxe o séquito de Heitor Furtado – e demais autoridades, bem como, possivelmente, para conseguir vantagens nos negócios, Henrique atendia os rogos do irmão, além de mapear os possíveis caminhos da visitação e explicar os motivos do prazo que dera para Nunes se ausentar do Brasil:

> para o Governador, irão as cartas que Vossa Mercê pede, mas não temos ainda novas de ser na Bahia; havê-lo-á Deus levado em paz e disso temos muita confiança, porque, a dito de todos, é pessoa de merecimento e mais: levava consigo a Santa Inquisição, segundo dizem, que é a principal parte de Nosso Senhor o haver levado em paz. E dizem que, da Bahia, [a Inquisição] iria às capitanias de baixo, então a esta capitania, que de razão será nessa capitania daqui a seis meses, pouco mais ou menos, e Vossas Mercês o saberão lá melhor, que estão mais perto.

Henrique preocupava-se ainda com a saúde dos negócios em sociedade com Diogo e com a necessidade de controle sobre a mão-de-obra empregada, visto não só os problemas de animosidade dos gentios que enfrentava, como ainda a repercussão negativa que poderia ter a não catequização dos trabalhadores sob responsabilidade do clã dos Nunes Correia, dando sinais de um empenho religioso mais aguçado que o do irmão descuidado na fé:

> posto que nessas terras não têm que fazer todo dia, foi cousa santa para que os negros digo, gentio, que se fez cristão saiba como há de viver. E, para isso, é muito bem que haja quem lhe ensine a fé, posto que me

dizem há na Paraíba sete igrejas e mosteiros. Contudo, quanto mais, melhor.

Como último recado, recomendava a João que ajudasse um companheiro para que não se deixasse levar pelos vícios e apelos do trópico: "traga Duarte Henriques consigo, que é amigo, e dizem-me que não faz lá nada e está aventurado a gastar lá quanto tem, que onde há gastar como ele gasta, se não fizer negócio, em pouco tempo se consome um homem". E despede-se mostrando os temores e desconfianças que cercavam os contatos: "esta rompa vossa Mercê logo, porque defendem muito que não escrevamos novas e prendam por isso".[28]

Em pequeno espaço de tempo a situação de Nunes começaria a mudar. Analisada a documentação despachada da colônia pelo visitador, foi feito acórdão pelo Conselho Geral em 19 de janeiro de 1593 – cerca de um mês após a chegada de João –, dando conta de que, na papelada levantada por Furtado de Mendonça, pareceu, por decisão unânime, que

> não eram bastantes as culpas para prisão, por ser a matéria delas a mais dela leve. E quanto aos testemunhos da fama do crucifixo [que] dizem as testemunhas que ouviram que o réu tinha no lugar imundo, não concluem prova legítima de fama, pela falta dos requisitos necessários que não concorrem neles, porque não consta da qualidade das pessoas de quem procedeu e ante quem está infamado o réu e não ser a matéria da infâmia verossímil. E quanto ao testemunho de Fernão Cabral, que depõe que foi induzido que não confessasse suas culpas, é a testemunha de pouco crédito porque, sendo homem cristão ve-

---

28 "Traslado de uma carta que Henrique Nunes mandou para seu irmão João Nunes, a qual foi entregue em Pernambuco ao ouvidor de Pernambuco, o qual a enviou a esta mesa ao senhor visitador do Santo Ofício", em 16/08/1591. Arquivo Nacional da Torre do Tombo, Inquisição de Lisboa, processo 885.

lho, segundo se tem por informação, adorou ídolos e cometeu outras fraquezas nesta matéria.

Para sorte de João, o conceito que se tinha de Fernão Cabral, devido à santidade que acobertara em suas terras, não era nada aprovador. Testemunhando contra Nunes, o senhor de engenho do recôncavo acabou colaborando para inocentar o onzeneiro que fora seu companheiro de prisão! Mais uma vez os inquisidores criticariam o trabalho de Heitor Furtado, sem conhecerem a fundo as limitações que cercavam a visitação e dificultavam os passos do licenciado no caso:

> houvera o visitador de ver se achava o pedreiro e se era vivo e examiná-lo, ou dar razão nos autos porque o não perguntou. E houvera de avocar os autos da prisão do pedreiro para constar a causa dela, se era sobre a matéria de ver o crucifixo no dito lugar imundo e tomar testemunho do vigário que o julgou, pelo que pareceu que deve ser solto o réu João Nunes para poder ir beneficiar sua fazenda. E deve dar fiança de três mil cruzados nesta cidade, para parecer em juízo quando lhe for mandado, para que se possa proceder como for justiça. E será o visitador avisado que faça as ditas diligências e as envie a esta mesa no primeiro navio e, não as mandando, seja o réu desobrigado da fiança.

O acórdão seria ratificado pelo Conselho Geral em 23 do mesmo mês, quando "assentou-se que era bem julgado pelos inquisidores e deputados em mandarem soltar o réu (...) por as culpas não serem bastantes", aumentando a fiança para quatro mil cruzados e lhe dando "por prisão" a cidade de Lisboa. No dia 26, após ser proibido de levar recados e de dizer "o que se passava neste cárcere, e que em tudo tivesse (...) segredo", fora entregue aos seus fiadores, Jerônimo Henriques e Rodrigo de Andrade – este, outorgado por Ana de Milão, sua esposa, também presente ao acordo

—, que aceitaram a incumbência a pedido de Henrique Nunes, depois de apresentar ao visitador a lista de "bens de raiz" –[29] garantias materiais com que ressarciriam à Inquisição possíveis problemas com o réu:

> sendo o dito João Nunes solto por respeito desta fiança, que ele João Nunes se não irá fora desta cidade de Lisboa por nenhum caso sem licença dos ditos senhores inquisidores. E outrossim, que o dito João Nunes irá diante os ditos senhores inquisidores todas as vezes que por eles for chamado. E assim, que o dito João Nunes cumprirá tudo aquilo que lhe for mandado pelos ditos senhores inquisidores, o que todos e cada cousa o dito João Nunes não cumprindo que em tal caso eles, Rodrigo de Andrade de Évora e Jerônimo Henriques, disseram que eles por este instrumento se obrigam e de feito obrigarão a logo, realmente e com efeito, e como fiadores e principais pagadores e fiéis carcereiros do dito João Nunes, darem e pagarem toda a dita quantia de quatro mil cruzados em dinheiro (...), de que farão real entrega a quem e pela ordem que for determinado pelos ditos senhores inquisidores ao pagamento de que se obrigam e de feito obrigarão de mão comum um por um e outro pelo outro pelo melhor para do que se achar

---

[29] "Rodrigo de Andrade de Évora hipoteca duas moradas de casas altos e baixos delas com todas suas pertenças que tem nesta cidade, na rua das Mudas, (sic) e isentas, livres e desobrigadas de toda obrigação e que valem seis mil cruzados (...). E assim hipoteca mais toda a fazenda de raiz que tem no termo da vila de Pombal, que é fora e isenta, que lhe rende trezentos mil réis em cada ano e que bem vale quinze mil cruzados. E o dito Jerônimo Henriques hipoteca todo o seu assento de casas e pomar e (...) lojas de pau que tem junto ao dito lugar de Alcântara, que lhe rendem ano por entre trezentos mil réis, que bem vale quinze mil cruzados, e que outorga esta fiança como aquele que é viúvo, pelos quais bens querem que se haja toda a dita quantia de quatro mil cruzados". "Instrumento de fiança e obrigação" de João Nunes Correia, em 26/01/1593. *Idem*.

sob pena que tudo pagarão com todas as custas [e] despesas que se por isso fizerem ou receberem por todos seus bens que o largam, sem especial.

A Henrique Nunes caberia "tirar a paz e a salvo" os fiadores "de todo o contido nesta escritura sem sua perda nem dano, ao cumprimento do que obriga todos os seus bens havidos e por haver". Abonando os fiadores envolvidos e confirmando suas posses, Vasco Martins da Veiga, Henrique Dias Milão, Vasco Martins de Castro e Manuel Fernandes Anjo. Já como testemunhas do acordo, assinaram Francisco de Andrade e Francisco Carvalho.

É possível traçar um rápido perfil dos homens que aceitaram fiar a soltura de Nunes. Rodrigo Andrade pertencia a uma das mais importantes famílias mercantis de então, os Rodrigues D'Évora. Em 1600, seria designado para ir até Madrid com cerca de 300 mil cruzados negociar o perdão geral aos cristãos-novos. Já Jerónimo Henriques era um rico mercador que fora senhor de engenho em Pernambuco e que emigrou para Amsterdã em 1609, onde ficou conhecido pelo nome de Joseph Cohen, tornando-se negociante de diamantes, ouro, prata, pérolas, trigo, açúcar, entre outros produtos. Gonsalves de Mello esclarece mais detalhes sobre os protetores de João:

> Rodrigo de Andrade, cristão-novo, era descendente de um dos irmãos Rodrigues de Évora, riquíssimos homens de negócio de então e ele próprio grande proprietário em Leiria. Ana de Milão, sua mulher, era cunhada de Henrique Dias Milão (um dos abonadores), ambos cristãos-novos, ela presa pela Inquisição e libertada em 1605. Tanto ela quanto o marido vieram a falecer em Antuérpia, mas ela permaneceu fiel ao catolicismo até a morte em 1613, com cerca de 72 anos de idade. O cunhado veio a ser queimado aos 81 anos de idade, no auto-de-fé em Lisboa em 1609 e quatro dos seus filhos e um genro viveram e

comerciaram em Pernambuco. Francisco de Andrade, uma das testemunhas, era filho do casal Rodrigo de Andrade e Ana de Milão e fugiu de Portugal quando da prisão de seu tio Henrique Dias Milão e viveu em Veneza, conservando-se católico. Jerônimo Henriques era filho de João Luís Henriques, ambos moradores em Pernambuco, tendo Jerônimo depois emigrado para Amsterdam. Manuel Fernandes Anjo era associado em Lisboa com Gaspar Fernandes Anjo, morador em Pernambuco. Dos demais, não temos informação.

Manoel Fernandes Anjo certamente fora um dos escolhidos para abonar a causa por já ser bem conhecido dos Nunes Correia, visto que mantinha contatos com Luís Mendes, casado com Branca Nunes, irmã de João. Por sua vez, "Mendes esteve em correspondência com o célebre judeu português de Hamburgo Rui Fernandes Cardoso, que também comerciava com o próprio Gaspar Fernandes Anjo", senhor de engenho em Pernambuco e irmão de Manoel. Sobre Henrique Nunes, afirma:

> era ele pessoa de prestígio entre os cristãos-novos de Lisboa e possuidor de bens. O fato de ter conseguido de Rodrigo de Andrade (com a outorga de Ana de Milão, sua mulher), de rica família de cristãos-novos, e de Jerônimo Henriques que servissem de fiadores e outros de fiéis carcereiros do irmão para sua soltura dos cárceres da Inquisição, os quais hipotecaram alguns de seus bens para garantia da fiança de quatro mil cruzados fixada pelo Conselho Geral do Santo Ofício para isso, obrigando-se ele com os fiadores, pela mesma escritura, pelo valor da fiança e 'de os tirar a salvo' de quanto haviam garantido, pro-

va não só esse prestígio, como ainda que era homem de capitais.³⁰

Se comparado à maioria dos processos inquisitoriais, em que os réus viam o tempo se esvair sem que suas expectativas de liberdade fossem atendidas, perdendo a conta dos dias, meses ou anos que passavam nos cárceres aguardando julgamento, surpreende a rapidez com que o Conselho Geral deu seu parecer sobre o caso de João Nunes, que teria permanecido pouco mais de um mês nos cárceres da temida fortaleza do Rossio. De todo modo, o poderoso comerciante ainda esperaria alguns anos para ver o resultado final de seu processo. Os inquisidores de Lisboa informariam a Furtado de Mendonça sobre a decisão tomada:

> As culpas de João Nunes foram vistas pelos Inquisidores e deputados e pareceu a todos os votos que não eram bastante para estar preso por defeito de prova, e no Conselho se confirmou este despacho, e foi solto sob fiança até V. M. fazer diligência sobre este caso (...) com a brevidade possível pelo muito prejuízo que ele e seus dependentes têm recebido na fazenda que se lhe seqüestrou, e não se pode levantar o seqüestro sem se saber se tem mais culpas.³¹

Diante dos novos testemunhos mandados de Salvador pelo licenciado, os inquisidores pareciam cientes do pouco cuidado que, julgavam, Heitor Furtado havia dispensado ao caso e, enquanto esperavam que o visitador se dirigisse até Olinda, palco dos acontecimentos, enviavam-lhe uma lista das dúvidas e imprecisões que o encarregado da visitação deveria investigar, tornando os depoimentos mais precisos. Acabariam por deixar para a

---

30 GONSALVES DE MELLO, José Antônio. *Op. cit.*, 1996, p. 17-18, 60-61 e 65.

31 Carta do Conselho Geral a Heitor Furtado de Mendonça, em 01/04/1593. BAIÃO, António. "Correspondência inédita do inquisidor geral e Conselho Geral do Santo Ofício para o primeiro visitador da Inquisição no Brasil". *In*: *Brasília*. Coimbra, 1942, vol 1, p. 543. *Apud* SIQUEIRA, Sonia A. *Op. cit.*, 1971, p. 245.

história uma página exemplar da maneira como eram preparados os interrogatórios em suas minúcias e tramas buscando envolver os depoentes, afogados pelo excesso, insistência e detalhamento das perguntas:

– a distância que havia da casa da cantareira à casa onde estava o vaso imundo, onde diz a testemunha que estava o crucifixo;

– que forma tinha a cantareira, se estava ornada ou despejada como oratório e, se estava [a] cantareira em ordem, onde estava o crucifixo para o adorarem e lhes rezarem;

– ou se estava desmanchada, e o crucifixo de mistura com cousas sujas e enxovalhadas, indecentemente;

– e se o crucifixo era de vulto;

– se pintado, de que grandeza;

– que declare se as figuras dos painéis que estavam na casa, se eram de devoção;

– se estava em oratório particular, que distância havia da casa onde estavam os painéis à casa onde estava o vaso;

– se os painéis estavam na parede, pregados, ou no chão, de mistura com mais coisas enxovalhadas;

– por que causa prendeu o vigário ou outrem o pedreiro e o que diz no testemunho que diz 'o que disse ontem', que declare o que tinha dito ontem e ante quem;

– que venham os autos todos, assim do secular como o eclesiástico.[32]

Um outro sinal do poder e prestígio que João desfrutava mesmo distante de Pernambuco, e da boa vontade com que os inquisidores lisboetas

---

32 Carta a Heitor Furtado de Mendonça, em 31 de março de 1593. Arquivo Nacional da Torre do Tombo, Inquisição de Lisboa, processo 885.

pareciam analisar seu caso, reprovando antes os desacertos do visitador brasílico do que o afamado comportamento herético do réu, são as continuadas licenças que o mercador onzeneiro conseguiria do Conselho Geral para poder abandonar a cidade-prisão de Lisboa e deslocar-se até Madri, onde residiria por alguns meses para, pessoalmente, tratar de seus interesses nos contratos de pau-brasil e Angola. Não estaria, talvez, entre os motivos da viagem à corte filipina a negociação do perdão geral para os da Nação que Nunes haveria abraçado como responsabilidade pessoal, conforme denunciara o autor da *Prosopopéia*? O comerciante inventor de "ardis e sutilezas" apresentaria seu pedido em 4 de fevereiro de 1595, alegando aos inquisidores "negócios importantes", e a necessidade de "assistência pessoal dele", visto que, do contrário, "os ditos contratos e a fazenda de Sua Majestade receberão muita perda e diminuição". Já no dia oito, seria trasladada nova escritura de fiança para o réu, em que seus fiadores se comprometiam a apresentá-lo toda vez que fossem solicitados pelo Santo Ofício. Em parecer do dia dez, os inquisidores informavam ao Conselho o estado em que se encontrava o seu processo, terminando com opinião favorável aos intuitos de João: "parece que se lhe deve dar a licença que pede para ir à Madri, e que se lhe renove a fiança que tem dado para poder ir, que é o que ele oferece em mesa". No mesmo dia, conseguiria a desejada autorização para a viagem.

Transcorrida boa parte do tempo que lhe fora concedido para negociar em Madri, "e porque fazendo muita diligência em seus requerimentos não são findos e dos quatro meses são passados mais de três, pede à Vossas Mercês, havendo a tudo respeito, achem por bem fazer mercê de seis meses mais de tempo para dentre deles fenecer e acabar seus requerimentos e se tornar à prisão em que estava". O novo termo, assinado em 19 de junho, estenderia a sua permanência por mais seis meses na corte madrilena. A licença seria novamente prorrogada em 14 de novembro por mais quatro meses. Em 14 de maio do ano seguinte, conseguiria mais tempo: "havendo a tudo respeito, haja por bem de lhe fazer mercê de reformação outros seis meses, para dentro deles poder acabar seus requerimentos e se vir à prisão que dantes tinha", o que prolongava sua permanência em Madri até por volta de novembro de 1596.

João Nunes não pediria mais revogação de seu prazo, e parece retornou à Lisboa sem maiores delongas. Passados os meses – e, havia muito, despachado do Brasil o conjunto das denúncias que ainda restavam contra o rabi-mordomo, além de finda a visitação comandada por Heitor Furtado –, seria analisada a papelada referente ao seu caso pelos inquisidores Bartolomeu da Fonseca, Manuel Álvares Tavares, Sebastião Bispo Deão, Diogo Vaz Pereira e Antônio de Barros, que dariam o parecer final:

> Viram-se os assentos da Mesa sobre as culpas que vieram do Brasil contra João Nunes e as que depois mais sobrevieram e as diligências feitas depois pelo visitador pela ordem da carta que se lhe enviou para as fazer sobre o pedreiro de que procedeu a fama que o dito João Nunes tivera o crucifixo em lugar imundo e se viu, outrossim, o que o promotor da justiça tem declarado nas ditas culpas, que disse que não tinha que requerer nelas. E pareceu a todos os votos que deve ser levantada a fiança que tem dado o dito João Nunes para se não sair desta cidade e que se possa ir onde quiser e que lhe seja levantado o seqüestro de sua fazenda onde se achar e se vá em paz e a salvo. A 12 de agosto de 97.

Dois meses depois, em 16 de outubro, seriam vistos os autos "na Mesa do Conselho, estando presentes o Ilustríssimo Senhor Bispo Inquisidor-Geral, e assentou-se que o réu João Nunes seja absolvido da instância deste juízo e que os fiadores sejam desobrigados e lhe hão por levantado o sequestro de seus bens para que se lhe tornem e que pague as custas de seu livramento". Assinariam a sentença Diogo de Souza e Marcos Teixeira. O processo contra João encerrar-se-ia com uma informação do notário Simão Lopes:

> Foi publicado o despacho acima ao réu João Nunes em sua pessoa aos doze dias do mês de novembro

de mil quinhentos [e] noventa e sete anos na casa do despacho da Santa Inquisição, estando nela os senhores inquisidores em audiência.[33]

O Conselho do Tribunal do Santo Ofício da Inquisição de Lisboa considerara que a prisão do mercador da Rua Nova havia sido injusta. Inocentado, bastava-lhe arcar com as custas do processo para, em seguida, recuperar seus bens do sequestro, sendo-lhe assegurada a possibilidade de pronto retorno ao Brasil, caso assim desejasse.

Apesar dos indícios de que havia em João uma crença em desarmonia com as leis católicas, apontando por vezes para atitudes condizentes com o passado hebraico que marcava sua origem – dados estes que não eram estranhos ao Santo Ofício – João Nunes Correia derrotara, a seu modo, a Inquisição. Penas severas foram impostas a casos em que as denúncias se mostravam menos graves, mas que contavam, porém, com a certeza da prova, podendo chegar, algumas vezes, ao relaxamento ao braço secular. Heitor Furtado só encontrara indícios, acusações que, embora generalizadas, não haviam sido suficientemente comprovadas. Neste ponto, o Conselho lisboeta agiu corretamente, evitando condenar injustamente o réu, ciente das consequências que enfrentava devido ao seu destaque social graças aos negócios que comandava. Livres das pressões a que estava submetido o visitador brasílico, percebendo a radicalização dos ânimos na colônia a favor da condenação de Nunes, os inquisidores preferiram relativizar o caso optando por um parecer balizado pelo bom senso, inocentando-o das acusações. João se fazia diferente, e tinha consciência disto. O poder que usufruía lhe abria portas e o tornava mais importante do que a sua ausência poderia ser para a colônia.

O mesmo entendimento do poder que Nunes desfrutara em terras brasílicas fizera com que o visitador o enxergasse como oportunidade exemplar. A punição de um poderoso agente da colonização, como se fizera com Fernão Cabral, poderia aumentar o respeito e a confiança da

---

33 Despacho de João Nunes, em 12/11/1597. Arquivo Nacional da Torre do Tombo, Inquisição de Lisboa, processo 1491. Agradeço a Sonia Siqueira, que gentilmente me emprestou a cópia microfilmada deste processo.

população colonial com relação aos trabalhos do Tribunal no trópico. No entanto, a leitura metropolitana da Inquisição seria diferente. Geraria, por parte do Conselho Geral lisboeta, o tácito reconhecimento de seu papel indispensável ao bom andamento da estrutura social, política e econômica da colônia, daí resultando a evidente incúria no tratamento de seu caso, empalidecendo, no reino, a eloquência dos acontecimentos que tanto surpreenderam, na região colonial, ao primeiro visitador. A absolvição de Nunes parece assim não ter obedecido unicamente à crença do Tribunal em sua inocência, mas também aos interesses econômicos ligados à colonização e controle da luso-América. Não faltavam suspeitas para incriminá-lo de práticas judaizantes ou, quando menos, de pouco apego à fé cristã, como também não eram poucas as razões para que seus inimigos fizessem de tudo para se verem livres do temível onzeneiro malevolente. O Santo Ofício, contudo – talvez fazendo valer seu lema, de Misericórdia e Justiça –, preferiu considerar insuficiente e falha a documentação reunida por Heitor Furtado durante a visitação que este comandara.

Distante da colônia há cinco anos, não há provas – nem mesmo indícios precisos – de que João tenha regressado para cuidar de seus negócios abandonados à força quando de sua prisão na Bahia. É bem possível que nunca mais tenha voltado a sentir o calor do novo mundo. Improvável que o homem que se fez notícia não só em Pernambuco, causando alvoroço por seu comportamento, tenha sumido, sem deixar vestígios, do destaque público: teria Nunes também comprado esse silêncio? Para azar do historiador, as informações sobre aquele período, em grande parte, foram perdidas irremediavelmente, impossibilitando pesquisas nesta documentação a respeito de um presumível retorno de João, mesmo que temporário, ao Brasil pós-visitação. Referindo-se à Olinda, Costa Pôrto aponta o descaso para com as fontes da época:

> os velhos testamentos – como todo o documentário histórico do passado – sumiram, desapareceram, quase tudo no século 16 devorado pelo fogo, no in-

cêndio da vila, em 1631 e o mais, liquidado pela traça, pelo cupim, pelo descaso.[34]

Entre os autores que estudaram o caso do mercador cristão-novo João Nunes Correia, conflitam-se versões diferentes sobre seu paradeiro. O pioneiro Elias Lipiner preferiu silenciar a respeito, informando apenas que, livre das culpas, João fora "autorizado a voltar para o Brasil",[35] mas não fornece pistas de ter Nunes cumprido ou não à risca esta permissão. Sônia Siqueira, por sua vez, afirma que o rabi redimido voltaria à colônia e que, homem já velho, em 1643, durante a vigência do período nassoviano, contando então mais de noventa anos, "seu nome aparece entre os arrecadadores de direito",[36] mas nada garante que tenha fincado os pés no Nordeste holandês. Já Gonsalves de Mello dá conta de que Nunes se fixara em Madri desde 1595, à época em que primeiramente recebera as licenças do Conselho da Inquisição, devido aos interesses no contrato do pau-brasil que teria arrematado em 1594 e renovado em 1602.

Aparentemente, esta seria a mais viável das respostas sobre a residência que escolhera após o fim de seu processo. Além dos negócios envolvendo o comércio de pau-brasil e negros de Angola – em 1594 assina um contrato do pau-brasil por seis anos em conjunto com André Lopes Pinto e Fernándes Angel –,[37] "não se desvinculou do açúcar" obtendo, em 30 de dezembro de 1597, provisão régia "pela qual ficava autorizado a mandar da Vila de Viana a Pernambuco a urca *Leão Dourado*, para transportar para o reino somente açúcar, 'sem trazer nenhum pau'", concedendo o rei passagem livre na dita urca "a 40 ou 50 moradores 'que da Cidade do Porto e de Viana do Lima estão para ir às partes do Brasil à

---

34 Costa Pôrto, José da. *Op. cit.*, 1968, p. 263.

35 Lipiner, Elias. "João Nunes, o Rabi da lei dos Judeus em Pernambuco". *In*: *Op. cit.*, 1969, p. 203 nota.

36 Siqueira, Sonia A. "O comerciante João Nunes". *In*: *Op. cit.*, 1971, p. 246.

37 Marques de Almeida, A. A. (direcção científica). *Dicionário Histórico dos Sefarditas Portugueses. Mercadores e Gente de Trato*. Lisboa: Campo da Comunicação, 2009, *p.* 185-187.

Capitania de Pernambuco'". Atentaria ainda Gonsalves de Mello que, "à sombra de João Nunes, começou a florescer no comércio e nas finanças seu sobrinho João Nunes Saraiva, também cristão-novo e que desde 1605 representava o tio em Sevilha".[38]

Formava-se, desta forma, uma nova geração de comerciantes no clã: fixado em Sevilha, de onde representava os negócios do tio, João Nunes Saraiva destacar-se-ia no comércio com o Oriente, incrementando as redes comerciais, habilmente montadas com a ajuda do tio, tornando-se respeitável financista e mercador na Espanha, com fortuna avaliada em cerca de 500 mil cruzados por volta de 1620, ganhando espaço como um dos financiadores da Coroa hispânica durante a crise de 1623. Em 1632, seria preso pela Inquisição espanhola juntamente com o irmão Henrique Nunes Saraiva, acusados de judaizar. Abjurariam em auto-de-fé de 1536, além da obrigação de pagar multa de 20 mil ducados. Também um outro sobrinho de João, Francisco Mendes do Porto, filho de sua irmã Branca e de Luís Mendes, mudar-se-ia para Amsterdã, onde passaria a assinar com o nome judeu de David Jesurun.[39]

Na Espanha, onde assumiria o nome espanholado, Juan Núñez Correa, nosso personagem continuava a representar os interesses da família. Quando o irmão Henrique, que morava em Lisboa, falece, João contrai matrimônio com a filha deste, sua sobrinha Lucrécia Nunes, procurando evitar a dispersão do capital da família. Em 1603, encontramos seu nome referido entre os envolvidos no comércio da pimenta, emitindo letras de câmbio. Esta diversificação de investimentos financeiros desde a produção açucareira, passando pelo pau-brasil, escravos e pimenta, é algo comum dentre os cristãos-novos. João Nunes repetiria desta forma o percurso de vários outros neoconversos: ao acumular capitais em suas diversificadas atividades, investia em novas oportunidades financeiras, fazendo uso dos

---

38 GONSALVES DE MELLO, José Antônio. "Um 'capitalista' cristão-novo: João Nunes Correia". *In: Op. cit.*, 1996, p. 74 e 79 nota.

39 WOLFF, Egon & WOLFF Frida. *Judeus em Amsterdã. Seu relacionamento com o Brasil 1600-1620*. Rio de Janeiro: Instituto Histórico e Geográfico Brasileiro, 1989, p. 78.

seus contactos para explorar redes comerciais pré-existentes. No caso da pimenta, esta, desde cedo, tinha sido explorada pelos judeus e cristãos-novos sefarditas. Outra convergência de investimentos acontece no comércio de escravos, tanto os Nunes Correia, como os cristãos-novos de Cochim, ou os comerciantes neoconversos de Macau ou da África, e tantas outras famílias neoconversas negociavam pessoas.

No outono de 1625, mais de trinta anos após ser preso pelo Santo Ofício na Bahia, João Nunes Correia faleceria em Madri, de idade já próxima dos oitenta anos, provavelmente vitimado por uma embolia cerebral que o deixara incapacitado.[40]

Porém, o mais interessante e menos possível dos seus paradeiros – mas apesar disso, o que mais faz justiça ao seu *métier* e é mais digno de sua fama, cheia de mistérios como fora sua vida na colônia, foi apresentado pelo nosso poeta primeiro – embora natural do reino. Em sessão vespertina datada de 12 de dezembro de 1597, Bento Teixeira, de novo ele, confessaria aos inquisidores conhecer a informação de que João Nunes pensava ser "mandamento de Deus e serviço que se Lhe faz todos os tratos e usuras de que usa e o que junta à Sua Majestade", contendo sua ganância uma intenção implícita: "por deter muitos mil cruzados, se há de aposentar na Ilha do Gulfo, e fazer-se senhor absoluto dela a poder de dinheiro, como foi o Benveniste antigamente, em uma parte da Turquia".[41]

---

40 VÁZQUEZ, Jesús Carrasco. "Comercio y finanzas de uma família sefardita portuguesa: los Núñez Correa". *In*: CONTRERAS, Jaime, GARCÍA GARCÍA, Bernardo J. e PULIDO, Ignacio. *Familia, Religión y Negocio. El sefardismo em lãs relaciones entre El mundo ibérico y los Países Bajos em La Edad Moderna.* Madrid: Fundación Carlos de Amberes y Ministerio de Asuntos Exteriores, 2003, *p.* 365-372.

41 Denúncia de Bento Teixeira, em 12/12/1597. Arquivo Nacional da Torre do Tombo, Inquisição de Lisboa, processo 5206. Lipiner esclarece: "Esta localidade é mencionada com freqüência nos papéis inquisitoriais, como centro de judaísmo e refúgio de judaizantes. O historiador brasileiro J. F. de Almeida Prado observa: 'Esta localidade amiudamente citada como refúgio de judeus egressos da Península Ibérica, não nos foi possível identificar convenientemente. Aparece em processos da Inquisição, às vezes também grafada *Gulfon* ou *Gulfõ*. Por mais

Livre do cárcere, das culpas de mau cristão e da suspeita de judaizante, o comerciante onzeneiro dava mostras de haver vencido seus inimigos. Afastado do Brasil, impedido por determinado tempo de cuidar dos negócios dos quais era responsável no Pernambuco, lugar que escolhera para viver, vira sua malha de poder destruída pela visitação de Heitor Furtado. A volta à capitania já bastante diferente da que conhecera, certamente não lhe daria o *status* de que desfrutara antes. Longe da colônia, encontraria na Espanha novo *locus* em que pudesse exercitar a sua força, e continuar pensando com a vaidade e a arrogância que seu dinheiro lhe permitia. Homem importante para o sucesso da colonização, passaria sem maiores arranhões por seu envolvimento com a Inquisição. Mas certamente, apesar do poder que ainda exercia, tinha agora melhor noção de seus limites e de que a visitação do Santo Ofício lhe deixara marcas. Brasil, Espanha ou Gulfo: independente do local e da forma que escolhera para viver após sua experiência com a Inquisição, João Nunes Correia continuaria imprevisível e seu destino, insondável.

---

perguntássemos a Capistrano de Abreu, Rodolfo Garcia ou ao discípulo de ambos – Eugênio de Castro, aplicado rebuscador de nugas, nenhum nos soube informar com segurança. Sugeriram cidade na Holanda, ou mais perto do reino, em Marrocos, nomes que teriam sido deturpados por copistas ignaros dos registros inquisitoriais'. Nos extratos dos livros da Inquisição portuguesa, publicados por Baião, lê-se 'Gulfo ou Celoniqua'. A conjunção *ou* usada no documento inquisitorial, geralmente indica alternativa. Porém, atribuindo-se a essa partícula significado explicativo, equivalente a *isto é*, conforme igualmente admite a língua portuguesa, identificam-se as duas cidades Gulfo e Salonica. Foneticamente a expressão *Gulfo* se aproxima de *Corfu*, das ilhas Jônias, que realmente serviu, no século XVI, de refúgio para os judeus que fugiam de Portugal, a caminho da Turquia ou de outros países tolerantes. Poderia, pois, *Gulfo* ser corruptela de *Corfu*, devido à semelhança visual e fonética entre as letras C e G e à permuta das letras 'l' e 'r' que é freqüente na língua portuguesa. Pode também tratar-se de uma expressão designando de uma forma genérica o *mar* (golfo) para onde se dirigiam os fugitivos à procura de alguma nau que os levasse para algum porto de país tolerante. Francisco Esteves Pereira, finalmente, sugere que Gulfo pode ser identificado com *Golete*, próximo de Tunes. Vale mencionar, finalmente, que a África era denominada Costa do Jalofo, ou Terra do Jalofo, designação tirada de uma tribo gentílica da África Ocidental com esse nome". Adaptado de LIPINER, Elias. *Op. cit.*, 1987, p. 59 nota.

Conclusão

"Estão todos se olhando com cuidado? Bem nos olhos? Procurando o quê? A Verdade? Ah! Ah! Ah! Ah!".

Laudisi, personagem de Assim é (se lhe parece), de Luigi Pirandello

As PÁGINAS PREENCHIDAS a mando de Heitor Furtado de Mendonça por seu fiel notário Manoel Francisco contendo denúncias e confissões correspondentes à visitação inquisitorial que permaneceu em terras do nordeste açucareiro entre 1591 e 1595 são documento sem igual para o conhecimento da sociedade brasílica em seu primórdios. Os relatos sobre os mais diversos tipos de crimes e heresias que ganhavam vida através de narrações detalhadas mostrariam não apenas o poder de coerção que a Igreja exercia sobre a vida na colônia, mas também as práticas diárias e crenças miscigenadas de uma sociedade em constante formação. Consequência destas transformações, os conflitos públicos ou velados que permeavam as relações ganhariam também destaque na documentação produzida pelo Tribunal.

A chegada da primeira visitação do Santo Ofício causaria transformações no ambiente colonial. O Brasil servira durante certo tempo como opção de refúgio seguro aos recém-conversos que aqui chegariam aos montes, encontrando um novo espaço para a reconstrução da vida. Depois de um momento inicial de tolerância, devido aos problemas maiores de sobrevivência que se apresentavam no cotidiano do trópico, os cristãos-novos começariam a sentir mais fortemente as dificuldades causadas por sua origem judaica, considerada impura pelos cristãos velhos e que se impunha como elemento revelador de crenças e tradições que, em boa parte das vezes, já não eram vivenciadas ou tinham perdido o significado original que possuíram, apesar da resistência velada de alguns indivíduos – os criptojudeus –, volatizando-se pela progressiva distância temporal do período de livre convivência entre os seguidores de Cristo e os filhos de Israel em solo português. Independente da manutenção da antiga fé, o avanço cristão-novo sobre a economia e a sociedade coloniais causava descontentamento geral entre os cristãos velhos, que pressentiam a perda de seus domínios e a dependência em relação aos "da Nação".

As capitanias açucareiras do Nordeste brasílico, regiões importantíssimas para o sustento da economia lusitana, transformavam-se em foco dos interesses do reino e, por isso mesmo, mais dignas de atenção e cuidados por parte da Coroa. A necessidade de vigilância sobre a próspera região se fazia indispensável. Desse modo, a presença da Inquisição possibilitava não só a manutenção da ordem religiosa nos domínios pertencentes a Portugal, impedindo que heresias as mais diversas pudessem vir a enfraquecer o poder da Igreja, como também, por outro lado, a concretização dos anseios da monarquia ibérica em regulamentar e fortificar o seu controle sobre a colônia, utilizando-se, como uma das principais armas, do temor causado pelo Santo Ofício para tal. Monarquia que, vale dizer, encontrava-se desde 1580 sob o domínio dos Habsburgo hispânicos, tradicionalmente mais zelosos nos aparatos da fé católica em suas possessões ultramarinas. Não por acaso, a década de 1580 apresenta-se como data mais provável da chegada de Nunes ao trópico.

Existia, por parte do Tribunal, a expectativa em reconhecer e coibir práticas estranhas ao catolicismo na vivência do dia-a-dia colonial. Sem o rigor que a estrutura eclesiástica do reino podia fazer prevalecer, o "abrasileiramento" da religião tornava-se inevitável e ganhava força, muitas vezes anulando as distinções entre o Olimpo cristão e a vida material, graças à busca de aproximação com os símbolos católicos, humanizando-os, na tentativa de amainar a rispidez dos problemas vividos no dia-a-dia da ameaçadora colônia, buscando-se no sagrado, novas forças – mesmo que sob a égide da carnavalização do divino –, vendo-o transformado em intimidade, em diversão sem maldades, em companhia para os momentos de angústia.

Discriminados por sua origem "maculada", vítimas de generalizações no mais das vezes depreciativas, eram indivíduos descendentes do judaísmo os que com maior frequência viam-se acusados por essas ações, embora não fossem poucos os cristãos velhos de comportamento igualmente "reprovável". Os cristãos-novos passariam a ser acusados em sua totalidade de desrespeito à religião oficial e práticas que remontam aos ideais judaicos: eram então denunciados como criptojudeus, sem que houvesse, no entanto, uma diferenciação mais cuidadosa por parte da sociedade que permitisse um reconhecimento aprofundado dos verdadeiros seguidores da Lei Hebraica e do que significava, efetivamente, "ser judeu".

Mas nem só a procura pela fé sem máculas alimentava as denúncias à Mesa Inquisitorial, procurada também por aqueles que gestavam ódios e desavenças, procurando um meio oficial para se livrar dos inimigos. A sociedade como um todo percebia no Santo Ofício a chance de prejudicar seus desafetos, ou de comentar, sem maiores preocupações, detalhes da vida de outrem, muitas vezes desconhecidos, mas que despertavam a atenção pelo destaque que possuíam e pelo papel que representavam na colônia.

O Santo Ofício procurava culpados, e a sociedade colonial, colaborando em interesse próprio, não tardou a apontá-los. Se muitos realmente mostravam-se responsáveis pelas heresias de que eram delatados perante o Tribunal, uma grande parte dos denunciados foi acusada sem maiores provas que pudessem justificar a ânsia e mesmo a insistência com que determinados casos chegavam aos ouvidos atentos de Heitor Furtado. A Inquisição se deixou, em certa medida, utilizar por esta sociedade – ao mesmo tempo em que a utilizava em escala ainda maior – na tentativa de encontrar, através desta rede de intrigas que ela própria ajudara a fomentar, possíveis culpados dos mais diversos tipos de crimes, candidatos à punição exemplar que intimidassem novos comportamentos anticristãos.

Modificador da situação até então vigente nas capitanias açucareiras, o Santo Ofício trouxe o medo oficializado embutido em sua bandeira de Misericórdia e Justiça. Apoiado na lei, voltava-se fortemente para o problema dos antigos marranos – assim justificando em grande parte sua presença – e da aniquilação destas ideias e práticas na colônia. Muitos foram os delatados. Porém, o mais denunciado dentre eles não seria vigorosamente acusado de criptojudaísmo. João Nunes Correia, temido por seu poder e influência nas capitanias do açúcar, enriquecido ao extremo pelas várias atividades que desenvolvia, possuidor de prestígio entre administradores, religiosos e principais da região, tinha privilégios e abusava deles. Denúncias contra seu descuidado comportamento já existiam mesmo antes da chegada do visitador: o seu amancebamento com Francisca Ferreira não deixa dúvidas. As dezenas de acusações de que viria a ser vítima perante Heitor Furtado apontam, mais do que para uma possível manutenção por parte de João Nunes de suas antigas crenças judaicas – embora não devamos descartá-las – para o ânimo da população em agredi-lo, vingança que seus detratores cultivavam pelas humilhações, rancores e inimizades que tal homem gerava no cotidiano.

Denunciadas perante o Tribunal do Santo Ofício, as ações de João Nunes indicam traços de mau comportamento cristão: o trabalho realizado durante domingos e dias considerados sagrados para a Igreja, a realização ilícita de onzenas, o mau comportamento durante as poucas vezes em que ia às missas, negando-se ao ato da comunhão, as práticas mágicas a que recorria contra as adversidades nos negócios, o diabo de estimação que possuía, o desrespeito ao Papa e a praticamente todo o Decálogo, as ofensas várias contra o crucifixo. Apesar de certas evidências, contudo, não é possível uma afirmação taxativa quanto ao judaísmo de Nunes, antes de tudo, porque, caso fosse verdade, se mostraria tão mau judeu quanto cristão, desrespeitando leis básicas da antiga fé com o mesmo desdém que fazia com relação às normas do catolicismo. Além do mais, não podemos ignorar que os seus acusadores eram movidos em grande parte pelo ódio e inveja que João lhes despertara, afora o fato de que boa parte deles também não eram dos mais corretos exemplos de bons cristãos.

A importância que alcançara na colônia que julgava a seus pés salta aos olhos durante a leitura das denúncias contidas nos vários códices que reúnem o seu processo. O poder econômico lhe abria portas – ele próprio o sabia e afirmava publicamente. Como pagamento de antigas dívidas, comprara a separação da mulher que amava; quando preso pelo caso de Francisca, receberia súplicas dos jesuítas por sua libertação; o licenciado Diogo do Couto, quando denunciando perante o Visitador, chegou mesmo a dizer que o pedreiro que acusava Nunes se tomava de vinho em algumas ocasiões, não sendo por isso merecedor de crédito. Encarcerado e mandado a Lisboa por Heitor Furtado, João Nunes conseguiria, antes de chegar à prisão dos Estaus, um tempo extra para negociar seus papéis e defesa, percorrendo livremente as ruas como se nenhuma acusação pesasse em suas costas, fato impensável tanto para os demais presos da Inquisição quanto para os inquisidores que apuravam o caso. O próprio Conselho Geral defendê-lo-ia do pouco cuidado que, alegavam, tivera o visitador em apurar as evidências.

Quanto a ser ou não João Nunes judaizante, o Santo Ofício sequer cogitou a hipótese, visto a falta de provas e denúncias explícitas e numerosas neste sentido. Pelo contrário: lembrava dos prejuízos que o réu sofrera em seus negócios, enquanto detido à espera de provas contra si: teria a prisão relaxada e conseguiria licença para ir à Madri tratar de suas contas. Longe da capitania onde exercia seu poder, gozava de respeitável prestígio no reino, recorrendo às ligações que mantinha devido aos negócios.

Parece também claro que João Nunes solto era mais importante aos esforços colonizatórios do reino do que preso e condenado pelo Santo Ofício. A sua participação em vários ramos imprescindíveis para o bom funcionamento do comércio brasílico – onde tinha regalias e prioridades – e da própria estrutura colonial, assim como a prontidão que sempre demonstrara em viver no trópico, enquanto a maioria dos "brasileiros" da época sonhava com a pompa metropolitana, fazia com que João fosse imprescindível aos interesses de dominação e desenvolvimento previstos pela Coroa naquele momento de dominação filipina. Mesmo assim, se derrotara a Inquisição ao ser inocentado de suas culpas, fora derrotado pela sociedade brasílica, que não o tolerava mais: é, por isso, pouco provável que tenha retornado a Pernambuco, embora não conheçamos com exatidão e minúcias seu paradeiro.

Cuidadosos em seus detalhes, deixando mostrar através dos relatos do que fugia à norma não só os comportamentos desviantes mas também a forma como buscava moldar a sociedade, os livros da primeira visitação do Santo Ofício ao Brasil permitem-nos mergulhar a fundo num momento único de nossa formação histórica e cultural. Salta à vista as nuances do pensamento da época, os interesses, as discórdias, intrigas e vinganças existentes nesta sociedade, narradas pela própria população – temerosa de seus relacionamentos e atos passíveis de culpa, revoltada nas denúncias contra o que discordavam, preocupada com a manutenção de seus interesses – e pelo olhar ávido e atento de Heitor Furtado de Mendonça, comandante desta estada inicial do Tribunal da Inquisição em terra brasílica. Através das denúncias e confissões prestadas ao visitador, deparamo-nos – sem esquecer os filtros mútuos aí embutidos – com uma vasta e rica descrição do Brasil de então, em seu ambiente de maior pujança e ebulição na época: as sociedades do açúcar, alimentadoras de sonhos e rancores os mais diversos. João Nunes é único. Toda a rede de influências e negócios que criou em torno de si faz-nos ter uma generosa percepção de detalhes que ajudam a explicar o todo colonial. Conhecer sua história e sua influência na vida das capitanias sem as fontes colhidas durante a visitação seria tarefa impossível, empobrecendo irremediavelmente a análise das relações sociais de então, e da ação do Santo Ofício no Nordeste açucareiro. Assim como o caso de João, o zeloso Heitor Furtado deixou-nos outras valiosas fontes sobre o viver em colônia à espera de nossa leitura e análise, contendo todas, sem exceção, riqueza variada sobre os mais diversos aspectos de nossa história, a serem saboreados com a delicadeza e cuidado que se fazem necessários ao estudo do passado.

Fontes e Bibliografia

Fontes

I. Manuscritas

Processos inquisitoriais:

. A Inquisição de Lisboa contra o cristão-novo João Nunes Correia, mercador morador em Pernambuco, processos 87, 88, 885, 1491 e 12464. Arquivo Nacional da Torre do Tombo, Lisboa, Portugal.

. A Inquisição de Lisboa contra o cristão-novo Diogo Nunes Correia, solteiro, processo 6344. Arquivo Nacional da Torre do Tombo, Lisboa, Portugal.

. A Inquisição de Lisboa contra Fabião Rodrigues, processo 16062. Arquivo Nacional da Torre do Tombo, Lisboa, Portugal.

. A Inquisição de Lisboa contra Mateus Lopes Sampaio, processo 4303. Arquivo Nacional da Torre do Tombo, Lisboa, Portugal.

. A Inquisição de Lisboa contra Bento Teixeira, processo 5206. Arquivo Nacional da Torre do Tombo, Lisboa, Portugal.

II. Impressas

a) Fontes inquisitoriais:

. *Primeira Visitação do Santo Officio ás partes do Brasil pelo licenciado Heitor Furtado de Mendonça capellão fidalgo del Rey* nosso senhor e do seu desembargo, deputado do Santo Officio. Denunciações da Bahia 1591-593. São Paulo: Paulo Prado, 1922-1929, 3 vols.

. *Primeira Visitação do Santo Ofício às Partes do Brasil Pelo Licenciado Heitor Furtado de Mendonça – Denunciações de Pernambuco, 1593/1595*. São Paulo: Ed. Paulo Prado, 1929.

. *Primeira Visitação do Santo Ofício às Partes do Brasil Pelo Licenciado Heitor Furtado de Mendonça – Confissões da Bahia, 1591/1592*. Rio de Janeiro: F. Briguiet & Cia Ed., 1935.

. *Primeira Visitação do Santo Ofício às Partes do Brasil Pelo Licenciado Heitor Furtado de Mendonça – Confissões de Pernambuco, 1594/1595*. Recife: Ed. Universidade Federal de Pernambuco, 1970.

. *Primeira Visitação do Santo Ofício às Partes do Brasil – Denunciações e Confissões de Pernambuco 1593-1995*. Recife: FUNDARPE. Diretoria de Assuntos Culturais, 1984, Coleção Pernambucana, 2ª fase, vol. XIV.

. *Santo Ofício da Inquisição de Lisboa: Confissões da Bahia* (organização Ronaldo VAINFAS). São Paulo: Companhia das Letras, 1997. Série Retratos do Brasil.

. *Segunda visitação do Santo Ofício às partes do Brasil pelo inquisidor e visitador o licenciado Marcos Teixeira. Livro das Confissões e Ratificações da Bahia – 1618-1620*. Introdução de Eduardo d'Oliveira França e Sonia Siqueira. São Paulo: Anais do Museu Paulista, tomo XVII, 1963.

. "Correspondência inédita do inquisidor geral e do Conselho Geral do Santo Ofício para o primeiro visitador da Inquisição no

Brasil". Organizado por António BAIÃO. *In*: *Brasília*. Coimbra, 1942, vol. 1.

b) *FONTES JESUÍTICAS*:

. ANTONIL, André João. *Cultura e opulência do Brasil por suas drogas e minas.* 3ª ed. Belo Horizonte: Itatiaia, São Paulo: EDUSP, 1982.

. CARDIM, Fernão. *Tratados da Terra e da Gente do Brasil.* Rio de Janeiro: J. Leite & Cia., 1925.

. *Cartas, informações, fragmentos históricos e sermões.* Rio de Janeiro: Civilização Brasileira, 1933.

c) *LITERATURA, HISTÓRIAS E CRÔNICAS DE VIAGEM*:

. BRANDÃO, Ambrósio Fernandes. *Diálogo das grandezas do Brasil.* 3ª ed. Recife: FUNDAJ, Editora Massangana, 1997.

. DUSSEN, Adriaen van der. *Relatório sôbre as capitanias conquistadas no Brasil pelos holandeses (1639). Suas condições econômicas e sociais.* Tradução, introdução e notas de José Antonio Gonsalves de Mello. Rio de Janeiro: Instituto do Açúcar e do Álcool, 1947.

. FELNER, Alfredo de Albuquerque. *Um inquérito à vida administrativa e económica de Angola e do Brasil em fins do século XVI, segundo o manuscrito inédito existente na Biblioteca Nacional de Lisboa pelo Licenciado Domingos de Abreu e Brito.* Coimbra: Imprensa da Universidade, 1931.

. FREI VICENTE DO SALVADOR. *História do Brasil (1500-1627).* 6ª ed. São Paulo: Melhoramentos/INL, 1975.

. GANDAVO, Pero de Magalhães. *Tratado da Terra do Brasil; História da Província Santa Cruz*. Belo Horizonte: Itatiaia; São Paulo: EDUSP, 1980.

. *História da Conquista da Parahyba por um da Companhia de Jesus escrita nos fins do século XVI a mando do Padre Christovam de Gouveia, visitador da Companhia de Jesus, na Província do Brasil*. Campina Grande: FURne/ UFPb, 1983.

. PADRE SIMÃO TRAVASSOS. *Sumário das armadas que se fizeram e guerras que se deram na conquista do Rio Paraíba*. Revista do Instituto Histórico Brasileiro, v. 36 (1), 1873.

. SOUSA, Gabriel Soares de. *Tratado Descritivo do Brasil em 1587*. 4ª ed. São Paulo: Companhia Editora Nacional, Edusp, 1971.

. TEIXEIRA, Bento. *Prosopopea*. Fac-símile da "Reproducção fiel da edição de 1601 segundo o exemplar existente na Bibliotheca Nacional e Publica do Rio de Janeiro. Rio de Janeiro: Typografia do Imperial Instituto Artístico, 1873".

d) FONTES SOBRE A ADMINISTRAÇÃO:

. *Ordenações Manuelinas. Collecção da Legislação antiga e moderna do Reino de Portugal*. Reprodução fac-simile da edição de 1797. 5 vols. Lisboa: Fundação Calouste Gulbenkian, 1984.

BIBLIOGRAFIA

I. OBRAS DE REFERÊNCIA

. *A Bíblia de Jerusalém*. São Paulo: Edições Paulinas, 1985.

. MARQUES DE ALMEIDA, A. A. (direcção científica). *Dicionário Histórico dos Sefarditas Portugueses. Mercadores e Gente de Trato*. Lisboa: Campo da Comunicação, 2009.

. *Novo Dicionário Básico da Língua Portuguesa Folha/Aurélio*. São Paulo: Folha de São Paulo; Rio de Janeiro: Nova Fronteira, 1994/1995.

. RODRIGUES, José Honório. *História da história do Brasil – 1ª parte: Historiografia Colonial*. São Paulo: Ed. Nacional, 1979.

. SILVA, Antônio de Moraes. *Diccionário da língua portugueza*. Lisboa: Typ. Lacérdina, 1813.

. UNTERMAN, Alan. *Dicionário judaico de lendas e tradições*. Rio de Janeiro: Jorge Zahar Ed., 1992.

II. ARTIGOS DE PERIÓDICOS, COMUNICAÇÕES DE CONGRESSOS, TEXTOS AVULSOS, ENSAIOS SELECIONADOS DE COLETÂNEAS

. FRANÇA, Eduardo d'Oliveira. "Engenhos, colonização e cristãos-novos na Bahia colonial". In: SIMÕES DE PAULA, Eurípedes (org.) *Colonização e Migração. Anais do IV Simpósio Nacional dos Professores Universitários de História*. São Paulo: XXXI Coleção da *Revista de História*, 1969.

. FRAGOSO, João. *À Espera das Frotas: Hierarquia Social e Formas de Acumulação no Rio de Janeiro, Século XVII*. LIPHIS, 1995.

. GINZBURG, Carlo. "O Inquisidor como antropólogo". Trad. Revista Brasileira de História. São Paulo: ANPUH-Marco Zero, set. 90-fev. 91, nº 21, p. 9-20.

. LE GOFF, Jacques. "A recusa do prazer". *In*: LE GOFF, Jacques *et alii*. *Amor e sexualidade no Ocidente*. Porto Alegre: L&PM, 1992.

. MOTT, Luiz. *Pagode português: a subcultura gay em Portugal nos tempos inquisitoriais*. Revista Ciência e Cultura; 40 (2): 120-139, 1988.

. NOVINSKY, Anita W. "Consideraciones sobre los criptojudíos hispano-portugueses: el caso de Brasil". *In*: ALCALÁ, Ángel (org.). *Judios. Sefarditas. Conversos – La expulsión de 1492 y sus consecuencias*. Valladolid, Ambito, 1995.

. _____. "Les Marranes: le judaïsme laïque dans le Nouveau Monde". *In*: EOZENMAN, Izio (org.). *Juifs Laïques – du religieux vers le culturel*. Paris: Revue Panoramique, s/d.

. _____. "Juifs et nouveaux chrétiens du Portugal"; "Nouveaux chrétiens et Juifs séfarades au Brésil". *In*: MÉCHOULAN, Henry (org.). *Les Juifs d'Espagne: histoire d'une diaspora – 1492-1992*. Paris, Liana Levi, 1992.

. _____. "O papel da mulher no cripto-judaísmo português". *In*: Comissão para a igualdade e para os direitos das mulheres. *O rosto feminino da expansão portuguesa. Congresso Internacional – Lisboa – 1994*. Lisboa, 1995.

. RÉVAH, I. S. "L'héresie marrane dans l'Europe catholique du 15 au 18 siècle". *In*: LE GOFF, Jacques. *Héresie et sociétè*. Paris: Mouton, 1968.

. RUSSEL WOOD, A J. R. "O Governo local na América Portuguesa: um estudo de divergência cultural". *In*: *Revista de História*, v. LV n° 109, ano XXVIII, 1977.

. SIQUEIRA, Sonia Aparecida. "O comerciante João Nunes". *In*: SIMÕES DE PAULA, Eurípedes (org.). *Portos, Rotas e Comércio – Anais do V Simpósio Nacional dos Professores de História – Campinas*. São Paulo: USP, 1971.

. _____. "O cristão-novo Bento Teixeira: cripto-judaísmo no Brasil Colônia". Separata da *Revista de História* nº 90. São Paulo: 1972.

. VÁZQUEZ, Jesús Carrasco. "Comercio y finanzas de uma família sefardita portuguesa: los Núñez Correa". *In*: CONTRERAS, Jaie, GARCÍA GARCÍA, Bernardo J. e PULIDO, Ignacio. *Familia, Religión y Negocio. El sefardismo em lãs relaciones entre El mundo ibérico y los Países Bajos em La Edad Moderna*. Madrid: Fundación Carlos de Amberes y Ministerio de Asuntos Exteriores, 2003, p. 365-372.

. WEBER, Max. *Classes, status, partido*. *In*: VELHO, O. *et alii. Estrutura de classe e estratificação social.* Rio de Janeiro: Jorge Zahar Ed., 1973.

. WIZNITZER, Arnold. "Os judeus na indústria açucareira do Brasil colonial". *In: Aonde Vamos? Semanário judaico independente do Brasil*. Rio de Janeiro, 25/10/1956.

III. LIVROS, TESES E DISSERTAÇÕES

. ABREU, J. Capistrano de. *Capítulos de História Colonial (1500-1800)*. 4ª ed. Rio de Janeiro: Livraria Briguiet, 1954.

. _____. *Um Visitador do Santo Ofício à Cidade do Salvador e ao Recôncavo da Bahia de Todos os Santos (1591-1592)*. Rio de Janeiro: Jornal do Commércio, 1922.

. ALCALÁ, Angel (org.). *Inquisición española y mentalidad inquisitorial*. Barcelona: Editorial Ariel, 1984.

. AZEVEDO, J. Lúcio. *História dos Cristãos-Novos Portugueses*. 3ª ed. Lisboa: Clássica Editora, 1989.

. BAKHTIN, Mikhail. *A Cultura popular na Idade Média e no Renascimento: o contexto de François Rabelais*. 3ª Ed. São Paulo: HUCITEC; Brasília: Edunb, 1996.

. BENNASSAR, Bartolomé. *L'Inquisition espagnole: XVE-XIXE siècle*. Paris: Hachette/Pluriel, 1979.

. BERNALDEZ, Andres. *Memorias del reinado de los Reyes Católicos*. Madri, 1962.

. BETHENCOURT, Francisco. *O Imaginário da Magia: feiticeiras, saludadores e nigromantes no século XVI*. Lisboa: Universidade Aberta, 1987.

. _____. *História das Inquisições: Portugal, Espanha e Itália*. Lisboa: Printer Portuguesa, 1996.

. BLOCH, Marc. *Introdução à História*. Lisboa: Europa-América, s/d.

. BÖHM, Günter. *Los sefardíes en los domínios holandeses de América del Sur y del Caribe – 1630-1750*. Frankfurt: Vervuert Verlag, 1992.

. BOXER, Charles R. *O Império Marítimo Português 1415-1825*. Lisboa: Edições 70, s/d.

. CARDOSO, Ciro Flamarion & VAINFAS, Ronaldo. *Domínios da História: Ensaios de Teoria e metodologia*. Rio de Janeiro: Campus, 1997.

. CARVALHO, Gilberto Vilar de. *O Primeiro Brasileiro: Onde se conta a história de Bento Teixeira, cristão-novo, instruído, desbocado e livre, primeiro poeta do Brasil, perseguido e preso pela Inquisição*. São Paulo: Marco Zero, 1995.

. CORREIA, Alberto; ALVES, Alexandre & VAZ, João Inês. *Castro Daire*. Viseu: Câmara Municipal de Castro Daire, Eden Gráfico, S. A. 1995.

. COSTA PÔRTO, José da. *Nos tempos do visitador; subsídio ao estudo da vida colonial pernambucana, nos fins do século XVI*. Recife: Universidade Federal de Pernambuco, 1968.

. DELUMEAU, Jean. *História do medo no Ocidente: 1300-1800, uma cidade sitiada*. São Paulo: Companhia das Letras, 1989.

. ELIAS, Norbert. *O Processo Civilizador – volume 1: Uma História dos Costumes*. Rio de Janeiro: Jorge Zahar Editor, 1994, 2 vols.

. FERRO TAVARES, Maria José Pimenta. *Judaísmo e Inquisição – Estudos*. Lisboa: Editorial Presença, 1987.

. FREYRE, Gilberto. *Casa-grande & Senzala: formação da família brasileira sob o regime da economia patriarcal*. 29ª ed. Rio de Janeiro: Record, 1994.

. FOUCAULT, Michel. *Microfísica do poder*. 11ª reimpressão. Rio de Janeiro: Graal, 1985.

. GINZBURG, Carlo. *Mitos, emblemas, sinais: morfologia e história*. São Paulo: Companhia das Letras, 1990.

. _____. *O Queijo e os Vermes: O cotidiano e as idéias de um moleiro perseguido pela Inquisição*. São Paulo: Companhia das Letras, 1987.

. GOMES, Plínio Freire. *Um herege vai ao paraíso: cosmologia de um ex-colono condenado pela Inquisição (1680-1744)*. São Paulo: Companhia das Letras, 1997.

. GONSALVES DE MELLO, José Antônio. *Gente da Nação: Cristãos-novos e judeus em Pernambuco, 1542-1654*. 2ª ed. Recife: FUNDAJ, Editora Massangana, 1996.

. _____. *Tempo dos flamengos: influência da ocupação holandesa na vida e na cultura do Norte do Brasil*. 3ª ed. aum. Recife: FUNDAJ, Editora Massangana; Instituto Nacional do Livro, 1987.

. HERCULANO, Alexandre. *História da Origem e Estabelecimento da Inquisição em Portugal*. Lisboa: Livraria Bertrand, 1975, 3 vols.

. HERMANN, Jacqueline. *No reino do desejado: A construção do sebastianismo em Portugal – Séculos XVI e XVII*. São Paulo: Companhia das Letras, 1998.

. HESPANHA, António Manuel. *As vésperas do Leviathan: instituições e poder político - Portugal – séc. XVII*. Coimbra: Almedina, 1994.

. HOLANDA, Sérgio Buarque de. *Visão do Paraíso: os motivos edênicos no descobrimento e colonização do Brasil*. 6ª ed. 6ª reimpressão. São Paulo: Brasiliense, 1994.

. _____. *Raízes do Brasil*. 26ª ed. 2ª reimpressão. São Paulo: Companhia das Letras, 1996.

. JEANNIN, Pierre. *Os mercadores do século XVI*. Porto: Vertente, s/d.

. JOHNSON, Harold. & NIZZA DA SILVA, Maria Beatriz (org.). *O Império Luso-Brasileiro (1500-1620)*. In: SERRÃO, Joel & OLIVEIRA MARQUES, A. H. (dir.) *Nova História da Expansão Portuguesa*. Volume VI. Lisboa: Editorial Estampa, 1992.

. KAMEN, Henry. *La Inquisición Española*. 4ª ed. Barcelona: Editorial Crítica, 1992.

. LE GOFF, Jacques. *Para um novo conceito de Idade Média: Tempo, Trabalho e Cultura no Ocidente*. Lisboa: Editorial Estampa, 1993.

. LIPINER, Elias. *Os judaizantes nas capitanias de cima (estudos sobre os cristãos-novos do Brasil nos séculos XVI e XVII)*. São Paulo: Brasiliense, 1969.

. _____. *Santa Inquisição: terror e linguagem*. Rio de Janeiro: Documentário, 1977.

. _____. *Gaspar da Gama; um converso na frota de Cabral*. Rio de Janeiro: Nova Fronteira, 1987.

. _____. *O sapateiro de Trancoso e o alfaiate de Setúbal*. Rio de Janeiro: Imago, 1993.

. MAIA, Angela Maria Vieira. *À Sombra do Medo. Relações Sociais entre Cristãos Velhos e Cristãos Novos nas Capitanias do Açúcar (Século XVI)*. Rio de Janeiro: Oficina Cadernos de Poesia, 1995.

. MELLO, Evaldo Cabral de. *Olinda Restaurada: guerra e açúcar no Nordeste, 1630-1654*. 2ª ed. Rio de Janeiro: Topbooks, 1998.

. _____. *Rubro Veio; o imaginário da restauração republicana*. 2ª ed. ver. e aumentada. Rio de Janeiro: Topbooks, 1997.

. _____. *O Nome e o Sangue: uma fraude genealógica no Pernambuco colonial*. São Paulo: Companhia das Letras, 1989.

. _____. *A Fronda dos Mazombos nobres contra mascates: Pernambuco 1666-1715*. São Paulo: Companhia das Letras, 1995.

MOTT, Luiz. *Bahia: Inquisição & sociedade*. Salvador: EDFBA, 2010.

NAZARIO, Luiz. *Autos-de-fé como Espetáculos de massa*. São Paulo: Humanitas, 2005.

. NIZZA DA SILVA, Maria Beatriz (org.). *Cultura portuguesa na Terra de Santa Cruz*. Lisboa: Editorial Estampa, 1995.

. NOVINSKY, Anita W. *Cristãos Novos na Bahia: 1624-1654*. São Paulo: Perspectiva/Ed. da Universidade de São Paulo, 1972.

. _____ & CARNEIRO, Maria Luiza Tucci (orgs.). *Inquisição: Ensaios sobre Mentalidade, Heresias e Arte*. São Paulo: EDUSP, 1992.

. _____ & KUPERMAN, Diane (orgs.). *Ibéria-Judaica: Roteiros da Memória*. Rio de Janeiro: Expressão e Cultura; São Paulo: EDUSP, 1996.

. ORTIZ, Antonio Domínguez. *Los Judeoconversos en España y América*. Madri: Ediciones Istmo, S. A., s/d.

. PÉREZ, Joseph. *L'Espagne des Rois Catholiques*. Paris: Bordas, 1971.

. _____. Historia de una tragedia: La expulsión de los judíos de España. Barcelona: Crítica, 1993.

. RAMINELLI, Ronald. "Tempo de Visitação". Dissertação de mestrado apresentada ao Departamento de História da Faculdade de Filosofia, Letras e Ciência Humanas da Universidade de São Paulo, 1990.

. _____. Imagens da colonização: a representação do índio de Caminha a Vieira. Rio de Janeiro: Jorge Zahar Ed., 1996.

. RIBEMBOIM, José Alexandre. *Senhores de Engenho Judeus em Pernambuco Colonial (1542-1654)*. Recife: 20-20 Comunicação e Editora, 1995.

. RICARDO, Silvia Carvalho. "As redes mercantis no final do século XVI e a figura do mercador João Nunes Correia". 2007. Dissertação de Mestrado em História Econômica apresentada à Universidade de São Paulo, 2007.

. RUSSEL WOOD, A J. R. *Fidalgos e filantropos: a Santa Casa de Misericórdia da Bahia, 1550-1755*. Brasília: Editora Universidade de Brasília, 1981, p. 299.

. SALVADOR, José Gonçalves. *Os Cristãos-Novos: Povoamento e Conquista do Solo Brasileiro (1530-1680)*. São Paulo: Pioneira/ EDUSP, 1976.

. _____. *Os Magnatas do Tráfico Negreiro. (séculos XVI e XVII)*. São Paulo: Pioneira/ EDUSP, 1981.

. SARAIVA, António José. *Inquisição e Cristãos Novos*. Lisboa: Ed. Estampa, 1985.

. SCHWARTZ, Stuart B. *Burocracia e Sociedade no Brasil Colonial. A Suprema Corte da Bahia e seus Juízes: 1609-1751*. São Paulo: Perspectiva, 1979.

. _____. *Segredos internos: engenhos e escravos na sociedade colonial, 1550-1835*. São Paulo: Companhia das Letras, 1988.

. SIQUEIRA, Sonia Aparecida. *A Inquisição Portuguesa e a Sociedade Colonial*. São Paulo: Ática, 1978.

. SOUZA, Laura de Mello e. *O Diabo e a Terra de Santa Cruz. Feitiçaria e religiosidade popular no Brasil Colonial*. São Paulo: Companhia das Letras, 1986.

. _____. *Inferno Atlântico: demonologia e colonização: séculos XVI-XVIII*. São Paulo: Companhia das Letras, 1993.

. _____ (org.). *História da Vida Privada no Brasil: cotidiano e vida privada na América portuguesa*. São Paulo: Companhia das Letras, 1997.

. VAINFAS, Ronaldo (org.). *América em tempo de conquista*. Rio de Janeiro: Jorge Zahar, 1992.

. _____. *A Heresia dos Índios: catolicismo e rebeldia no Brasil colonial*. São Paulo: Companhia das Letras, 1995.

. _____. *Trópico dos Pecados: moral, sexualidade e Inquisição no Brasil*. 2ª ed. Rio de Janeiro: Nova Fronteira, 1997.

. VIGARELLO, Georges. *O Limpo e o Sujo: A Higiene do Corpo desde a Idade Média*. Lisboa: Editorial Fragmentos, s/d.

. VILAR, Gilberto. *O Primeiro Brasileiro: Onde se conta a história de Bento Teixeira, cristão-novo, instruído, desbocado e livre, primeiro poeta do Brasil, perseguido e preso pela Inquisição*. São Paulo: Marco Zero, 1995.

. VINCENT, Bernard. *1492: Descoberta ou Invasão?* Rio de Janeiro: Jorge Zahar Editor, 1992.

. WIZNITZER, Arnold. *Os Judeus no Brasil Colonial*. São Paulo: Pioneira/EDUSP, 1966.

. WOLFF, Egon & WOLF, Frida. *Judeus em Amsterdã. Seu relacionamento com o Brasil 1600-1620*. Rio de Janeiro: Instituto Histórico e Geográfico Brasileiro, 1989.

Agradecimentos

Esse trabalho não teria sido possível sem colaborações várias. Primeiramente, sou grato à FAPEMIG pelo financiamento que tornou possível a publicação desta história.

A Editora Alameda, desde o início, apoiou este projeto. Aos seus membros, agradeço a confiança.

Muitas pessoas, sempre queridas, mostraram-se mais companheiras do que delas se poderia esperar.

Em minha família, sempre encontrei a explicação e justificativa de tudo. De minha mãe recebi o amor, o apoio e a confiança que me permitiram prosseguir. Foi sempre meu esteio e sempre será. Não há, pelo que é para mim, agradecimento suficiente.

Ao meu pai, devo a descontração nos momentos difíceis e o incentivo diário. Aprendeu a admirar João Nunes e a rir de suas histórias; certamente, teria alegria em ver este livro. Que possa sabê-lo, onde estiver.

Aos meus avós, agradeço a ajuda constante e serena, além do sorriso de sempre. Obrigado por tudo.

Sem meu tio Joaquim, conhecer Portugal em seus detalhes seria impossível. Foi o guia ideal nesse passeio pela história de todos nós.

Roberta, minha mulher, me deu vida e foi um incentivo constante para que esta história ganhasse o papel. Para ela, meu respeito e amor incondicional, sempre. É, a um só tempo, meu porto e meu barco.

Alguns colegas e professores me traçaram caminhos por demais valiosos, e acabaram transformando-se em referência obrigatória. Sendo impossível citar todos, agradeço especialmente a Sonia Aparecida Siqueira e Elias Lipiner, pela gentileza em me fornecerem documentação valiosa para o andamento de minhas pesquisas. Laura de Mello e Souza inspirou-me durante suas aulas, que tive o prazer de assistir na USP. Célia Tavares, Daniela Calainho, Bruno Feitler, Rogério Ribas e Georgina Santos tornaram-se, para além de referências, queridos amigos. A Ronald Raminelli sou grato pelas leituras indicadas, básicas sempre. Jacqueline Hermann foi sempre mais gentil e generosa do que poderia merecer. A todos, minha sincera admiração e gratidão.

Tantos amigos que me ajudaram a ir em frente – Ronaldo Sávio, João Henrique, Carlos Eduardo, Luciano, Nara, André, Rubens. Em Pernambuco, fiz amizades verdadeiras, como Suely, Gian e Janaína – obrigado pela ajuda! Mesmo longe, estão todos sempre comigo.

A Ronaldo Vainfas devo este trabalho. Sem a sua orientação segura, nada disso teria sido possível. Mostrou-se amigo e cúmplice, admirado como eu nas descobertas acerca do rabi-mordomo.

Esta obra foi impressa em São Paulo no outono de 2011 pela gráfica Nova Letra Gráfica & Editora. No texto foi utilizada a fonte Minion, em corpo 10 e entrelinha de 13,5 pontos.